VERLÄSSLICH GESTALTET –
PERSPEKTIVEN ERÖFFNET?

Liv Dizinger ist Abteilungsleiterin für Struktur- und Technologiepolitik beim DGB-Bezirk Hessen-Thüringen. Schwerpunktmäßig schreibt sie zur Zukunft von Industrie und Dienstleistungen. Sie hat Volkswirtschaftslehre an der Universität zu Köln und am Trinity College in Dublin studiert. Darüber hinaus hat sie mehrere Jahre in der DGB-Region Köln-Bonn gearbeitet.

Michael Rudolph studierte Politik- und Verwaltungswissenschaften mit den Schwerpunkten Arbeitsmarktpolitik und *Industrielle Beziehungen in Europa* an den Universitäten Konstanz, Bologna und Bordeaux. Rudolph ist seit Dezember 2017 Vorsitzender des DGB-Bezirks Hessen-Thüringen.

Dr. Kai Eicker-Wolf, Ökonom und Politikwissenschaftler, arbeitet als hauptamtlicher Gewerkschafter beim DGB-Bezirk Hessen-Thüringen und der GEW Hessen in Frankfurt, ist Referent für Wirtschafts- und Finanzpolitik. Er publiziert unter anderem zu finanz- und verteilungspolitischen Themen und schreibt in »lunapark21« zusammen mit Patrick Schreiner die Kolumne »märchen des neoliberalismus«.

Liv Dizinger/Kai Eicker-Wolf/Michael Rudolph (Hg.)

VERLÄSSLICH GESTALTET – PERSPEKTIVEN ERÖFFNET?

Bilanz und Aussicht der Landespolitik in Hessen

BÜCHNER-VERLAG
Wissenschaft und Kultur

Besuchen Sie uns im Internet: www.buechner-verlag.de

Liv Dizinger/Kai Eicker-Wolf/Michael Rudolph (Hg.)
Verlässlich gestaltet – Perspektiven eröffnet?
Bilanz und Aussicht der Landespolitik in Hessen

ISBN (Print) 978-3-96317-133-8
ISBN (ePDF) 978-3-96317-649-4

Copyright © 2018 Büchner-Verlag eG, Marburg
Satz und Umschlaggestaltung: DeinSatz Marburg
Bildnachweis Umschlag: Hessenlöwe (Bundesland Hessen;
https://de.wikipedia.org/wiki/Datei:Hessenl%C3%B6we_weiss.svg)
Druck und Bindung: CPI books GmbH, Leck
Printed in Germany
Die verwendeten Druckmaterialien sind FSC zertifiziert.

Das Werk, einschließlich all seiner Teile, ist urheberrechtlich durch den Verlag geschützt. Jede Verwertung ist ohne die Zustimmung des Verlags unzulässig. Dies gilt insbesondere für Vervielfältigungen, Übersetzungen, Mikroverfilmungen und die Einspeicherung und Verarbeitung in elektronischen Systemen.

Bibliografische Informationen der Deutschen Nationalbibliothek:
Die Deutsche Nationalbibliothek verzeichnet diese Publikation in der Deutschen Nationalbibliografie, detaillierte bibliografische Angaben sind im Internet über http://dnb.de abrufbar.

Inhalt

Michael Rudolph
Einleitung — 7

Kai Eicker-Wolf/Achim Truger
Investitionsstau trotz Einnahmesegens – Bilanz und Perspektiven
der hessischen Landesfinanzen unter Schwarz-Grün — 11

Jens Ahäuser/Rüdiger Bröhling
Die Tarif- und Beamtenpolitik der schwarz-grünen Koalition — 35

Kristin Ideler
Frühkindliche Bildung in Hessen: Fachkräftemangel,
Finanzierungslücken und Bürokratie statt Qualitätsoffensive — 53

Roman George
Der Gipfel? Schwarz-grüne Schulpolitik — 59

Roman George/Maike Wiedwald
Ganztagsschule ist mehr als nur Betreuung. Es geht um Bildung! — 77

Tobias Cepok/Simone Claar
Schwarz-grüne Hochschulpolitik: 'business as usual'? — 95

Interview mit Claudia Mävers
»Mit dem Privatwagen durch das Revier.« — 113

Interview mit Andreas Grün
»Wer es sich aussuchen kann, geht dahin, wo mehr bezahlt wird
und wo die allgemeinen Arbeitsbedingungen besser ausfallen.« — 121

Sascha Schmidt
Der Kampf gegen Rechts als zentrale
politische Herausforderung: Demokratieförderung
und Stärkung der Zivilgesellschaft — 129

Jenny Huschke/Renate Licht
Gleichstellungspolitik – Der Fortschritt ist und bleibt
eine Schnecke 149

Brigitte Baki
Sozialberichterstattung in Hessen oder: Mut zur Wahrheit 165

Helena Müller
Pflege in Hessen 179

Guido Jurock
Gutes Wohnen und gute Arbeit vor Rendite 199

Klaus Dieckhoff
Digitalisierung – Herausforderung für gestaltende
Wirtschafts- und Arbeitspolitik 209

Liv Dizinger/Kai Eicker-Wolf/Uwe Hildebrandt
Wirtschaftsförderung – Tariftreue und Vergabe 225

Jörg Köhlinger/Maik Grundmann
Strukturwandel in der Industrie – Herausforderungen
in der Automobil- und Zulieferindustrie 243

Liv Dizinger
Zehn Jahre hessische Nachhaltigkeitsstrategie:
Mehr Schein als Sein 257

Interview mit Andreas Güth/Ronald Laubrock
»Das alles Entscheidende ist, dass der Mensch
nicht auf der Strecke bleibt.« 275

Autorinnen und Autoren 285

Einleitung

Michael Rudolph

Das Zustandekommen einer schwarz-grünen Landesregierung war nach der Landtagswahl 2013 auf den ersten Blick nicht unbedingt naheliegend. Hatten CDU und Bündnis 90/Die Grünen bis dahin doch vordergründig weniger Gemeinsames als Trennendes vorzuweisen. Auf den zweiten Blick jedoch ist ihre Annäherung – vor allem durch grundsätzliche Übereinstimmungen in der Bildungs- und in der Haushaltspolitik – nicht mehr ganz so überraschend. Die Bildungspolitik spielt insbesondere aufgrund der Zuständigkeit der Länder für den Schulbereich eine wichtige Rolle. Ein prinzipieller Konsens hier ist Voraussetzung für jede Regierungskoalition. Bei aller Unterschiedlichkeit, dieser Konsens bestand zwischen CDU und Grünen in Hessen schon vor der Wahl 2013. Sie waren sich etwa darin einig, dass die Wahlmöglichkeit zwischen acht- oder neunjähriger Gymnasialzeit (G8 und G9) beibehalten werden muss. Und der Konsens in der Haushaltspolitik wurde durch die gemeinsam betriebene Verankerung der Schuldenbremse in die hessische Landesverfassung bereits im Jahr 2011 deutlich.

Der kurz vor Weihnachten 2013 von CDU und Bündnis 90/Die Grünen unterzeichnete Koalitionsvertrag für die Jahre 2014–2019 trägt den Titel »**Verlässlich gestalten – Perspektiven eröffnen**«. Er ist aufgrund der Schuldenbremse in der hessischen Landesverfassung und dem dazugehörigen Ausführungsgesetz durch einen hohen Konsolidierungsdruck gekennzeichnet. Da das strukturelle Defizit im hessischen Landeshaushalt bis zum Ende des laufenden Jahrzehnts abgebaut werden muss, fielen die vorgesehenen Spar- und Kürzungsbeschlüsse entsprechend umfangreich aus. Eine rigide Haushaltspolitik war in Hessen nicht neu. Die neue Landesregierung unter Ministerpräsident Volker Bouffier setzte nun insbesondere auf Einsparungen im Personalbereich. Im Mittelpunkt stand dabei die Beamtenbesoldung. Im Jahr 2015 war eine Nullrunde vorgesehen. Ab dem Jahr 2016 sollte die Besoldung bei einem Prozent per annum gedeckelt werden. Gegen diese Politik mobilisierten die Gewerkschaften des Öffentlichen Dienstes alsbald massive Proteste.

Im Jahr 2017 gab die Landesregierung diesen Kurs auf und übertrug das Anfang März 2017 erzielte Tarifergebnis für die angestellten Landesbeschäftigten weitgehend dann auf die Beamtinnen und Beamten. Die Deckelung in den ersten Jahren der schwarz-grünen Landesregierung hat massiv dazu beigetragen, dass die Beamtenbesoldung in Hessen mit der Tarifentwicklung des verarbeitenden Gewerbes oder dem Öffentlichen Dienst im Allgemeinen längst nicht mehr Schritt hält. Eine schwere Hypothek mit Blick auf die zukünftige Fachkräftegewinnung im Wettbewerb mit anderen Bundesländern.

Die Abkehr von der im Koalitionsvertrag verkündeten Deckelung der Beamtenbesoldung ist einerseits ein Erfolg gewerkschaftlicher Gegenwehr. Andererseits muss sie aber auch vor dem Hintergrund der insgesamt unerwartet guten Konjunkturentwicklung in Deutschland in den Jahren nach der Weltwirtschaftskrise gesehen werden. Das stetige Wirtschaftswachstum in Verbindung mit einer sehr guten Beschäftigungsentwicklung hat zu einem kontinuierlichen Anstieg der Steuereinnahmen geführt. Größere Steuersenkungen sind in den vergangenen Jahren ausgeblieben. Dadurch hat sich die fiskalische Situation der öffentlichen Haushalte in Deutschland insgesamt und auch in Hessen deutlich entspannt. Umso unverständlicher ist die Haltung der Landesregierung, nicht mehr in öffentliche Infrastruktur, soziale Dienstleistungen und Bildung zu investieren.

Wird der Titel des Koalitionsvertrags diesbezüglich als Maßstab genommen, um die Arbeit der Landesregierung zu bewerten, dann fällt die Bilanz auch in anderen Bereichen ziemlich ernüchternd aus. So hat Schwarz-Grün zwar ein Hessisches Tariftreue- und Vergabegesetz verabschiedet, dieses Gesetz bleibt aber weit hinter den europarechtlichen Möglichkeiten für ein solches Gesetz zurück. So fehlt ein vergabespezifischer Mindestlohn, die ILO-Kernarbeitsnormen (ILO = Internationale Arbeitsorganisation) sind nicht verankert und eine eigenständige Kontrollbehörde wurde ebenfalls nicht eingeführt. Auch einer Bindung der Wirtschaftsförderung an soziale Kriterien verschließt sich die Landesregierung. Bestünde eine solche Bindung, dann würden stärker solche Unternehmen öffentlich gefördert, die tarifvertraglich vereinbarte Löhne zahlen, gute Arbeitsbedingungen gewährleisten, prekäre Arbeit wie etwa Leiharbeit, Mini-Jobs, Werkverträge und Befristungen reduzieren sowie Mitbestimmung durch Betriebsräte ermöglichen und fördern. Aus einer Befragung, die der DGB-Bezirk Hessen-Thüringen im Jahr 2016 bei den in Hessen geförderten Unternehmen durchgeführt hat, geht hervor, dass die Mehrheit der Begünstigten nicht einmal Tariflöhne zahlt und/oder einen Betriebsrat aufweist. Ökonomisch steht Hessen im Vergleich der Bundesländer zwar nicht schlecht da und verfügt unter den Flächenländern über das höchste Pro-Kopf-Sozialprodukt. Die sozialpolitische Bilanz sieht allerdings anders aus, denn auch in Hessen hat die Ungleichheit und Armut zugenommen. Für neue Herausforderungen, unter anderem für den gestiegenen Pflegebedarf einer alternden Bevölkerung, wurden bislang keine ausreichenden Konzepte gefunden. Die Wohnungsnot hat in den Ballungsräumen und Städten weiter zugenommen. Und die Mieten steigen ins Unermessliche. Große Schwierigkeiten bestehen im Bildungssystem – so fehlen auch in Hessen im Kita-Bereich Erzieherinnen und Erzieher sowie insbesondere an den Förderschulen, den Grundschulen und den Beruflichen Schulen Lehrerinnen und Lehrer. Hinzu kommen gerade im Schulbereich weitere ungelöste Probleme wie etwa der Mangel an echten Ganztagsschulen, die soziale Segregation sowie die mangelhafte Umsetzung der UN-Behindertenrechtskonvention.

Künftige Herausforderungen wie der Strukturwandel, die Digitalisierung und der Klimawandel werden bislang nur unzureichend angepackt. So fehlen auf der Landesebene zielgerichtete Maßnahmen, die dazu beitragen, die angestrebte Energie- und Verkehrswende endlich auch umzusetzen. Die Arbeitswelt wird sich in Zukunft massiv verändern. Dies darf aber nicht zu Lasten der Beschäftigten gehen. Vielmehr muss der Mensch in den Mittelpunkt gestellt werden. Unabdingbar ist eine proaktive Gestaltung des Wandels, die darauf abzielt, Beschäftigung zu sichern und die neuen Technologien für eine human gestaltete Arbeitswelt zu nutzen.

~

Die Autorinnen und Autoren unterziehen in dem vorliegenden Sammelband das Wirken der Landesregierung unter anderem auf den angesprochenen Politikfeldern in den vergangenen fünf Jahren einer kritischen Analyse. Auf dieser Grundlage formulieren sie wichtige Anforderungen aus Sicht der Gewerkschaften an die künftige Landespolitik.

Im Namen von Liv Dizinger und Kai Eicker-Wolf, die gemeinsam mit mir dieses Buch herausgeben, möchte ich mich bei allen Autorinnen und Autoren für ihre Beiträge und Expertise bedanken. Wie schon mit dem Vorgängerband »Hessen vorne?«, der im Vorfeld der letzten Landtagswahl 2013 von Stefan Körzell und Kai Eicker-Wolf herausgegeben worden ist, wollen wir einen Diskussionsbeitrag dazu leisten, wie das Leben und Arbeiten der Menschen in Hessen von Seiten der Politik verbessert werden kann. Hessen ist ein wirtschaftlich starkes Bundesland und doch profitieren längst nicht alle davon. Dies muss sich ändern. Maßgabe für politisches Handeln müssen die Menschen und ihre Bedürfnisse sein. Daran werden der DGB und Gewerkschaften die Landespolitik auch weiterhin messen.

Investitionsstau trotz Einnahmesegens – Bilanz und Perspektiven der hessischen Landesfinanzen unter Schwarz-Grün

Kai Eicker-Wolf/Achim Truger

1. Einleitung

Der Ende des Jahres 2013 von CDU und Bündnis 90/Die Grünen unterzeichnete Koalitionsvertrag für die Jahre 2014–2019 hat den Titel »Verlässlich gestalten – Perspektiven eröffnen«; dieser war aufgrund der Schuldenbremse in der Hessischen Landesverfassung und dem dazugehörigen Ausführungsgesetz durch einen hohen Konsolidierungsdruck gekennzeichnet (Eicker-Wolf/Truger 2013). Da das strukturelle Defizit im hessischen Landeshaushalt bis zum Ende des laufenden Jahrzehnts abgebaut werden muss, fielen die vorgesehenen Spar- und Kürzungsbeschlüsse entsprechend umfangreich aus. Die Hauptlast sollten dabei die Landesbeschäftigten tragen und zwar durch Stellenkürzungen und insbesondere eine extrem schwache Entwicklung der Beamtenbesoldung. Zusätzlich zu den in der Mittelfristigen Finanzplanung ohnehin schon vorgesehenen Stellenkürzungen in Höhe von 1.900 Stellen sollten laut Koalitionsvertrag weitere 1.800 Stellen entfallen. Einsparungen in Höhe von zunächst 50 Millionen Euro sind auch bei den freiwilligen Leistungen und den Fördermitteln für die Hochschulen im Koalitionsvertrag zu finden. Daneben musste die Landesregierung die aufgrund eines Verfassungsgerichtsurteils notwendig gewordene Neuregelung des Kommunalen Finanzausgleichs auf den Weg bringen und war mit einer weiterhin sehr angespannten, im Kassenkreditvolumen zum Ausdruck kommenden kommunalen Finanzlage konfrontiert.

Die tatsächliche Finanzpolitik wurde in der Legislaturperiode allerdings stark von einigen sehr bedeutenden und unerwarteten Entwicklungen geprägt. Auf der Einnahmenseite kam es zu einem konjunkturbedingt unerwarteten Einnahmesegen; auf der Ausgabenseite kamen erhebliche Mehrausgaben aufgrund der ebenfalls nicht absehbaren Flüchtlingskrise hinzu.

Es ist die Grundthese dieses Beitrages, dass der für Deutschland wie Hessen äußerst glückliche Einnahmesegen es der Landesregierung ermöglichte, ihre Konsolidierungsziele ohne zusätzliche schmerzhafte Einsparungen über zu erfüllen und die finanziellen Herausforderungen der Flüchtlingskrise zu bewältigen, dass aber die sich ebenfalls bietenden Spielräume für eine gestaltende Finanzpolitik nicht ausreichend ausgeschöpft wurden. So hält der Investitionsstau bei Land und Kommunen an, weil die gute Finanzlage nicht für hinreichende Investitionsoffensiven und ihre mittelfristige finanzielle Absicherung genutzt wurde.

Der vorliegende Beitrag will vor diesem Hintergrund einen kurzen Überblick über die Entwicklung der hessischen Landes- und Kommunalfinanzen geben, die zum einen durch die Vorgaben der Schuldenbremse, zum anderen durch den unerwartet guten Verlauf der Konjunktur und dementsprechend der Steuereinnahmen geprägt ist. Dabei werden wir uns im Kapitel 2 dieses Beitrags den Gesamteinnahmen und -ausgaben zuwenden. Im 3. Kapitel gehen wir auf die ursprünglich umgesetzte Kürzungspolitik und die Folgen des unerwarteten Einnahmesegens durch die günstige Wirtschaftsentwicklung ein. Kapitel 4 beleuchtet dann den Investitionsstau sowohl auf der Landesebene als auch auf der kommunalen Ebene. Kapitel 5 geht kurz auf die Perspektiven der hessischen Finanzpolitik ein und schließt mit einem Plädoyer für eine generationengerechte und sozial ausgewogene Finanzpolitik.

2. Die Einnahmen- und Ausgabenentwicklung des Landeshaushalts und der kommunalen Haushalte

Zu Beginn der ersten schwarz-grünen Koalition in Hessen war die Haushaltspolitik insbesondere durch die verfassungsrechtliche Bestimmung geprägt, den Landeshaushalt gemäß den Vorgaben der Schuldenbremse aufzustellen und bis zum Jahr 2020 strukturell auszugleichen. Die globale Finanz- und Wirtschaftskrise hatte das Defizit im hessischen Landeshaushalt 2009 und 2010 stark ansteigen lassen (Abbildung 1) und der Landeshaushalt befand sich in einer Phase kräftiger Haushaltskonsolidierung. Letztlich gelang die Konsolidierung überraschend schnell; schon 2016 und 2017 wies der Landeshaushalt einen Überschuss von 500 beziehungsweise 200 Millionen Euro auf.

Wesentlichen Anteil an der zügigen Konsolidierung hatte der überraschend starke (vgl. Kapitel 3) Anstieg der Einnahmen – und hierbei insbesondere der Steuereinnahmen – sodass der Haushaltsausgleich trotz recht kräftig expandierender Ausgaben gelang (vgl. Abbildung 2). Etwas schwächer expandierten die Ausgaben im reinen Landeshaushalt, also die Ausgaben ohne Zahlungen in den Länderfinanzausgleich und die Zuweisungen an die Kommunen. Aussagekräftiger als die Entwicklung der nominalen Einnahmen und Ausgaben ist die Entwicklung der entsprechenden Quoten, das heißt der Einnahmen und Ausgaben in Relation zur hessischen Wirtschaftsleistung, also dem Bruttoinlandsprodukt (BIP), die in Abbildung 3 dargestellt ist. Es zeigt sich eindeutig eine einnahmeseitige Konsolidierung seit der Finanzkrise. Der deutliche und vor allem von 2014 bis 2016 sehr kräftige Anstieg der Einnahmenquote überkompensiert einen leichten Anstieg der Ausgabenquote. Allerdings haben sich die reinen Landesausgaben ohne die Zahlungen in den Länderfinanzausgleich (LFA) und an die Kommunen nur sehr moderat entwickelt; die entsprechende Quote ist seit der Krise sogar leicht rückläufig und dürfte dabei insbesondere die Kürzungen bei der Bezahlung der Landesbeschäftigten widerspiegeln.

Abbildung 1: Der Finanzierungssaldo des Hessischen Landeshaushalts 2000–2017.

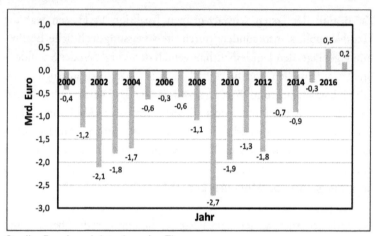

Quelle: Bundesministerium der Finanzen.

Abbildung 2: Die Einnahmen- und Ausgabenentwicklung des Hessischen Landeshaushalts 2000–2017.

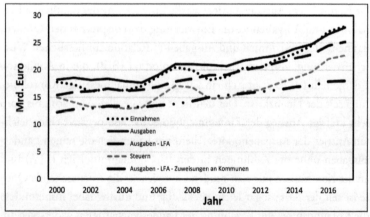

Quelle: Bundesministerium der Finanzen; eigene Berechnungen.

Abbildung 3: Die Einnahmen- und Ausgabenentwicklung des Hessischen Landeshaushalts 2000–2017 in % des hessischen BIP.

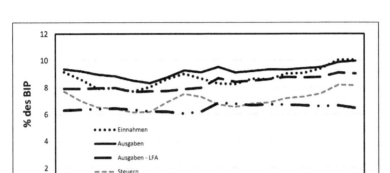

Quelle: Bundesministerium der Finanzen; VGR der Länder; eigene Berechnungen.

Ähnlich wie beim Land ist auch auf der kommunalen Ebene ein Rückgang des Defizits erfolgt, und genau wie beim Land ist in den vergangenen beiden Jahren ein positiver Finanzierungssaldo auszumachen (vgl. Abbildung 4). Trotz dieser positiven Entwicklung ist die Finanzlage vieler hessischer Kommunen als angespannt zu bewerten – ein Indiz dafür ist der im Bundesländervergleich relativ hohe Bestand an Kassenkrediten in Hessen. Daneben ist die schwache kommunale Investitionsentwicklung ein weiteres Indiz für die als problematisch zu bewertende Finanzsituation der Kommunen in Hessen – hierauf werden wir im nächsten Kapitel zusammen mit der Investitionsentwicklung des Landes eingehen.[1]

---

1 Die hessische Kommunalfinanzentwicklung und die Politik des Landes kann hier nicht ausführlich behandelt werden. Vgl. dazu Eicker-Wolf/Truger (2016). Als wichtiger Punkt fehlt in der genannten Publikation die im Jahr 2018 beschlossene sogenannte »Hessenkasse«. Im Kern werden durch dieses Programm die Kassenkredite der hessischen Kommunen auf die landeseigene WIBank übertragen, und die Schulden werden dann über einen Zeitraum von 30 Jahren zusammen vom Land und den betroffenen Kommunen getilgt. Im Kern ist diese Regelung aufgrund des zukünftigen Zinsänderungsrisikos sinnvoll. Dabei ist die Finanzierung im Detail

Wie Abbildung 5 und 6 zu entnehmen ist, war die Einnahmenentwicklung auf der kommunalen Ebene in Hessen nach den Einbrüchen aufgrund der internationalen Finanz- und Weltwirtschaftskrise ebenfalls stark von einer unerwartet kräftigen Einnahmeentwicklung geprägt. So waren auch bei den Kommunen deutliche Steigerungen der Steuereinnahmen zu verzeichnen. Darüber hinaus haben die Zuweisungen des Landes – hier spielte natürlich der geschilderte Anstieg der Steuereinnahmen des Landes eine Rolle – an die Kommunen zugelegt. Insgesamt blieb so die Ausgabenquote der Kommunen nach der Krise annähernd stabil, während die Einnahmenquote deutlich zulegte.

Abbildung 4: Die Entwicklung des Finanzierungssaldos der hessischen Kommunen (Kernhaushalte) 2000–2017.

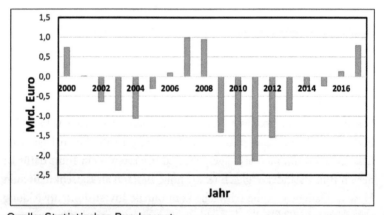

Quelle: Statistisches Bundesamt.

---

kritisch zu sehen, da das Land für seinen Anteil etwa Mittel verwendet, die vom Bund als Entlastung der Kommunen vorgesehen waren (vgl. z.B. DGB Hessen-Thüringen 2018). Allerdings hat das Land im Zuge des Gesetzgebungsverfahrens dieser Kritik zumindest zum Teil nachgegeben (vgl. die Pressemitteilung des Hessischen Ministeriums der Finanzen vom 11.04.2018, gemeinsame Vereinbarung von Land und Kommunen. Landesregierung, Regierungsfraktionen und Kommunale Spitzenverbände, die die hessischen Städte und Gemeinden vertreten, einigen sich bei wichtigen Themen; https://finanzen.hessen.de/presse/pressemitteilung/landesregierung-regierungsfraktionen-und-kommunale-spitzenverbaende-die-die-hessischen-staedte-und, abgerufen am 17.04.2018). Auf das im Rahmen der »Hessenkasse« ebenfalls vorgesehene Investitionsprogramm gehen wir im folgenden Kapitel ein.

Abbildung 5: Die Entwicklung der Einnahmen und der Ausgaben der hessischen Kommunen (Kernhaushalte) 2000–2017.

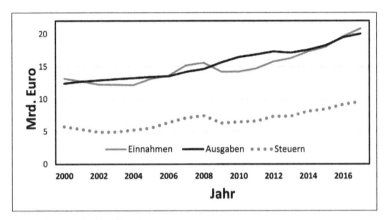

Quelle: Statistisches Bundesamt.

Abbildung 6: Die Entwicklung der Einnahmen und der Ausgaben der hessischen Kommunen (Kernhaushalte) 2000–2017 in % des BIP.

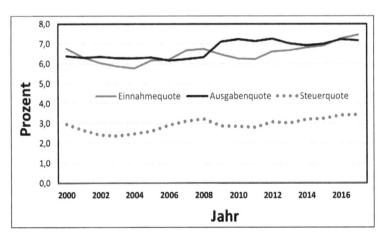

Quelle: Statistisches Bundesamt; VGR der Länder; eigene Berechnungen.

3. Von radikaler Kürzungspolitik zum unerwarteten Einnahmesegen: Der hessische Finanzminister im Glück

Der erste Mittelfristige Finanzplan der Anfang des Jahres 2014 ins Amt gekommenen Landesregierung nennt als Ausgangswert für den Abbaupfad der strukturellen Kreditaufnahme einen Wert von 545 Millionen Euro im Jahr 2015 (Hessisches Ministerium der Finanzen 2014: 20). Laut den gesetzlichen Bestimmungen zur Schuldenbremse muss dieser Wert in gleichmäßigen Schritten bis zum Jahr 2019 auf Null reduziert werden. Wie einleitend bereits angesprochen setzte der schwarz-grüne Koalitionsvertrag insbesondere auf Einsparungen im Personalbereich zur Erreichung dieses Ziels – im Mittelpunkt stand dabei die Beamtenbesoldung: Im Jahr 2015 sollte die Besoldung der Beamtinnen und Beamten gar nicht angehoben werden und von 2016 an dann nur um jeweils ein Prozent pro Jahr steigen.

Dieses Vorhaben stieß auf massiven Protest der Gewerkschaften des Öffentlichen Dienstes – die größte Protestaktion war ein vor allem von der *Gewerkschaft Erziehung und Wissenschaft* (GEW) getragener Streik am 16. Juni 2015 mit einer zentralen Kundgebung in der Landeshauptstadt Wiesbaden. Der Protestaktion folgten immerhin 6.000 Landesbeschäftigte, darunter insbesondere verbeamtete Lehrerinnen und Lehrer.[2]

Die Folgen der zunächst auch umgesetzten Besoldungspolitik sind für den Zeitraum 2001–2016 Abbildung 7 zu entnehmen – die Entwicklung der hessischen Besoldung wird hier der tariflichen Entwicklung in ausgewählten Wirtschaftszweigen gegenübergestellt. Die Beamtenbesoldung in Hessen, die seit dem Jahr 2001 sowieso schon deutlich hinter der tariflichen Entlohnung im verarbeitenden Gewerbe und der öffentlichen Ver-

---

2 Vgl. dazu die Pressemeldung der GEW Hessen vom 16. Juni 2015: Streik am 16. Juni. Demo in Wiesbaden. »Wir lassen uns nicht abhängen, Gegen die Abwertung unserer Arbeit (http://www.gew-hessen.de/news/single-news/streik-am-16-juni-demo-in-wiesbaden/?tx_news_pi1%5Bcontroller%5D=News&tx_news_pi1%5Baction%5D=detail&cHash=b3d33e98cf38d5bd5b8bd2adb05aa43e, abgerufen am 15.04.2018).

waltung in Deutschland insgesamt zurückgeblieben war, fiel noch weiter zurück. Das Verarbeitende Gewerbe weist über den gesamten Zeitraum im Durchschnitt eine um 18,5 Prozent höhere Steigerung der Tarifverdienste gegenüber der hessischen Besoldung auf. Im Maschinenbau und im Bereich der Fahrzeuge lag der Vorsprung bei über 20 Prozent. Der Abstand zur öffentlichen Beschäftigung im weiteren Sinne (öffentliche Verwaltung, Verteidigung, Sozialversicherungen) hatte sich auf 9 Prozent vergrößert.

Abbildung 7: Entwicklung der tariflichen Entlohnung in ausgewählten Wirtschaftszweigen und der Besoldung* der hessischen Beamtinnen und Beamten seit dem Jahr 2001.

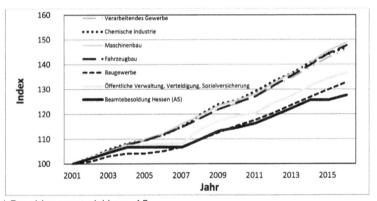

* Besoldungsentwicklung: A5.
Quelle: Statistisches Bundesamt und Hessische Landesregierung, eigene Berechnung.

Im Jahr 2017 gab die Landesregierung ihren eigentlich im Koalitionsvertrag festgelegten Kurs bei der Beamtenbesoldung auf. Das Anfang März 2017 erzielte Tarifergebnis, nach dem die angestellten Landesbeschäftigten in zwei Stufen 4,2 Prozent mehr Geld erhalten, wurde weitgehend auf die Beamtinnen und Beamten übertragen.

Durch die angesprochenen und in Abbildung 7 für die Beamtenbesoldung abzulesenden längerfristigen Auswirkungen der Spar- und Kürzungspolitik hat das Land Hessen offensichtlich an Attraktivität als Arbeitgeber eingebüßt. Hier droht möglicherweise ein größerer Fachkräftemangel, der – etwa im Schulbereich – bereits auszumachen ist.[3] Im Rahmen der letzten Tarifverhandlungen wurde aufgrund massiver Rekrutierungsschwierigkeiten in einzelnen Bereichen unter anderem vereinbart, dass für bestimmte Berufsgruppen, zum Bespiel Ingenieure oder IT-Fachkräfte, bis zu 20 Prozent höhere Gehälter gezahlt werden können.

Die Abkehr von der eigentlich im Koalitionsvertrag doch verkündeten Deckelung der Beamtenbesoldung muss vor dem Hintergrund der insgesamt unerwartet guten Konjunkturentwicklung in Deutschland in den Jahren nach der Weltwirtschaftskrise interpretiert werden. Das stetige Wirtschaftswachstum in Verbindung mit einer sehr guten Beschäftigungsentwicklung hat – zumal größere Steuersenkungen in den vergangenen Jahren ausgeblieben sind – zu einem kontinuierlichen Anstieg der Steuereinnahmen geführt. Dadurch hat sich die fiskalische Situation der öffentlichen Haushalte insgesamt deutlich entspannt.

Interessant ist in diesem Zusammenhang, dass die Mittelfristigen Finanzpläne der Landesregierung seit dem Jahr 2013 die Einnahmenentwicklung in jedem Jahr unterschätzt haben – und dies zum Teil in sehr starkem Umfang. Dies verdeutlicht Abbildung 8, die die Differenz zwischen den tatsächlichen Einnahmen – abzüglich der Zahlungen im Rahmen des Länderfinanzausgleichs (LFA) – und den entsprechenden Schätzungen der Mittelfristigen Finanzpläne der Jahre 2013 bis 2016 enthält: Die Einnahmen wurden um mindestens 400 Millionen Euro bis hin zu rund 3,1 Milliarden Euro unterschätzt. Gegenüber dem Finanzplan 2014, dem ersten der schwarz-grünen Landesregierung, lagen die tatsächlichen Einnahmen 2014 und 2015 jeweils knapp 1 Milliarde Euro über den veranschlagten Einnahmen. 2016 und 2017 waren es sogar 2,5 beziehungsweise 2,2 Milliarden Euro. Ein Großteil dieser Differenz erklärt sich durch die Unterschätzung der Steuereinnahmeentwicklung.

---

3   Vgl. dazu den Beitrag von Roman George in diesem Buch (S. 59 ff.).

Wie Abbildung 9 verdeutlicht, führte dies von 2013 bis 2017 auch zu einer unerwartet günstigen Entwicklung des Finanzierungssaldos, der in den genannten Mittelfristigen Finanzplanungen um 0,3 bis 1,4 Milliarden Euro höher als tatsächlich realisiert veranschlagt wurde. Vor allem das Jahr 2016 sticht mit seiner selbst kurzfristig gegenüber dem Finanzplan 2016 überraschend positiven Entwicklung der Steuereinnahmen (+12,2 Prozent gegenüber dem Vorjahr) und des Finanzierungssaldos heraus. Laut Pressemeldung des Hessischen Finanzministeriums vom 15.11.2016 sind – so Finanzminister Thomas Schäfer – »vor allem wenige steuerliche Einzelfälle der Erbschaft- und Einkommensteuer, auf die allein Mehreinnahmen von gut 700 Millionen Euro entfallen«, hierfür verantwortlich.[4]

Die unerwarteten Mehreinnahmen wurden nicht nur zur Haushaltskonsolidierung genutzt, sondern auch zu Mehrausgaben im reinen Landeshaushalt ohne LFA und Zuweisungen an die Kommunen gegenüber den Finanzplanungen von 2013 bis 2017 in Höhe von 200 Millionen bis 1,3 Milliarden Euro (vgl. Abbildung 10). Gegenüber ihrer ersten Planung im Finanzplan vom Oktober 2014 verausgabte die Landesregierung 2016 und 2017 1,1 beziehungsweise 0,9 Milliarden Euro mehr als veranschlagt. Da die Quote der reinen Landesausgaben wie in Abbildung 3 verdeutlicht trotzdem im relevanten Zeitraum rückläufig war, möchte man sich nicht vorstellen, wie die Ausgaben sich entwickelt hätten, wenn der unerwartete Einnahmesegen ausgeblieben wäre.

---

4 Finanzminister Dr. Schäfer veröffentlicht Hessen-Zahlen der Steuerschätzung. »Außergewöhnliches Steuer-Jahr 2016: Schwarze Null ist möglich.«, Pressemitteilung des Hessischen Ministeriums für Finanzen vom 15.11.2016, https://finanzen.hessen.de/pressearchiv/pressemitteilung/aussergewoehnliches-steuer-jahr-2016-schwarze-null-ist-moeglich, abgerufen am 16.04.2018.

Abbildung 8: Die Abweichungen der tatsächlichen Gesamteinnahmen nach LFA von den entsprechenden Planungszahlen in den Mittelfristigen Finanzplänen für die Jahre 2013–2017.

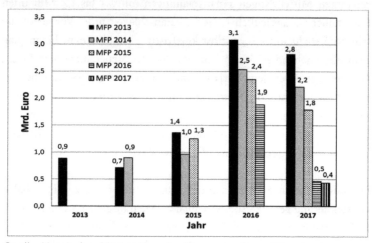

Quelle: Hessisches Ministerium der Finanzen; eigene Berechnungen.

Abbildung 9: Die Abweichungen des tatsächlichen Finanzierungssaldos von den entsprechenden Planungszahlen in den Mittelfristigen Finanzplänen für die Jahre 2013–2017.

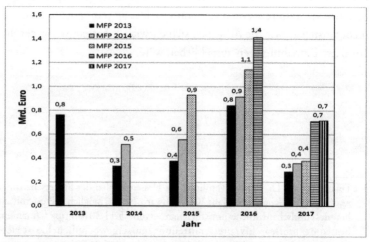

Quelle: Hessisches Ministerium der Finanzen; eigene Berechnungen.

Abbildung 10: Die Abweichungen der tatsächlichen Ausgaben ohne LFA und Zuweisungen an die Kommunen von den entsprechenden Planungszahlen in den Mittelfristigen Finanzplänen für die Jahre 2013–2017.

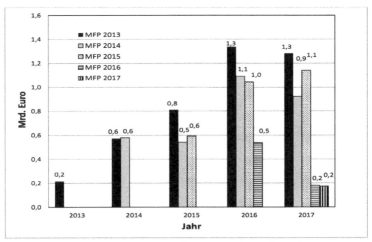

Quelle: Hessisches Ministerium der Finanzen; eigene Berechnungen.

4. Der Investitionsstau bei Land und Kommunen

Als bedenklich – und als generelles Indiz für eine strukturelle Unterfinanzierung der öffentlichen Haushalte – muss sowohl die Entwicklung der Landesinvestitionen als auch die der kommunalen Investitionen (jeweils Sachinvestitionen) angesehen werden. Diese sind seit dem Jahr 2010 im Trend deutlich gesunken und sind selbst im vergangenen Jahr leicht zurückgegangen (Abbildung 11). Wie Abbildung 12 demonstriert, liegt die Investitionsquote des Landes gut 20 Prozent unter dem Wert, den sie Anfang der 2000er Jahre noch aufwies. Im Jahr 2017 ist der niedrigste Wert seit der Jahrtausendwende zu verzeichnen gewesen.

Abbildung 11: Die Sachinvestitionen im Landeshaushalt 2000–2017.

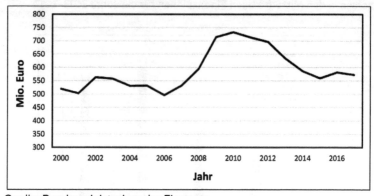

Quelle: Bundesministerium der Finanzen.

Abbildung 12: Die Investitionsquote* des Landes 2000–2017.

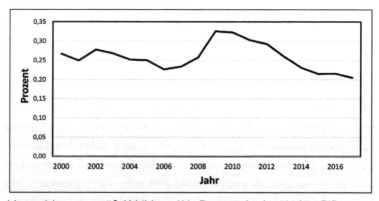

* Investitionen gemäß Abbildung 11 in Prozent des hessischen BIP.

Quelle: Bundesministerium der Finanzen, Statistische Ämter des Bundes und der Länder, eigene Berechnung.

Auf der kommunalen Ebene fällt die Entwicklung der Investitionen seit der Jahrtausendwende im Trend noch schlechter aus als auf der Landesebene. Hier liegt aktuell sogar der nominale Wert unter dem Wert des Jahres 2000 (Abbildung 13). Ein deutlich höheres Investitionsvolumen ist durch die Konjunkturfördermittel in den Jahren 2009 bis 2011 auszumachen. In diesem Zusammenhang spielte neben den Mitteln des Bundes das vom Land zusätzlich aufgelegte Investitionsprogramm (»Hessisches Sonderinvestitionsprogramm«) in Höhe von insgesamt 1,7 Milliarden Euro eine wichtige Rolle. Die kommunale Investitionsquote (Abbildung 14) lag im Jahr 20017 um ein Drittel unter dem Wert des Jahres 2000 – gegenüber dem Wert Mitte der 1990er Jahre erfolgte sogar eine Halbierung.[5]

Abbildung 13: Die Entwicklung der Investitionen der Kommunen in Hessen 1994–2017.

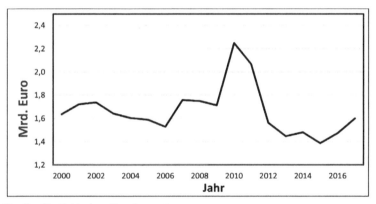

Quelle: Statistisches Bundesamt.

---

5 Vgl. dazu und ausführlich zur Kommunalfinanzentwicklung in Hessen Eicker-Wolf/Truger (2016).

Abbildung 14: Die Entwicklung der Investitionsquote* der Kommunen in Hessen 1994–2017.

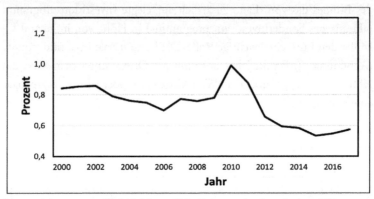

* Investitionen gemäß Abbildung 13 in Prozent des hessischen BIP.

Quelle: Statistisches Bundesamt, Statistische Ämter des Bundes und der Länder, eigene Berechnung.

Der geschilderte Verlauf der getätigten Sachinvestitionen in Hessen muss vor dem Hintergrund der gesamtdeutschen Entwicklung interpretiert werden (vgl. Eicker-Wolf/Truger 2017). In den vergangenen gut vier Jahrzehnten ist ein Rückgang der staatlichen Investitionen zu verzeichnen und die Investitionstätigkeit der öffentlichen Hand in Deutschland fällt im internationalen Vergleich in der jüngeren Vergangenheit relativ schwach aus. Besonders stark rückläufig waren dabei die Investitionen auf der kommunalen Ebene. Ursächlich verantwortlich hierfür sind vor allem Konsolidierungsmaßnahmen, die wiederum eine zu geringe Finanzausstattung der öffentlichen Hand und die Verankerung der Schuldenbremse zum Hintergrund haben.[6] Bei den Investitionen ist der Paradigmenwechsel von der goldenen Regel zur Schuldenbremse unmittelbar ersichtlich: Während die goldene Regel eine Kreditfinanzierung von staatlichen Investitionen gerade auch aus Gründen der Generationengerechtigkeit zulässt, schließt die Schuldenbremse dies explizit aus.

---

6 Zur Kritik an der Schuldenbremse vgl. z.B. Eicker-Wolf/Himpele (2011), Eicker-Wolf/Truger (2014) und Truger/Will (2012).

Aufgrund der geschilderten Entwicklung hat sich in vielen Bereichen der staatlichen Infrastruktur ein erheblicher Investitionsstau herausgebildet – dies gilt insbesondere für die Ebene der Gemeinden, Städte und Landkreise. Nach dem aktuellen Kommunalpanel der *Kreditanstalt für Wiederaufbau* (KfW 2017) beläuft sich der gesamte Investitionsrückstand auf der kommunalen Ebene auf 126 Milliarden Euro. Am größten ist der Investitionsstau gemäß dieser repräsentativen Umfrage im Bereich der Straßen- und Verkehrsinfrastruktur mit gut 34 Milliarden Euro, dicht gefolgt vom Bereich Schule (inklusive Erwachsenenbildung) mit fast 33 Milliarden Euro. Auf die Kinderbetreuung entfällt ein Investitionsstau von 4,6 Milliarden Euro. Aber auch auf der Ebene der Bundesländer sind zumindest für einzelne Zuständigkeitsbereiche Zahlen verfügbar. So liegt im Hochschulbereich der Investitionsstau bei 47 Milliarden Euro, wobei hier 12 Milliarden Euro auf die Universitätskliniken entfallen (Kultusministerkonferenz 2016).

Um dem hohen Investitionsstau auf der kommunalen Ebene zu begegnen, hat der Bund seit 2015 gleich zwei Kommunalinvestitionsförderprogramme im Umfang von bundesweit je 3,5 Milliarden Euro beschlossen. Die auf Hessen entfallenden Anteile der Programme wurden vom Land unter der Bezeichnung Kommunales Investitionsprogramm I und II (KIP I und KIP II) durch Landesmittel aufgestockt. Dadurch erreicht das KIP I immerhin ein Volumen von rund einer Milliarde Euro. Das Volumen des KIP II ist etwa halb so hoch. Ein Teil des ersten Investitionsprogramms kam dem Schulbereich zugute,[7] während das zweite Programm – verabschiedet im Sommer 2017 – ausschließlich finanzschwachen Kommunen zur Sanierung ihrer Schulen zufließt. Ein weiteres drittes Investitionsprogramm hat das Land im Rahmen der *Hessenkasse* beschlossen – das Volumen beträgt rund 600 Millionen Euro. Angesichts

---

[7] So zitiert eine Pressemeldung des Hessischen Ministeriums der Finanzen vom 20. März 2017 Finanzminister Schäfer, dass Investitionen in die Bildungsinfrastruktur beim KIP I seitens der Kommunen besonders gefragt seien, vgl. https://finanzen.hessen.de/pressearchiv/pressemitteilungen/finanzminister-dr-schaefer-und-regierungsfraktionen-stellen.

des bestehenden Investitionsstaus ist dies mit Blick auf Deutschland insgesamt zu wenig Geld. Dies gilt aber auch für Hessen, wie sich anhand des Schulbereichs zeigen lässt.[8]

Bedenklich ist zudem, dass bei den kommunalen Investitionen trotz der Investitionsfördermaßnahmen bei den hessischen Kommunen bisher kaum eine Belebung auszumachen ist (vgl. Abbildungen 9 und 10).[9] Eine solche Belebung wäre aufgrund der Verabschiedung des KIP I im Jahr 2015 eigentlich für das vergangene Jahr zu erwarten gewesen. Grund dafür scheinen Engpässe im personellen Bereich zu sein: So ist nach Angaben von Gornig/Michelsen (2017) in den 20 Jahren von 1991–2010 deutschlandweit die Zahl der mit Baufragen befassten Personen im Öffentlichen Dienst der Kommunen um rund 35 Prozent gesunken und auch im darauffolgenden Zeitraum bis 2015 ist die entsprechende Beschäftigtenzahl noch einmal um annähernd 10 Prozent zurückgegangen. Hinzu kommt die hohe Auslastung der Bauwirtschaft, die sich aktuell an den Grenzen ihrer Produktionskapazitäten befindet. Es ist zu befürchten, dass bei den Investitionsprogrammen erhebliche Mitnahmeeffekte auftreten.

Um das beschriebene Problem zu lösen, ist eine deutliche und auf Dauer angelegte finanzielle Besserstellung der Kommunen erforderlich – auch um das für den Baubereich zuständige Personal auf der kommunalen Ebene angemessen zu erhöhen. Kurzfristig angelegte und viel zu gering dimensionierte Investitionsfördermaßnahmen sind jedenfalls nicht geeignet, den bestehenden Investitionsstau aufzulösen.

---

8 Vgl. dazu Eicker-Wolf (2017a, 2017b, 2017d) und Eicker-Wolf/Truger (2018).
9 Vgl. speziell zur Entwicklung der Schulbauinvestitionen in Hessen Eicker-Wolf/ Truger (2018: 9 ff.). Auch die neuesten Zahlen zu den Baumaßnahmen im Schulbereich für das Jahr 2017, die in dieser Publikation noch nicht enthalten sind, zeigen keinerlei über die konjunkturelle Entwicklung hinausgehende Belebung.

5. Perspektiven: Ausgabenspielräume nutzen und erweitern

Die dargelegte Investitionsentwicklung und die angesprochenen Zahlen zum Investitionsstau erfordern eigentlich ein entschlossenes Handeln, damit sich die Lage nicht noch weiter verschlimmert. Sinnvoll wäre mit Blick auf Hessen die Evaluierung des bestehenden Investitionsstaus im Aufgabenbereich des Landes und der Kommunen, um dann mit angemessenen Mitteln reagieren zu können. Hieran haben viele der politisch handelnden Akteure – und das gilt insbesondere für jene Parteien, die die Regierung stellen – aber offenbar kein großes Interesse, da ihre Politik sich dann an einem harten Kriterium messen lassen müsste.

Zu den Investitionen kommen weitere Ausgabenbedarfe hinzu, die gerade die Länder und die Kommunen betreffen – genannt sei hier als Beispiel der Bildungsbereich, für den sich eine Unterfinanzierung gemessen an den eigentlich bestehenden Erfordernissen begründen lässt (vgl. Eicker-Wolf 2017c: 95 ff.).

In kleinerem Rahmen besteht im hessischen Landeshaushalt – bei ähnlich gut laufender Konjunktur wie in den vergangenen Jahren – ein gewisser Spielraum für zusätzliche Ausgaben. Dies zeigt ein Blick in die aktuelle Mittelfristige Finanzplanung[10] für Hessen für die Jahre 2017 bis 2021, die aus dem September des vergangenen Jahres stammt.

Die Planung des hessischen Finanzministers sieht für die Jahre 2018 bis 2021 Haushaltsüberschüsse und jeweils eine deutliche Übererfüllung der Kreditaufnahmegrenzen der Schuldenbremse vor. Zudem sind in der Planung für die Jahre 2020 und 2021 vorsorglich sogenannte »globale Mindereinnahmen« in Höhe von 423 Millionen Euro beziehungsweise 740 Millionen Euro enthalten. Damit wollte die Landesregierung laut

---

10 Hessisches Ministerium der Finanzen, Finanzplan des Landes Hessen für die Jahre 2017 bis 2021 (Stand September 2017), Wiesbaden 2017.

eigener Aussage Vorsorge für bestehende Haushaltsrisiken wie etwa die Auswirkungen einer möglichen Steuerreform nach der Bundestagswahl 2017 treffen.

Die vom Jahr 2019 bis zum Jahr 2021 vorgesehenen spürbaren Haushaltsüberschüsse des Landes sollen laut Planung für die Tilgung von Landesschulden verwendet werden: 100 Millionen Euro im Jahr 2019 und jeweils 200 Millionen Euro in den Jahren 2020 und 2021. Dies wird zwar – unter anderem – mit der finanzpolitischen Verantwortung für künftige Generationen begründet, ist jedoch angesichts der Tatsache, dass die Schuldenstandsquote – also das Verhältnis von Schulden und Bruttoinlandsprodukt – ohnehin im Laufe der nächsten Jahre kontinuierlich sinken wird, vollkommen unnötig. Denn eine sinkende Schuldenstandsquote bedeutet, dass sich die Tragfähigkeit der Staatsverschuldung entsprechend kontinuierlich erhöhen wird. Darüber hinaus auch noch Tilgungen vorzusehen erscheint angesichts der angesprochenen Ausgabenbedarfe zugunsten zukünftiger Generationen, gerade im Infrastruktur- und im Bildungsbereich, unsinnig.

Allerdings kommen auf den Landeshaushalt durch die Koalitionsvereinbarungen auf der Bundesebene auch Mindereinnahmen zu. Zwar sind Länder und Kommunen nicht von der geplanten teilweisen Abschaffung des Solidaritätszuschlags betroffen, aber bei den Ländern werden die Erhöhungen des Kindergeldes und der Kinderfreibeträge – dies ist in zwei Schritten geplant – die Steuereinnahmen schmälern. Das Gleiche gilt für die steuerliche Förderung von mehr Wohneigentum. Insgesamt dürfte ausgehend von der Mittelfristigen Finanzplanung des Landes aber von einem zusätzlichen Ausgabenspielraum in Höhe von 500 Millionen Euro zu rechnen sein. Dieser sollte genutzt werden – etwa um die Bildungsausgaben zu erhöhen!

Natürlich ist der geschilderte Ausgabenspielraum von einer halben Milliarden Euro bei weiterhin günstig laufender Konjunktur nicht geeignet, den erheblichen Ausgabenbedarf etwa im Bereich der staatlichen Infrastruktur komplett zu bedienen. An dieser Stelle ist die Steuerpolitik gefragt: Zwar hat die Landesregierung hier kaum eigene Kompetenzen, aber sie könnte über den Bundesrat aktiv werden.

Aus Ländersicht ist dabei insbesondere die Vermögensteuer interessant, da ihr Aufkommen komplett den Bundesländern zusteht. Zum Aufkommenspotential einer Wiedererhebung der Vermögensteuer liegen entsprechende Berechnungen von Bach u.a. vor (vgl. Bach u.a. 2016 ebenso Bach/Thiemann 2016): Dieses liegt bei einem Steuersatz in Höhe von einem Prozent und je nach persönlichem Freibetrag[11] bei knapp 11 bis 22,6 Milliarden Euro.[12] Betroffen von einer solchen Vermögensteuer wäre letztlich fast ausschließlich das reichste Prozent der Bevölkerung; je nach Ausgestaltung konzentrierte sich die Belastung mit bis zu 90 Prozent bei den reichsten 0,1 Prozent der Bevölkerung. Das Aufkommen könnte auf bis zu 25 Milliarden Euro im Falle eines progressiven Tarifs gesteigert werden.[13]

Sinnvoll wäre gerade aus Sicht der Bundesländer neben der Wiedererhebung der Vermögen- auch eine Reform der Erbschaftsteuer. Diese Steuer fällt in Deutschland im Vergleich zu anderen Industrieländern auch nach der letzten Reform im Jahr 2016 sehr mäßig aus, vor allem weil die Erben großen Betriebsvermögens aufgrund zahlreicher Vergünstigungen und Ausweichmöglichkeiten weiterhin kaum belastet werden. Erbschaften stellen für die Begünstigten einen leistungslosen Vermögenszuwachs

---

11 Als Freibetrag werden ein oder zwei Millionen Euro unterstellt; berücksichtigt wird ferner, dass der Freibetrag auf 500.000 Euro abschmelzen kann. Zusätzlich wird berechnet, wie hoch das Aufkommen mit oder ohne einen Freibetrag für Betriebsvermögen in Höhe von fünf Milliarden Euro ausfällt.
12 Anpassungsreaktionen, die jedoch schwer und kaum sicher abzuschätzen sind, können laut Bach/Thiemann allerdings das steuerliche Aufkommen reduzieren. Die entsprechenden prozentualen Verluste beim Aufkommen weisen nach den Berechnungen von Bach/Thiemann (2016: 86) eine große Bandbreite auf.
13 Unterstellt wird ein Grenzsteuersatz in Höhe von 1,25 Prozent ab 10 Millionen Euro und von 1,5 Prozent ab 20 Millionen Euro.

– häufig in sehr hohem Umfang – dar. Reiche Erben werden so aufgrund ihrer sozialen Herkunft in der Regel doppelt privilegiert, da sie aufgrund ihres familiären Hintergrunds meist bessere Bildungs- und damit Verdienstmöglichkeiten haben. Deshalb also sollte eine Steigerung des Erbschaftsteueraufkommens von zuletzt vier bis sechs auf gut zehn Milliarden Euro durch eine höhere Besteuerung reicher Erben erfolgen.[14]

Literatur

Bach, Stefan/Thiemann, Andreas (2016): Hohes Aufkommenspotential bei Wiedererhebung der Vermögensteuer, in: DIW Wochenbericht 4/2016.

Bach, Stefan/Beznoska, Martin/Thiemann, Andreas (2016): Aufkommens- und Verteilungswirkungen einer Wiedererhebung der Vermögensteuer in Deutschland. DIW Berlin: Politikberatung kompakt 108, Berlin.

Bach, Stefan/Houben, Henriette/Maiterth, Ralf/Ochmann, Richard (2014): Aufkommens- und Verteilungswirkungen von Reformalternativen für die Erbschaft- und Schenkungsteuer, DIW Berlin: Politikberatung kompakt 83, Berlin.

DGB Hessen-Thüringen (2018): Stellungnahme zu dem Gesetzentwurf der Fraktionen der CDU und BÜNDNIS 90/DIE GRÜNEN für ein Gesetz zur Sicherstellung der finanziellen Leistungsfähigkeit der hessischen Kommunen bei liquiditätswirksamen Vorgängen und zur Förderung von Investitionen (HessenkasseG) – Drucksache 19/5957 –, Frankfurt.

Eicker-Wolf, Kai (2011): Schuldenbremse mit Verfassungsrang? Die politischen Motive der Volksabstimmung in Hessen, in: Forum Wissenschaft 1/2011.

Eicker-Wolf, Kai (2017a): Einstürzende Schulbauten. Finanzpolitisches Arbeitspapier der GEW Hessen Nr. 1 (aktualisierte Fassung), Frankfurt.

Eicker-Wolf, Kai (2017b): Investitionsstau in Schulen, in: HLZ Zeitschrift der GEW Hessen für Erziehung, Bildung und Forschung 6/2017.

Eicker-Wolf, Kai (2017c): Wirtschaftswunderland. Eine Abrechnung mit der Wirtschaftspolitik Gerhard Schröders bis heute, Marburg.

---

14 Vgl. dazu den Vorschlag von Rietzler u.a. (2016: 17 ff.) und die Modelle von Bach u.a. (2014).

Eicker-Wolf, Kai (2017d): Sanierung auskömmlich finanzieren!, in: HLZ Zeitschrift der GEW Hessen für Erziehung, Bildung, Forschung 11/2017.

Eicker-Wolf, Kai/Himpele, Klemens (2011): Die Schuldenbremse als politisches Projekt, in: Prokla 2/2011.

Eicker-Wolf, Kai/Truger, Achim (2013): Steuersenkungen und Schuldenbremse: Die hessische Landes- und Kommunalfinanzen in der Klemme, in Eicker-Wolf, Kai/Körzell, Stefan (Hg.), Hessen vorne? Zu den Herausforderungen der Landespolitik in Hessen, Darmstadt.

Eicker-Wolf, Kai/Truger, Achim (2014): German public finances under the debt brake: unmasking the ‚model pupil', in: Dullien, Sebastian/Hein, Eckhard/Truger, Achim (Hg.): Makroökonomik, Entwicklung und Wirtschaftspolitik. Festschrift für Jan Priewe, Marburg.

Eicker-Wolf, Kai/Truger, Achim (2016): Kommunalfinanzbericht 2016. Entwicklung und Perspektiven der Kommunalfinanzen in Hessen. Studie im Auftrag von ver.di Hessen, Fachbereich Gemeinden, Frankfurt.

Eicker-Wolf, Kai/Truger, Achim (2017): Verteilungsgerechtigkeit in Deutschland: Der Beitrag der Finanz- und Steuerpolitik, in: Eicker-Wolf, Kai/Truger, Achim: Ungleichheit in Deutschland – ein »gehyptes Problem«?, Marburg.

Eicker-Wolf, Kai/Truger Achim (2018): Wie notwendig sind Investitionsprogramme? Finanzpolitisches Arbeitspapier der GEW Hessen Nr. 3, Frankfurt.

Gornig, Martin/Michelsen, Claus (2017): Kommunale Investitionsschwäche: Engpässe bei Planungs- und Baukapazitäten bremsen Städte und Gemeinden aus, in: DIW Wochenbericht 11/2017.

Hessisches Ministerium der Finanzen (2013): Mittelfristiger Finanzplan des Landes Hessen für die Jahre 2013 bis 2017, Wiesbaden.

Hessisches Ministerium der Finanzen (2014): Mittelfristiger Finanzplan des Landes Hessen für die Jahre 2014 bis 2018, Wiesbaden.

Hessisches Ministerium der Finanzen (2015): Mittelfristiger Finanzplan des Landes Hessen für die Jahre 2015 bis 2019, Wiesbaden.

Hessisches Ministerium der Finanzen (2016): Mittelfristiger Finanzplan des Landes Hessen für die Jahre 2016 bis 2020, Wiesbaden.

Hessisches Ministerium der Finanzen (2017): Mittelfristiger Finanzplan des Landes Hessen für die Jahre 2017 bis 2021, Wiesbaden.

KfW-Research (2017): KfW-Kommunalpanel 2017, Frankfurt am Main.

Kultusministerkonferenz (2016): Solide Bauten für leistungsfähige Hochschulen. Wege zum Abbau des Sanierungs- und Modernisierungsstaus im Hochschulbereich, o.O.

Rietzler, Katja/Scholz, Birger/Teichmann, Dieter/Truger, Achim (2016): IMK-Steuerschätzung 2016–2020. Stabile Einnahmenentwicklung – Erbschaftsteuerreform nur Flickwerk, IMK Report 114.

Truger, Achim/Will, Henner (2012): Eine Finanzpolitik im Interesse der nächsten Generationen, Schuldenbremse weiterentwickeln: Konjunkturpolitische Handlungsfähigkeit und öffentliche Investitionen stärken. IMK Studies, Nr. 24, IMK in der Hans Böckler Stiftung, Düsseldorf.

Die Tarif- und Beamtenpolitik der schwarz-grünen Koalition

Jens Ahäuser/Rüdiger Bröhling

1. Der Sonderweg in Hessen: Tarifpolitik im Alleingang

Entwicklungen in den Jahren 2013 bis 2018

Seit dem Austritt des Landes Hessen aus der Tarifgemeinschaft deutscher Länder (TdL) im Jahr 2004 lag der Schwerpunkt der Tarifarbeit für die rund 45.000 Tarifbeschäftigten zunächst auf der Durchsetzung einer grundsätzlichen Tarifbindung und damit der Regulierung von Arbeitsbedingungen durch Tarifvertragsparteien und nicht durch Willkür und einseitige Anordnung. Mit der Einigung auf den Tarifvertrag für die Beschäftigten des Landes Hessen (TV-H), der bis auf wenige Ausnahmen inhaltsgleich mit dem Tarifvertrag für die Beschäftigten der Länder (TV-L) am 1. Januar 2010 in Kraft getreten ist, war aus Sicht der Gewerkschaften die Grundlage für eine Tarifarbeit gelegt, die als Schwerpunkt die synchrone Verbesserung der Arbeitsbedingungen analog der Entwicklungen für die Beschäftigten der übrigen Länder gewährleisten sollte. Gleichzeitig war und ist das tarifpolitische Ziel der zuständigen DGB Gewerkschaften (ver.di, GdP, IG.BAU und GEW) der Wiedereintritt des Landes Hessen in die TdL.

Aus heutiger Sicht kann man resümieren, dass das Ziel einer materiell parallelen Entwicklung der Arbeitsbedingungen mehr als erfüllt wurde und dass das Alleinstellungsmerkmal des hessischen Sonderweges, Tarifpartei außerhalb der TdL zu sein, allerdings nach wie vor Bestand hat.

Die Tarifrunde 2013 und Landtagswahlen 2014

Bei der Entgeltrunde 2013 ging es für die übrigen Länder darum, Anschluss an die Lohnentwicklung bei den Kommunen und dem Bund zu halten. Für die Tarifbeschäftigten in Hessen wiederum darum, sich nicht von dem Abschluss für die TdL abhängen zu lassen. Dies ist in beiden Fällen (unter Berücksichtigung der zeitversetzten Verhandlungen) gelungen (zum hessischen Ergebnis vgl. HMdIuS 2013: 1442 ff).

VKA/Bund	TVL	TV-H
01.03.2012: + 3,5%	01.01.2013: + 2,65%	01.07.2013: + 2,8% Einmalzahlung 450€
01.01.2013: + 1,4% 01.08.2013: + 1,4%	01.01.2014: + 2,95%	01.04.2014: + 2,8% Einmalzahlung 225€
Auszubildende (monatlich):		
01.03.2012: + 50€	01.01.2013: + 50€	01.01.2013: + 50€
01.08.2013: + 40€	01.01.2014: + 40€	01.01.2014: + 3%

In den Verhandlungen wurde deutlich, dass es der hessischen Arbeitgeberseite schwerfiel, ein inhaltliches Alleinstellungsmerkmal gegenüber der TdL zu finden. Die zeitversetzte prozentuale Anhebung, die mit ihr verbundene ausgleichende Einmalzahlung sowie die etwas geringere Anhebung bei den Auszubildenden im zweiten Steigerungsschritt können nicht wirklich als Indiz für die Notwendigkeit separater Verhandlungen herhalten.

Im Zuge der Landtagswahlen im September 2013 wurde seitens der Gewerkschaften das Thema »Rückkehr in die TdL« in die politischen Debatten und besonders in die Koalitionsverhandlungen eingebracht. Klar war, dass dieses tarifpolitische Thema von den Parteien nicht als zentrales Wahlkampfthema aufgenommen werden würde. Wichtig war der Gewerkschaftsseite aber, dass es eine überwiegende Akzeptanz durch die Parlamentsparteien für dieses Ziel geben würde. Nur die CDU war von Anfang an reserviert. Im Zuge der Koalitionsverhandlungen zwischen CDU und den Grünen wurde deutlich, dass die CDU ihren eingeschlagenen Weg beibehalten wollte. Unter Berufung auf interne Berechnungen, die eine erhebliche finanzielle Belastung für das Land bei einer Rückkehr in die Tarifgemeinschaft darstellen würde, entschieden sich die Koalitionäre für die Fortsetzung des Sonderwegs. Ein vorgeschobenes Argument, da ein Tarifwechsel natürlich Übergangsregelungen zum Ausgleich von Be- und Entlastungen enthalten muss, so wie dies auch bei der Rückkehr des Landes Berlin in die TdL vereinbart wurde[1].

Eine neue Eingruppierungsregelung für die Tarifbeschäftigten des Landes Hessen

Vier Jahre nach Inkrafttreten des TV-H ist es den Gewerkschaften im September 2014 gelungen, eine in den Grundsätzen der Entgeltordnung des TV-L (Anlage A, die Lehrkräfte nicht umfasst) folgende Regelung zur Eingruppierung, also zur Zuordnung der auszuübenden Tätigkeiten zu einer Entgeltgruppe, mit dem Land zu vereinbaren (HMdIuS 2015a: 318 ff.).

Seit dem Auseinanderfallen der Tarifgemeinschaft Bund, Länder und Kommunen wurde vergeblich versucht, eine neue, moderne, also den Entwicklungen in den Berufen und Qualifikationen entsprechende Eingruppierungsordnung zu vereinbaren. Erst 2012 verständigten sich die Gewerkschaften auf eine neue Entgeltordnung mit der TdL.

Leider gelang es nicht, ein neues Bewertungssystem mit Faktoren wie »Soziale Kompetenz« oder psychische Belastungen am Arbeitsplatz zu regeln. Vielmehr wurden die alten Grundsätze im Großen und Ganzen erneut vereinbart. Auch in den Verhandlungen für Hessen hatten die Gewerkschaften ein Paket mit Vorschlägen zur verbesserten Eingruppierung vorgelegt, was seitens des Landes mit Verweis auf die finanzi-

---

1 Vgl. Tarifvertrag zur Überleitung der Beschäftigten des Landes Berlin in das Tarifrecht der TdL (TV Wiederaufnahme Berlin) vom 12. Dezember 2012 in der Fassung des Änderungstarifvertrages Nr. 3 vom 17. Februar 2017, https://www.tdl-online.de/fileadmin/downloads/rechte_Naviga¬tion/I._Weitere_-Tarifvertraege/04_TV_WA_Berlin/TV_Wiederaufnahme_Berlin_i.d.F._%C3%84TV_Nr._3_VT.pdf, abgerufen am 14.06.2018.

ellen Folgen und eine mögliche Besserstellung gegenüber den Landesbeschäftigten der übrigen Bundesländer größtenteils abgelehnt wurde. Trotzdem einigte man sich auf eine Entgeltordnung, die gegenüber der TdL-Regelung in den Bereichen »Beschäftigte in Bibliotheken, Museen und Archiven«, in Teilen der Straßenbauverwaltung sowie im Forstdienst Verbesserungen enthielt. Auch im Eingruppierungsrecht ist also der hessische Alleingang nicht »belohnt« worden.

Die Tarifrunde 2015

Unter schwierigen Rahmenbedingungen wie dauerhaft geringe Inflation, Kostendruck durch die ‚Schuldenbremse' und eine rigide Beamtenbesoldungspolitik (siehe unten) fanden die Tarifverhandlungen im April 2015 statt. Thematischer Schwerpunkt war neben der Entgeltentwicklung die von den Arbeitgebern geforderten Leistungskürzungen bei der betrieblichen Altersversorgung (VBL – Versorgungsanstalt des Bundes und der Länder). Im Ergebnis wurde mit der Vereinbarung einer stärkeren Anhebung der Entgelte für die unteren und mittleren Entgeltgruppen und der Sicherung der Zusatzversorgung durch einen paritätischen Zusatzbeitrag eine Vereinbarung erzielt, die zu einer weiteren Reallohnsteigerung führte (HMdIuS 2015 b: 790 ff.).

TdL	TV-H
1. März 2015: + 2,1%	1. März 2015: + 2%
1. März 2016: + 2,3% mindestens 75 €	1. April 2016: + 2,4% mindestens 80 €
Auszubildende (monatlich):	
1. März 2015: 30 €	1. März 2015: 30 €
1. März 2016: 30 €	1. März 2016: 30 €
28 Tage Urlaub (Auszubildende)	28 Tage Urlaub (Auszubildende)
Zusatzbeitrag zur Altersversorgung von 0,4% für Beschäftigte und Arbeitgeber	Zusatzbeitrag zur Altersversorgung von 0,4% für Beschäftigte und Arbeitgeber
	1 Tag Zusatzurlaub für ehrenamtliche Tätigkeit
	Anrechnung von Pflege und Erziehungszeiten für Stufenlaufzeiten

Wie die Tabelle verdeutlicht, gab es 2015 erstmals sich von den restlichen Bundesländern unterscheidende, wenn auch nicht als wesentlich zu qualifizierende zusätzliche und von der Arbeitgeberseite eingebrachte Vereinbarungen. Ein erstmals seit 2010 (Vereinbarung eines Kinderzuschlages in Höhe von 100 Euro) bewusster Unterschied im Tarifergebnis zwischen der TdL und dem TV-H.

Die Tarifrunde 2017

2017 stellte sich ein Charakterzug der Tarifpolitik des Landes Hessen bei den Tarifverhandlungen noch deutlicher dar als 2015: Das Abgrenzen der Tarifeinigungen zur Tarifgemeinschaft deutscher Länder durch eigenständige hessische Regelungen jenseits der Entgeltentwicklung. Diese Politik kann durchaus als Reflex auf die zunehmenden Debatten zur Rückkehr in die TdL einerseits und als bewusstes wahltaktisches Entgegenkommen in Hinblick auf bevorstehende Landtagswahlen andererseits interpretiert werden. So sind die Vereinbarungen zu einem Landesticket, das die kostenlose Nutzung des öffentlichen Personennahverkehrs für alle unmittelbar tarifgebundenen Landesbeschäftigten sowie für Beamtinnen und Beamte des Landes beinhaltet, die Aufnahme der im Vergleich zur bisherigen Regelung wesentlich verbesserten stufengleichen Höhergruppierung sowie die Tarifierung des Verbots der Gesichtsverhüllung bei Ausübung des Dienstes eigenständige hessische Tarifregelungen (vgl. HMdIuS 2017: 1442 ff.).

TV-L	TV-H
1. Januar 2017: +2 % mindestens 75 €	1. März 2017: + 2 %, mindestens 75 €
1. Januar 2018: + 2,35%	1. Februar 2018: + 2,2%
Auszubildende (monatlich):	
1. Januar 2017: + 35 €	1. März 2017: + 35 €
1. Januar 2018: + 35 €	1. Februar 2018: + 35 €
Einführung einer weiteren Entgeltstufe (6) für die Beschäftigten der Entgeltgruppen 9 bis 15	Einführung einer weiteren Entgeltstufe (6) für die Beschäftigten der Entgeltgruppen 9 bis 15
Zuschläge für Beschäftigte im Bereich Pflege-, Sozial- und Erziehungsdienst	Zuschläge für Beschäftigte im Bereich Pflege-, Sozial- und Erziehungsdienst

	Höhergruppierungen erfolgen ab 1.1.2018 stufengleich
	Ab 1.1.2018 erhalten die Tarifbeschäftigten und Beamtinnen und Beamte ein kostenloses Bahnticket für ganz Hessen mindestens für ein Jahr
	Bei Ausübung des Dienstes dürfen die Beschäftigten ihr Gesicht nicht verhüllen

Die hessischen Zusatzregelungen wurden in den DGB-Gewerkschaften meist positiv – insbesondere bezüglich des Landestickets –, mitunter aber – hier vor allem was das Thema »Gesichtsverhüllung« anbelangt – auch negativ bewertet.

Obwohl die Entgeltentwicklungen mit dem Tarifabschluss 2017 im Vergleich zur TdL geringfügig geringer ausfielen, wurde durch die manteltariflichen Regelungen in der Gesamtbetrachtung der TdL-Abschluss übertroffen. Ob damit die Politik der Verantwortlichen des Landes Hessen aufgeht, die Eigenständigkeit der hessischen Tarifpolitik beizubehalten, bleibt allerdings fraglich. In den übrigen öffentlichen Tarifbereichen erleben wir zurzeit vielmehr ein Überschwappen der als größtenteils positiv angesehenen hessischen Sonderregelungen zumindest in die Forderungsdiskussionen. Für die DGB-Gewerkschaften bleibt auch nach dem Abschluss 2017 die Forderung nach Rückkehr in die TdL bestehen.

2. Schwarz-grüne Besoldungspolitik: Sonderopfer am Rande des Limits

Anders als im Tarifbereich auf Länderebene, wo 15 Bundesländer gemeinsam in der Tarifgemeinschaft deutscher Länder agieren, ist das Dienstrecht seit 2006 weitgehend föderalisiert. Was vor der entsprechenden Grundgesetzänderung bundesweit relativ einheitlich ausgestaltet gewesen war, entwickelte sich seitdem zwischen den Bundeländern immer weiter auseinander, wie es der jährlich erscheinende Besoldungsreport des DGB für den Besoldungsbereich nachdrücklich dokumentiert (DGB Bundesvorstand 2018). Es war nicht zuletzt die von Roland Koch geführte hessische Landesregierung, in der eine weitgehende Föderalisierung des Dienstrechtes einen dezidierten Befürworter fand (Rothländer 2013: 71).

In Hessen besteht somit die besondere Situation, dass das Land als Dienstherr nicht nur die Arbeitsbedingungen für seine Beamtinnen und Beamten festlegen kann, sondern dass es als Arbeitgeber auch selbst am Tisch sitzt, wenn die tarifrechtlichen Regelungen für seine Tarifbeschäftigten zur Verhandlung stehen. Eine solche Konstellation könnte von Wiesbaden dazu genutzt werden, um die Arbeitsbedingungen der verschiedenen Statusgruppen im Landesdienst einander anzunähern. In Hinblick auf die Einkommensentwicklung hat die schwarz-grüne Regierung in der zu Ende gehenden Legislaturperiode allerdings bewiesen, dass man das genaue Gegenteil mit Entschlossenheit zu tun bereit gewesen ist.

Koalitionsvertrag: »Begrenzung der Personalausgaben«

Als zentrales Vorhaben der schwarz-grünen Beamtenpolitik benannte der am 18. Dezember 2013 geschlossene Koalitionsvertrag die Begrenzung des »Anstiegs der Personalausgaben«:

> »Dies geschieht in einer Kombination aus einem Stellenabbau außerhalb des Bereichs der Lehrerstellen um zusätzlich rd. 1.800 Stellen und einem Fortwirken des zum 01.07.2014 beschlossenen Besoldungszuwachses von 2,8 Prozent bis zum 30.06.2016. Ab dem 01.07.2016 steigen die Beamtengehälter um 1 Prozent jährlich. Schließlich werden wir die hessischen Standards bei der Gewährung von Beihilfe anpassen.« (CDU Hessen und Bündnis 90/die Grünen Hessen 2013: 7)

Die freundlich wirkende Formulierung »Fortwirken des Besoldungszuwachses« – diese Anhebung war mit dem Gesetz über die Anpassung der Besoldung und Versorgung in Hessen 2013/2014[2] bereits Ende 2013

---

2 Gesetz über die Anpassung der Besoldung und Versorgung in Hessen 2013/2014 und zur Änderung besoldungsrechtlicher Vorschriften vom 20. November 2013, GVBl. Nr. 26, S. 578.

festgelegt worden – postuliert die Nullrunde im Jahr 2015 für die Beamtinnen und Beamten des Landes Hessen. Die Mittelfristige Finanzplanung 2014 bis 2018 beziffert das kalkulatorische Kürzungspotential der vereinbarten schwarz-grünen Besoldungslinie auf (aufwachsend) 400 Millionen Euro jährlich ab dem Jahr 2018. Wobei Finanzminister Schäfer bei Nullrunde und Deckelung des Besoldungszuwachses auf jeweils ein Prozent in den Jahren 2016, 2017 und 2018 Steigerungen im Tarifbereich von jährlich zwei Prozent unterstellt (HMF 2014: 33 f.) Den Abbau von zusätzlich 1.800 Stellen quantifizierte Ministerpräsident Volker Bouffier im Landesparlament auf ein Kürzungsvolumen von 80 Millionen Euro, die »Anpassung« der Beihilfe belaufe sich auf 20 Millionen Euro pro Jahr (Hessischer Landtag 2014: 1957). Insgesamt ergab sich damit aus der Sicht des Jahres 2014 für die Wiesbadener Koalition ein Kürzungsvolumen, das 500 Millionen Euro pro anno im Jahr 2018 erreichen sollte.

Allerdings hatte das schwarz-grüne Bündnis im Koalitionspapier auch erklärt, im Jahr 2017 die im bundesweiten Ländervergleich höchste Wochenarbeitszeit der Beamtinnen und Beamten auf 41 Wochenstunden absenken zu wollen (das wurde dann zum 1.8.2017 auch umgesetzt, siehe unten)[3]. Dafür wurden dann später 970 zusätzliche Stellen im Haushalt eingestellt (vgl. HMF 2016: 15 und 17). Diese dürften schätzungsweise zu Mehrausgaben von 60 bis 70 Millionen Euro pro Jahr führen.

Die angekündigte Besoldungspolitik der Wiesbadener Koalition verursachte heftige Proteste, deren Höhepunkt ein von der GEW organisierter eintägiger Streik von mehreren Tausend Beamtinnen und Beamten am 16. Juni 2015 gewesen ist (GEW 2015). Schließlich brachten die Mehrheitsfraktionen erst für 2016 einen Gesetzentwurf ein (Hessischer Landtag 2016), der eine Besoldungserhöhung um ein Prozent zum 1. Juli 2016 vor-

---

3   42 Stunden in der Woche mussten seit Roland Kochs »Operation düstere Zukunft« bis zum 31. Juli 2017 nur die bis 50-jährigen Beamtinnen und Beamten arbeiten, 41 Wochenstunden die 50- bis 60-Jährigen, die über 60-jährigen Beamtinnen und Beamte arbeiten seit 2004 40 Stunden in der Woche.

sah. Im Laufe des Gesetzgebungsverfahrens ergänzte Schwarz-Grün den Entwurf durch einen Mindesterhöhungsbetrag von 35 Euro pro Monat.[4] Die Bezüge der Anwärterinnen und Anwärter erhöhte das Gesetz um 50 Euro, das entsprach in der Summe nicht ganz dem Umfang der tariflichen Zuwächse für die Auszubildenden in 2015 und 2016 (60 Euro, siehe Teil 1).

CDU und Bündnis 90/Die Grünen begründeten ihre auf den Weg gebrachte Besoldungspolitik für 2015 und 2016 mit der »Schuldenbremse«: Laut mittelfristiger Finanzplanung 2014 bis 2018 sollte die Nettokreditaufnahme von 960 Millionen Euro im Jahr 2014 auf 100 Millionen Euro im Jahr 2018 reduziert (HMF 2014: 44) werden, um schließlich auf 0 Euro im Jahr 2019 weiter zu sinken. Während das Finanzministerium noch 2013 für das Jahr 2017 eine Personal-Ausgaben-Quote[5] von 40,6 Prozent erwartete, korrigierte die erste von Schwarz-Grün vorgelegte Mittelfristige Finanzplanung aufgrund der vereinbarten »Besoldungslinie« den Wert deutlich nach unten. 2017 sollte die Personal-Ausgaben-Quote 39,3 Prozent erreichen und sich 2018 auf 39,2 Prozent reduzieren (ebd.: 34).

Die mittelfristige Finanzplanung 2017 bis 2021 weist nun aber für das Jahr 2018 eine geplante Personal-Ausgaben-Quote von nur noch 37,6 Prozent aus, obwohl die im Koalitionsvertrag festgelegte Besoldungslinie ab 2017 nicht mehr weiter verfolgt wurde – es blieb bei einem Rückstand der Besoldungsentwicklung gegenüber dem Tarifbereich von 3,4 Prozent. Und obwohl im Haushaltsplan 2017 mit rund 2.000 zusätzlichen Stellen im Sicherheits-, Bildungs- und IT-Bereich über die oben erwähnten 970 Stellen hinaus geplant wurde (HMF 2017a: 15). Gemessen an den eigenen Vorgaben zu Beginn der Legislaturperiode ist die Wiesbadener Landesregierung bei der Absenkung des Anteils der Personalausgaben an

---

4 Gesetz über die Anpassung der Besoldung und Versorgung in Hessen 2016 (HBesVAnpG 2016) vom 14. Juli 2016, GVBl. Nr. 9, S. 110.
5 Die Personal-Ausgaben-Quote wird vom Finanzministerium definiert als Anteil der Personalausgaben an den bereinigten Gesamtausgaben ohne Ausgaben für den Länderfinanzausgleich.

den Gesamtausgaben deutlich über ihr selbst gestecktes Ziel hinausgeschossen. War ursprünglich für 2018 eine Absenkung um rund 1,4 Prozentpunkte als Ergebnis der Besoldungspolitik als Zielmarke ausgegeben worden, so ist entsprechend der aktuellsten Planung für das laufenden Jahr mit rund 3 Prozentpunkten zu rechnen.[6]

Zwar wurde 2017 und 2018 die Erhöhung der Besoldungstabelle entsprechend den Tarifsteigerungen in Hessen (siehe oben) umgesetzt; 2017 allerdings um vier Monate zeitverzögert – am 1. Juli 2017 statt am 1. Februar 2017.[7] Diese Zeitverzögerung konnte sich der Gesetzgeber trotz der günstigen haushaltspolitischen Situation nicht verkneifen. ‚Ersparnis' dadurch für das Land: rund 50 Millionen Euro einmalig im Haushaltsjahr 2017.[8]

Hessische Besoldung im Vergleich

Seit den 70er Jahren des vergangenen Jahrhunderts bis zur Föderalismusreform 2006 hatte der Bund die Gesetzgebungskompetenz für die Bereiche »Besoldung« und »Versorgung« inne (Rothländer 2013: 71). Bis 2002 waren auch die Regelungen zur Sonderzuwendung und zum Urlaubsgeld bundeseinheitlich gestaltet. Seit der Reform 2006 ergibt sich nun eine deutliche Spreizung der Beamtenbesoldung, wobei die Abweichung bei den Zuwächsen der Besoldung von denen der vorgelagerten Tarifrunden

> »nur in eine Richtung geht: nach unten. 16 von 17 Gesetzgebern nutzen die Möglichkeit, einseitig die Einkommen zu verschlechtern. Der Vergleich der realen Monatsbesoldung mit dem Wert, den die Beamtinnen und Beamten

---

6　Vgl. zur hierfür ursächlichen, günstigen Einnahmenentwicklung des hessischen Landeshaushalt in den vergangenen Jahren und zum gegenwärtig vorhandenen haushaltspolitischen Spielraum den Beitrag von Eicker-Wolf/Truger in diesem Band.
7　Gesetz über die Anpassung der Besoldung und Versorgung in Hessen in den Jahren 2017 und 2018 und zur Änderung dienstrechtlicher Vorschriften vom 30. Juni 2017, GVBl. Nr. 11 für das Land Hessen, S 114 ff.
8　So die Angabe des Abgeordneten Jürgen Frömmrich (Bündnis 90/die Grünen) im Landtag am 27. Juni 2017 (Hessischer Landtag 2017: 7717).

bei einer regelmäßigen Übertragung der Tarifergebnisse der letzten 10 Jahre erhalten würden, macht dies deutlich« (Schneider 2016: 17).

Der hessische Dienstherr hat es bei diesem skurrilen Besoldungs-Wettlauf um die rote Laterne allerdings geschafft, sich sehr weit nach hinten fallen zu lassen. Betrachtet man zum Beispiel die gesamte Einkommensentwicklung ausgewählter Besoldungsgruppen zwischen 2008 und 2018 (2005, 2006 und – außer in Bayern – 2007 gab es keine Tabellenwerterhöhungen), dann ergibt sich für die Jahresbruttobesoldung folgendes Bild bei den hessischen Zuwachsraten:

- A 7: 22,6 Prozent und damit viertletzter Rang unter den Bundesländern (Durchschnitt: 25,9 Prozent)
- A 9: 21,9 Prozent und damit drittletzter Rang unter den Bundesländern (Durchschnitt: 25,0 Prozent)
- A 13: 21,2 Prozent und damit wiederum drittletzter Rang unter den Bundesländern (Durchschnitt: 25,0 Prozent) (DGB Bundesvorstand 2018: 27 ff.)

Auch bei absoluter Betrachtung der Bruttojahresbesoldung findet sich Hessen 2018 eher im hinteren Mittelfeld. Bei der A 7 auf Rang 11, bei der A 9 ebenfalls auf dem 11. Platz und bei der A 13 auf Position 8 (jeweils im Vergleich der Endstufen). Wird die relativ hohe Wochenarbeitszeit in die Berechnung einbezogen – nur in drei weiteren Bundesländern gilt ebenfalls die 41-Stundenwoche –, dann verlieren die hessischen Beamtinnen und Beamten weiter an Boden:

- A 7: vorletzter Platz (vor Berlin)
- A 9: drittletzter Platz (dahinter Berlin und Sachsen-Anhalt)
- A 13: 10. Platz (ebd.: 19 ff.)

Da 2015 und 2016 alle anderen Bundesländer jeweils die Besoldung um insgesamt mindestens 4 Prozentpunkte erhöhten (ebd.: 40 f.), hat die schwarz-grüne Besoldungspolitik in diesen beiden Jahren einen großen Beitrag zu dem schlechten Abschneiden geleistet.

Eine Untersuchung der GEW Hessen zum Lebenseinkommen von Grundschullehrkräften in den verschiedenen Bundesländern kam 2017 zu einem ähnlichen Resultat. Wird nun die Pflichtstundenzahl in die Berechnung einbezogen, kommt Hessen beim Bundesländervergleich über einen Platz im unteren Teil der Rangliste nicht hinaus (nach der Verkürzung der Pflichtstundenzahl um eine halbe Stunde am 1. August 2017), wobei die Höhe der Besoldung um 0,8 Prozent unter dem Bundesdurchschnitt liegt (GEW Hessen 2017: 3).

Aber auch im Vergleich mit der Entwicklung der Tariflöhne in anderen Wirtschaftssektoren wird deutlich, wie stark die Besoldung der hessischen Beamtinnen und Beamten ins Hintertreffen geraten ist. Zwischen 2001 bis 2016 weist etwa das Verarbeitende Gewerbe einen um 18,5 Prozent höheren Zuwachs auf als die hessische Beamtenbesoldung. Im Vergleich zum Öffentlichen Dienst im weiteren Sinne sind es im selben Zeitraum rund 9 Prozent, die die hessische Besoldung verloren hat. Abbildung 7 im Beitrag von Eicker-Wolf/Truger im vorliegenden Band macht sehr plastisch deutlich, wie die Nullrunden – 2005 bis 2007 und 2015 – sowie die Ein-Prozent-Deckelung 2016 auf Dauer eine deutliche Lücke zur allgemeinen Tarifentwicklung reißen.

Amtsangemessene Alimentation?

Die Nullrunde 2015 und die Ein-Prozent-Deckelung im folgenden Jahr führte in den Gewerkschaften und anderen Beamtenorganisationen zu einer regen Debatte darüber, ob die hessische Besoldung noch den Maßstäben einer amtsangemessenen Alimentation nach Art. 33 Abs. 5 Grundgesetz entspreche. Denn das Bundesverfassungsgericht hatte in zwei Entscheidungen zur R- (BVerfG 2015a) beziehungsweise zur A-Besoldung 2015 (BVerfG 2015b) ein konkretes, mehrstufiges Prüfverfahren entwickelt, um so die Verfassungskonformität einer Besoldungsentwicklung bestimmen zu können. Allerdings spielt der Umfang der Wochenarbeitszeit im Prüfschema der Karlsruher Richter und Richterinnen allenfalls eine untergeordnete

Rolle. Darüber hinaus postuliert die höchstrichterliche Rechtsprechung in Hinblick auf höhere Besoldungsgruppen keine absolute Untergrenze der Besoldung, sondern setzt vielmehr ein Limit für die Geschwindigkeit, mit der ein Dienstherr bei der Besoldung von der tariflichen Einkommensentwicklung nach unten abweichen kann. Die vollständige Durchsetzung der im Koalitionsvertrag von 2013 vereinbarten Personalausgabenpolitik hätte die Karlsruher Kriterien wahrscheinlich verletzt. Für die Besoldungsentwicklung 2015 und 2016 aber bejahte im März 2018 das Verwaltungsgericht Frankfurt erstinstanzlich noch die Angemessenheit der Alimentation (VG Frankfurt 2018). Insofern dürfte die »180-Grad-Wende« (Innenminister Beuth [Hessische Landtag 2017: 7720]), bei der Besoldungspolitik auch verfassungsrechtlichen Überlegungen geschuldet gewesen sein.

Beihilfekürzung, Arbeitszeitverkürzung und Landesticket

2015 setzte die schwarz-grüne Landesregierung schließlich die im Koalitionsvertrag angekündigte »Anpassung« der Beihilfe durch.[9] Ein Anspruch auf Beihilfe zu Aufwendungen für Wahlleistungen im Krankenhaus (u.a. »Chefarztbehandlung« und »Zweibettzimmer«) besteht seit dem 1. November 2015 nur noch für diejenigen Beihilfeberechtigten, die bereit sind, monatlich einen Betrag von 18,90 Euro – auch bei Teilzeittätigkeit – für diese Leistungen zu zahlen. Der Betrag wird von den Bezügen abgezogen (§ 6a Hessische Beihilfeverordnung). Diese Maßnahme führte zu erheblichen Protesten, da die Zuzahlung von vielen Beamtinnen und Beamten im Ergebnis als erneute Nullrunde für das Jahr 2016 wahrgenommen wurde, da die angekündigte Besoldungsdeckelung nur eine sehr geringe absolute Realeinkommenssteigerung vor allem bei den unteren Besoldungsgruppen erwarten ließ. Das Kürzungspotential der Maßnahme erwies sich als deutlich höher als ursprünglich vom Ministerpräsidenten behauptet. Pro Jahr sind es nach Angaben des Finanzministeriums 30 Millionen Euro (HMF 2017a: 40).

---

9   Dreizehnte Verordnung zur Änderung der Hessischen Beihilfenverordnung vom 28. September 2015, GVBl. für das Land Hessen Nr. 23, S. 370 ff.

Zum 1. August 2017 reduzierte Hessen die regelmäßige wöchentliche Arbeitszeit seiner bis 50-jährigen Beamtinnen und Beamten von 42 auf 41 Wochenstunden.[10] Eine entsprechende Absenkung wurde auch für die Lehrkräfte an Schulen umgesetzt (sowie für Polizeibeamte und -beamtinnen[11]). Die Arbeitszeit der unter 50-jährigen Lehrkräfte sank zum Schuljahr 2017/2018 um eine halbe Pflichtstunde.[12] Während der erste Entwurf zur Änderung der Hessischen Arbeitszeitverordnung (HAZVO) kein sogenanntes Lebensarbeitszeitkonto (LAZK) mehr vorsah,[13] wird nach der Anhörung im Landtag § 1a HAZVO doch noch die Möglichkeit eröffnet, nunmehr die 41 Arbeitsstunden in der Woche auf ein LAZK zu buchen[14].

Schließlich bescherte die Tarifrunde 2017 in Hessen den Beamtinnen und Beamten auch ein »Landesticket Hessen« (siehe Teil 1 oben), das zur kostenlosen Nutzung des öffentlichen Personennahverkehrs in Hessen seit dem 1. Januar 2018 berechtigt. Eine Verordnung o.ä. zum Landesticket wurde bisher kurioserweise nicht erlassen. Lediglich eine FAQ-Liste auf der Internetseite des Hessischen Innenministeriums dient als rechtlicher Orientierungsrahmen für die Freifahrtberechtigung[15]. Für das Landesticket sind im Doppelhaushalt für 2018 und 2019 »jeweils über 55 Millionen Euro« eingeplant (HMF 2017b: 16).

---

10 Vierte Verordnung zur Änderung der Hessischen Arbeitszeitverordnung vom 3. Juli 2017, GVBl. Nr. 14, S. 230.
11 Verordnung über die Arbeitszeit der hessischen Polizeivollzugsbeamtinnen und -beamten (Hessische Polizeiarbeitszeitverordnung – HPolAZV) vom 21. Juli 2017, GVBl. Nr. 16, S. 270).
12 Verordnung über die Pflichtstunden der Lehrkräfte (Pflichtstundenverordnung) vom 19. Mai 2017; Amtsblatt des Hessischen Kultusministeriums Nr. 6 vom 16. Juni 2017, S. 191 ff.
13 »Da (die) hohe Belastung mit der Absenkung der Arbeitszeit von 42 auf 41 Stunden ab dem 1. August 2017 entfällt, wird das Ansparen auf dem Lebensarbeitszeitkonto zum 31. Juli 2017 eingestellt«, lautete dafür die Begründung im Verordnungsentwurf vom 25. November 2016. Seit dem 1. Juli 2007 wurde die 42. Arbeitsstunde in der Woche bei den unter 50-Jährigen auf ein Lebensarbeitszeitkonto gebucht.
14 GVBl. Nr. 14 vom 14. Juli 2017, S. 230.
15 Vgl. https://innen.hessen.de/buerger-staat/personalwesen/landesticket, abgerufen am 15. Juni 2018.

Fazit

Vorausgesetzt das Urteil des VG Frankfurts zur hessischen Besoldung hat Bestand – und einiges spricht nach Auffassung der Verfasser dafür –, dann hätte es das schwarz-grüne Regierungsbündnis geschafft, durch eine geschickte Kombination aus restriktiver Besoldungspolitik und hoher Wochenarbeitszeit das für eine möglichst zurückhaltende Personalausgabenentwicklung nahezu Günstigste durchzusetzen, ohne das vom Bundesverfassungsgericht definierte »Tempolimit« für das Absenken des relativen Einkommensniveaus der Beamtinnen und Beamten zu verletzen. Der bemerkenswerte Erfolg dieser Politik wird beim Vergleich mit den Entwicklungen in den anderen Bundesländern bei Arbeitszeit und Besoldung und bei der Gegenüberstellung zur Tarifentwicklung in anderen Wirtschaftssektoren seit 2001 deutlich. Wenn Schneider zu Recht analysiert, nicht die Föderalismusreform 2006 habe die Besoldungspolitik des Bundes und von 15 Ländern zu einer Abweichung vom Grundsatz »Besoldung folgt Tarif« getrieben, sondern es sei eher die haushaltspolitische Lage gewesen (Schneider 2016: 19), dann muss diese These aufgrund des hessischen Beispiels zumindest differenziert werden. Denn gegenwärtig verfügt der Finanzminister in Wiesbaden sehr wohl über haushaltspolitische Spielräume, um die Besoldung wieder stärker an den Tarif – z.B. bei der Arbeitszeit – heranzuführen.

Angesichts der wachsenden Divergenz bei der Beamtenbesoldung – die Karlsruher Alimentationsrechtsprechung wird, darauf sei nochmals hingewiesen, aufgrund ihrer Spezifik ein weiteres Öffnen der Schere zur allgemeinen Tarifentwicklung nicht verhindern können – und der angebrachten Skepsis gegenüber einer in diesem Zusammenhang möglicherweise nicht allzu positiven Wirkung einer politisch zudem nur schwer durchzusetzenden Entföderalisierung des Besoldungsrechtes (vgl. ebd.), stellt sich die Frage nach Alternativen. Jenseits der notwendigen Bekämpfung der Austeritätspolitik scheint es erforderlich, ein zusätzliches Element in das institutionelle Gefüge einzubringen, auf dessen Grundlage Besoldungslinien machtpolitisch verhandelt und festgelegt werden, um das aus dem Gleichgewicht geratene System der Besoldungsfestlegung wieder in ausgewogener Weise zu gestalten. Eine solche Funktion könnte das Streikrecht für Beamtinnen und Beamte erfüllen. Die höchstrichterliche Rechtsprechung zur amtsangemessenen Alimentation impliziert, dass es innerhalb eines bestimmten Korridors eine Vielzahl von möglichen Besoldungslinien gibt, die allesamt den Kriterien des Art. 33 Abs. 5 Grundgesetz entsprechen. Welche konkrete Besoldungslinie innerhalb dieser Spannweite festgelegt wird, muss also nicht unbedingt der Gesetzgeber einseitig bestimmen können, um das Alimentationsprinzip und den Beamtenstatus als solchen unangetastet zu lassen. Konfliktorientierte Verfahren unter Einbeziehung des Streiks als Arbeitskampfmittel wären durchaus geeignet, das System der Gehaltsfindung im Besoldungsbereich – innerhalb der Korridors! – wieder so zu gestalten, dass der durch die Austeritätspolitik ausgeübte und einseitig zum Nachteil der Beamtinnen und Beamten wirkende Druck auf die Landeshaushalte zumindest teilweise ein Gegengewicht finden könnte. Bedauerlicherweise hat das Bundesverfassungsgericht jüngst das Streikrecht für Beamtinnen und Beamte verneint und sich damit einer möglichen Lösung der aufgezeigten Problematik verweigert (BVerfG 2018). Damit bleibt vorläufig die Frage offen und drängend, wie das Auseinanderlaufen der Besoldungshöhen in den Bundesländern verhindert und eine stetig sich vergrößernde Lücke zur allgemeinen Tarifentwicklung auf Dauer unterbunden werden kann.

Literatur

BVerfG [Bundesverfassungsgericht] (2015a), Urteil des Zweiten Senats vom 5. Mai 2015 - 2 BvL 17/09 - Rn. (1196) [zur R-Besoldung].

BVerfG [Bundesverfassungsgericht] (2015b), Beschluss des Zweiten Senats vom 17. November 2015, - 2 BvL 19/09 - Rn. (1-170) [zur A-Besoldung].

BVerfG [Bundesverfassungsgericht] (2018), Urteil des Zweiten Senats vom 12. Juni 2018 - 2 BvR 1738/12 - Rn. (1-191).

CDU Hessen und Bündnis 90/die Grünen Hessen (2013): »Verlässlich gestalten, Perspektiven eröffnen«, Koalitionsvertrag zwischen der CDU Hessen und Bündnis 90/die Grünen Hessen für die 19. Wahlperiode des Hessischen Landtages. Hessen 2014 bis 2019, o. J., https://www.gruene-hessen.de/partei/files/2014/02/HE_Koalitionsvertrag_2014-2018_final.pdf, abgerufen am 8.6.2018.

DGB Bundesvorstand (2018): Besoldungsreport 2018 Die Entwicklung der Einkommen der Beamtinnen und Beamten von Bund, Ländern und Gemeinden, (Berlin) Stand April 2018.

GEW [Hauptvorstand] (2015), »Tausende Beamte in Hessen streiken«, Meldung vom 16. Juni 2015, https://www.gew.de/aktuelles/detailseite/neuigkeiten/tausende-beamte-in-hessen-streiken/, abgerufen am 14.06.2018.

GEW Hessen (2017), Wie gut werden Grundschullehrerinnen und -lehrer bezahlt? O.O., o.J., https://www.gew-hessen.de/fileadmin/user_upload/mitmachen/kampagnen/a13_fuer_alle/170815_pk_besoldung_grundschul.pdf, abgerufen am 10.06.2017.

Hessische Landtag (2014), Plenarprotokoll 19/30 vom 16. Dezember 2014.

Hessischer Landtag (2016), Drucks. 19/3373 vom 10. Mai 2016, Gesetzentwurf der Fraktionen der CDU und BÜNDNIS 90/DIE GRÜNEN für ein Gesetz über die Anpassung der Besoldung und Versorgung in Hessen 2016 (HBesVAnpG 2016).

Hessische Landtag (2017), Plenarprotokoll 19/109 vom 27. Juni 2017.

HMdIuS [Hessisches Ministerium des Innern und für Sport] (2013): Staatsanzeiger für das Land Hessen Nr. 26 vom 24. Juni 2013, S. 777 ff.

HMdIuS [Hessisches Ministerium des Innern und für Sport] (2015a): Staatsanzeiger für das Land Hessen Nr. 14 vom 30. März 2015, S. 318 ff.

HMdIuS [Hessisches Ministerium des Innern und für Sport] (2015b): Staatsanzeiger für das Land Hessen Nr. 32 vom 3. August 2015, S. 790 ff.

HMdIuS [Hessisches Ministerium des Innern und für Sport] (2017): Staatsanzeiger für das Land Hessen Nr. 51 vom 18. Dezember 2017, S. 1442 ff.

HMF [Hessisches Ministerium der Finanzen] (2014) (Hrsg.), Finanzplan des Landes Hessen für die Jahre 2014 bis 2018, Stand Oktober 2014, Wiesbaden.

HMF [Hessisches Ministerium der Finanzen] (2016), Vorstellung des Landeshaushalts 2017 und der Mittelfristigen Finanzplanung 2016 bis 2020, Präsentation bei der Pressekonferenz am 19.07.2016; https://finanzen.hessen.de/sites/default/files/media/hmdf/haushaltsabschluss_2017-_praesentation_zur_pressekonferenz_am_9._februar_2018.pdf, abgerufen am 8.6.2018.

HMF [Hessisches Ministerium der Finanzen] (2017a), Finanzplan des Landes Hessen für die Jahre 2017 bis 2021, Stand September 2017, Wiesbaden.

HMF [Hessisches Ministerium der Finanzen] (2017b), Doppelt gut! Vorstellung des Landeshaushalts 2018/2019 und der Mittelfristigen Finanzplanung bis 2021, Pressekonferenz am 11.09.2017, https://finanzen.hessen.de/sites/default/files/media/hmdf/haushalt_2018-2019_-_praesentation_haushaltsentwurf_am_11._september_2017.pdf, abgerufen am 15.6.2018.

Rothländer, Christian (2013), Die Umsetzung des föderalisierten Dienstrechts in Hessen, in: Eicker-Wolf, Kai; Körzell, Stefan (Hrsg.): Hessen vorne? Zu den Herausforderungen der Landespolitik in Hessen, Darmstadt, S. 71 ff.

Schneider, Carsten (2016), Föderalismus des Beamtenrechts: Folgen für die Beschäftigten, Der Personalrat 9/2016, S. 16 ff.

VG [Verwaltungsgericht] Frankfurt (2018), Pressemitteilung vom 13. März 2018, https://verwaltungsgerichtsbarkeit.hessen.de/pressemitteilungen/kein-verfassungsversto%C3%9F-der-hessischen-beamtenbesoldung, abgerufen am 11.06.2018.

Frühkindliche Bildung in Hessen: Fachkräftemangel, Finanzierungslücken und Bürokratie statt Qualitätsoffensive

Kristin Ideler

Die frühkindliche Bildung in Hessen steht derzeit vor vielfältigen Herausforderungen. Die Landesregierung, die Kommunen, die Träger*innen als Arbeitgeber*innen, die Elternvertreter*innen und die Gewerkschaften sind gefragt, um die Zukunftsfähigkeit dieses nach wie vor rapide wachsenden Beschäftigungsbereiches sicherzustellen. Die drängendsten Herausforderungen, welche sich derzeit in der Praxis zeigen, sind weitere Ausbaubedarfe bei zunehmendem Fachkräftemangel, sich stetig verschlechternde Arbeitsbedingungen für die vorhandenen Beschäftigten sowie Qualitäts- und Angebotsverschlechterungen beim Fachkraft-Kind-Schlüssel, bei den Gruppengrößen, den Betreuungszeiten und der Anwendung des Hessischen Bildungs- und Erziehungsplans (BEP). Auch die Inklusion von Kindern mit besonderen Bedarfen steht auf wackeligen Beinen.

Im Folgenden soll bei der Lösung dieser Probleme die Rolle verschiedener Akteur*innen in den Blick genommen werden. Zunächst ist das Land Hessen als gestaltender Gesetzgeber dieses Bereiches zentral. Zudem kommt den kommunale Arbeitgeber*innen die politische Aufgabe zu, frühkindliche Bildung und Erziehung vor Ort gesetzeskonform und bedarfsgerecht zu institutionalisieren. In den Blick genommen und analysiert wird auch, wie sich die finanzielle und qualitative Situation der Kitas in Hessen verbessern ließe.

Doch zunächst muss hierfür der IST-Zustand kurz beschrieben werden, an dem sich die Problemlösungen orientieren. Die Anzahl der Fachkräfte im Beschäftigungsfeld der frühkindlichen Bildung hat in den letzten Jahren auch in Hessen stark zugenommen. Derzeit arbeiten über 50.000 Fachkräfte in hessischen Kitas (vgl. Statistisches Bundesamt 2017), davon sind über 95 Prozent der Beschäftigten weiblich (vgl. ebd.). An die 75 Prozent der Beschäftigten arbeitet in Teilzeit und 13 Prozent sind befristet, was im Vergleich zum Gesamtarbeitsmarkt leicht überdurchschnittlich ist (vgl. Deutsches Jugendinstitut 2017). Aktuell hat der Fachkräftemangel besorgniserregende Ausmaße erreicht. Es gibt in fast keiner hessischen Kommune eine Kindertageseinrichtung, die trotz steigender Kinderzahlen mit einer stabilen und auskömmlichen Personaldecke agieren kann. Hingegen häufen sich die Berichte, dass neue Einrichtungen nicht oder verspätet öffnen, da sich kein Fachpersonal findet, um die Betriebserlaubnis nach dem Hessischen Kinderförderungsgesetz (HessKiföG) respektive dem Hessischen Kinder- und Jugendhilfegesetzbuch (HKJGB) zu gewährleisten. Die Statistiken belegen diese empirischen Beobachtungen.

Die Anzahl der Beschäftigten hat sich im Zehnjahreszeitraum um mehr als 60 Prozent gesteigert (vgl. ebd.). Bis 2025 wird bundesweit eine Personallücke von fast 330.000 pädagogischen Fachkräften in Kindertageseinrichtungen und der Grundschulbetreuung klaffen (vgl. Weiterbildungsinitiative frühpädagogische Fachkräfte 2017). Dabei tritt in der Fachdiskussion zunehmend in den Hintergrund, dass die gesetzlichen Personalschlüssel wichtige fachliche Erfordernisse der Einrichtungspraxis unberücksichtigt lassen und faktisch kein Bundesland derzeit die wissenschaftlich empfohlene Fachkraft-Kind-Relation erfüllt. Letztere ist aber für die Diskussion um Qualitätsstandards essenziell, da die Fachkraft-Kind-Relation angibt, wie viele Fachkräfte für wie viele Kinder tatsächlich in der Gruppe zur Verfügung stehen. Die Personalschlüssel hingegen lassen mittelbare pädagogische Zeiten, Leitungszeiten, Fortbildungs- und Ausfallzeiten oftmals unberücksichtigt, sodass auf dem Papier den Kindern mehr Fachkräfte zur Verfügung stehen als dies in der Realität der Fall ist (vgl. Viernickel et al. 2013). Doch selbst auf dem Papier verfügen die hessischen Kitas nicht über eine ausreichende Zahl von Fachkräften. So sieht das HessKiföG im HKJGB vor, dass im U3-Bereich ein*e Erzieher*in für fünf Kleinkinder verantwortlich ist und im Ü3-Bereich sogar für 14 Kinder. Der wissenschaftlich indizierte Personalschlüssel geht hier von 1:3,5 beziehungsweise 1:7 aus (vgl. Bertelsmann 2017).

Daher bescheinigte eine Studie aus dem Jahr 2017 den hessischen Kitas, dass für die Umsetzung eines kindgerechten Personalschlüssels fast 7.500 pädagogische Vollzeitfachkräfte sowie fast 1.600 Leitungskräfte zusätzlich benötigt werden – eine entsprechende Steigerung des Kita-Personals würde zusätzliche Ausgaben in Höhe von 329 Millionen Euro für die frühkindliche Bildung erforderlich machen (vgl. Bertelsmann 2017). Landauf und landab müssen derzeit in Hessen aufgrund von Personalmangel Einrichtungen ihre Betreuungszeiten reduzieren, Teilschließungen vornehmen, die Arbeit nach dem hessischen Bildungs- und Erziehungsplan einstellen oder ihren Betrieb auf Kosten der Gesundheit der Bestandsbelegschaft aufrechterhalten; in den letzten sieben Jahren stieg die Krankheitsquote bei Erzieher*innen um fast 50 Prozent an (vgl. Institut für betriebliche Gesundheitsförderung 2014).

Dass sich Personalmangel und Überlastung in hessischen Kitas weiter zuspitzen, ist auch ein Ergebnis der veränderten Landesgesetzgebung. Die letzte Änderung insbesondere des HessKiföG, welche zum 1. Januar 2014 in Kraft getreten ist, hat zu erheblichen Verschlechterungen der pädagogischen Arbeit in der Kindertagesbetreuung in Hessen geführt. Das geht bereits zu Lasten der betreuten Kinder und der Gesundheit des pädagogischen Fachpersonals. In der von den Fraktionen von CDU und Grünen erfolgten Änderung des HKJGB in 2018 wird nun eine halbherzige Gebührenbefreiung für die Eltern auf Kosten der Kommunen verwirklicht, anstatt qualitätssteigernde Maßnahmen wie zum Beispiel einen besseren Personalschlüssel und kleinere Gruppen im Gesetz zu verankern. Aus

Qualitätsaspekten deutlich positiver zu bewerten sind Gesetzesentwürfe wie das Gesetz zur Chancengleichheit und zur Qualitätsverbesserung in der frühkindlichen Bildung (ChancenG) der SPD-Fraktion, weil es eine Balance zwischen der Entlastung von Eltern und einer Verbesserung von Rahmen- und Finanzierungsbedingungen enthält. So sind im ChancenG Kriterien für eine angemessene Fachkraft-Kind-Relation eingearbeitet, unter anderem eine Berücksichtigung mittelbarer pädagogischer Zeiten und auch von Leitungszeiten. Somit bewegt sich das Gesetz in Richtung einer am pädagogischen Prozess orientierten Qualitätsentwicklung, welche von der Fachwelt schon lange gefordert wird (vgl. Viernickel 2013). Doch ohne Geld keine Qualität – deshalb ist es in Hessen auch nötig, die Kommunen zu entlasten. Sie benötigen mehr Geld vom Land, wobei das Volumen zur Finanzierung einer angemessen ausgestatteten Kinderbetreuung deutlich erhöht werden muss. Auch hier macht das ChancenG der SPD wegweisende Veränderungsvorschläge für eine dynamische Betriebskostenrefinanzierung durch das Land.

Derzeit ist der IST-Stand auf der Landesgesetzgebungsebene in Hessen mehr als unbefriedigend. Das Land Hessen investiert mit ca. 20 Prozent der anfallenden Gesamtkosten unterdurchschnittlich in die frühkindliche Bildung und die Kommunen werden mit über 70 Prozent – Tendenz steigend – zu immer höheren Investitionen in diesem Bereich veranlasst. Gleichzeitig ist der schlechte Personalschlüssel vor allem im Ü3-Bereich in Hessen ein bekanntes und durch Studien belegtes Problem (vgl. Bertelsmann 2017). Auch die Schulkinderbetreuung steht mit dem »Pakt für den Nachmittag« und einer fehlenden Verankerung von Mindeststandards im HessKiföG als neues Billigmodell da. Und ebenso ist die Inklusion nicht hinreichend mit Fördermitteln unterlegt, sie wird daher zum strukturellen Risikofaktor für Einrichtungen im Rahmen einer verlässlichen Finanzierung.

Um die frühkindliche Bildung in Hessen zukunftsträchtig zu gestalten, wird daher dringend ein besserer Fachkraft-Kind-Schlüssel mit der Integration von pädagogisch indizierten Aspekten einer Fachkraft-Kind-Relation benötigt. Außerdem sollte die Landesbeteiligung schrittweise auf Zweidrittel der Betriebskosten angehoben werden, eine Berücksichtigung von Vor- und Nachbereitungszeiten sowie eine Leitungsfreistellung im Gesetz erfolgen. Auch für Inklusionskinder sollten höhere Zuschüsse gezahlt werden und die Passung der Inklusionsregelungen zu anderen gesetzlichen Regelungen muss durchgängig gegeben sein. Zudem sind für Schulkinder/Horte vergleichbare Standards und Finanzierungszusagen zur Kindertagesbetreuung zu schaffen.

Die tarifliche Aufwertung des Erzieher*innenberufs, welche in den Aufwertungstarifrunden 2009 und 2015 begonnen wurde, muss 2020 mit Unterstützung der Arbeitergeber*innen, die über den Fachkräftemangel und Personalnotstand klagen, konstruktiv fortgeführt werden. Ein erster Schritt wäre getan, wenn nicht oder nur entgeltbezogen tarifgebundene Träger den TVÖD-Manteltarifvertrag als Grundlage anerkennen und diesen als komplettes Tarifwerk für ihre Einrichtungen nachzeichnen. Und nicht zuletzt muss auch die Ausbildung attraktiver werden, unter anderem durch die Einführung einer tariflichen Vergütung aller Praktika, die Gewährung von BAföG ohne Rückzahlungspflicht, die Einführung von staatlichen Sonderstipendien sowie die Gewährung von Arbeitszeit und einer tariflichen Zulage für Anleiter*innen.

Bei der Vergütung hat die Gewerkschaftsseite in der jüngsten TVÖD-Tarifrunde für die praxisintegrierte Erzieher*innenausbildung einen Erfolg erzielt. Hier wird im Einstieg nun eine tarifliche Vergütung von an die 1.100 Euro gezahlt und weitere tarifliche Leistungen wie zusätzliche Urlaubstage, Weihnachtsgeld etc. gewährt. Jetzt ist es an den kommunalen Arbeitgebern und Trägern, diese neue tarifliche Regelung auch für die Personalgewinnung zu nutzen und umfassende Vorschläge für die notwendige und wirksame Aufwertung des Erzieher*innenberufs vorzulegen.

Literatur

Bertelsmann Stiftung 2017: Ländermonitor frühkindliche Bildungssysteme, https://www.bertelsmann-stiftung.de//fileadmin/files/Projekte/Laendermonitoring_Fruehkindliche_Bildungssysteme/PM_Hessen_Laendermonitor_fruehkindliche_Bildung_20170820.pdf (letzter Zugriff: 21.03.2018).

Deutsches Jugendinstitut 2017: Fachkräftebarometer Frühe Bildung, https://www.fachkraeftebarometer.de/fileadmin/Redaktion/Publikation_FKB2017/Fachkraeftebarometer_Fruehe_Bildung_2017_web.pdf (letzter Zugriff: 21.03.2018).

Institut für betriebliche Gesundheitsförderung 2014: Erhöhter Krankenstand bei Erzieherinnen, https://www.bgf-institut.de/fileadmin/redaktion/downloads/merkblaetter/Grafik_des_Monats_Juni.pdf (letzter Zugriff: 21.03.2018).

Land Hessen 2017: Hessisches Kinder- und Jugendhilfegesetzbuch resp. Hessisches Kinderförderungsgesetz, https://www.rv.hessenrecht.hessen.de/lexsoft/default/hessenrecht_rv.html?pid=Dokumentanzeige&showdoccase=1&js_peid=Trefferliste&fromdoctodoc=yes&doc.id=jlr-KJHGHErahmen&doc.part=X&doc.price=0.0#docid:2596498,1,20171228 (letzter Zugriff: 21.03.2018).

SPD Fraktion im Hessischen Landtag: Gesetz zur Chancengleichheit und zur Qualitätsverbesserung in der frühkindlichen Bildung (ChancenG), http://starweb.hessen.de/cache/DRS/19/7/05467.pdf (letzter Zugriff: 19.05.2018).

Viernickel, Susanne; Nentwig-Gesemann, Iris u.a. 2013: Schlüssel zu guter Bildung, Erziehung und Betreuung – Bildungsaufgaben, Zeitkontingente und strukturelle Rahmenbedingungen in Kindertageseinrichtungen. Alice-Salomon-Hochschule Berlin.

Statistisches Bundesamt 2017: Statistiken der Kinder- und Jugendhilfe 2017, https://www.destatis.de/DE/Publikationen/Thematisch/Soziales/Kinder-Jugendhilfe/TageseinrichtungenKindertagespflege5225402177004.pdf?_blob=publicationFile (letzter Zugriff: 21.03.2018).

Weiterbildungsinitiative frühpädagogische Fachkräfte (wiff) 2017: Zahl des Monats, https://www.fachkraeftebarometer.de/zahl-des-monats/ (letzter Zugriff: 21.03.2018).

Der Gipfel?
Schwarz-grüne Schulpolitik

Roman George

Die Bildungspolitik ist eine der wichtigsten landespolitischen Kompetenzen und sie wird gerade in Hessen traditionell besonders kontrovers diskutiert. So waren es Anfang der 1970er Jahre die Einführung integrierter Gesamtschulen sowie neuer Rahmenrichtlinien für die Fächer Deutsch und Geschichte, die eine scharfe Auseinandersetzung auslösten. Die CDU, im damaligen »roten Hessen« über lange Jahre in der Opposition, polemisierte gegen diese Schulpolitik unter anderem mit der Schrift »Marx statt Rechtschreibung«. Auch in späteren Jahren standen schulpolitische Fragen wiederholt im Mittelpunkt der Landespolitik – seitdem sich die CDU 1999 dauerhaft als Regierungspartei etablieren konnte, allerdings unter anderen parteipolitischen Vorzeichen (Friedrich/Rudloff 2016). Der zum Anfang des Landtagswahljahres 2018 erhobene »Hessentrend« zeigte erneut auf, dass auch aktuell mit 41 Prozent die mit Abstand meisten Befragten Bildung als das wichtigste landespolitische Problem ansehen (Hessischer Rundfunk 2018).

Die CDU ging 2013 eine Koalition mit Bündnis 90/Die Grünen ein – zum ersten Mal in einem Flächenland. Angesichts der hessischen politischen Tradition, die für scharfe Auseinandersetzungen einerseits und für oft unklare Mehrheitsverhältnisse andererseits bekannt ist, handelt es sich hierbei um eine bemerkenswerte Entwicklung. Dies gilt insbesondere angesichts erheblicher inhaltlicher Gegensätze, die in der Vergangenheit zwischen diesen beiden Parteien bestanden, die historisch zwei sozialstrukturell konträren gesellschaftspolitischen Lagern angehören. Vor diesem Hintergrund ist die Frage hochspannend, zu welcher Schulpolitik dies führte, wenngleich auch politische Entscheidungen der Vorjahre sowie bundesweite Entwicklungstrends hier nicht gänzlich ausgeklammert bleiben können. Im ersten Kapitel dieses Beitrags wird eine kurze Übersicht über das hessische Schulsystem gegeben, das zweite Kapitel rekapituliert die zentralen schulpolitischen Politikprozesse. Im dritten Kapitel werden die wichtigsten ‚Baustellen' analysiert, somit rücken die Politikinhalte in den Fokus. Diese sind aus Sicht des Autors die *Umsetzung der UN-Behindertenrechtskonvention, politische Bildung, Sprachförderung, Chancengerechtigkeit* sowie die *Beseitigung des Lehrkräftemangels*. Dies wird im abschließenden Fazit eine kritische Bilanz der schwarz-grünen Schulpolitik ermöglichen.

1. Das hessische Schulsystem

Im Schuljahr 2017/18 zählte das Hessische Statistische Landesamt 1.857 allgemeinbildende Schulen, an denen in 27.100 Klassen 628.200 Schülerinnen und Schüler unterrichtet wurden. Die Gesamtzahl der Schulen hat sich seit den 1980er Jahren kaum verändert, die Schülerzahl war im Schuljahr 2000/01 allerdings mit 697.200 noch deutlich höher. Der Trend zu sinkenden Schülerzahlen ist allerdings seit dem Schuljahr 2016/17 gebrochen. Dahinter verbergen sich unterschiedliche regionale Entwicklungen: Während die Zahlen in Nord- und Mittelhessen zurückgehen oder stagnieren, ist für das Rhein-Main-Gebiet ein deutlicher Zuwachs zu verzeichnen (Hessisches Statistisches Landesamt 2018). Während in ländlichen Regionen vereinzelt Schulen geschlossen oder zusammengelegt wurden, muss etwa die Stadt Frankfurt Jahr für Jahr zusätzliche Schulen eröffnen, um der wachsenden Zahl an Kindern und Jugendlichen den Schulbesuch zu ermöglichen.

Der größte Anteil der Schülerinnen und Schüler findet sich mit 214.400 Kindern an einer der 1.161 Grundschulen. Die unter den weiterführenden Schulen am häufigsten besuchte Schulform ist mit 145.200 das Gymnasium. Es folgen die schulformbezogene Gesamtschule (102.700) sowie die schulformübergreifende Gesamtschule (73.400). Deutlich geringere Besuchszahlen weisen die Realschule (36.800) und die Hauptschule (10.300) auf. Hinzu kommen die Förderstufe (4.700), die Mittelstufenschule (4.400) sowie die Förderschule, an der trotz Inklusion noch 21.200 Schülerinnen und Schüler mit sonderpädagogischem Förderbedarf beschult werden.[1] Unterrichtet werden Hessens Schülerinnen und Schüler von insgesamt 59.900 Lehrkräften. Es handelt sich dabei um einen stark feminisierten Beruf, so liegt der Frauenanteil mit 41.000 inzwischen bei mehr als zwei Drittel (Hessisches Statistisches Landesamt 2017).

Für Hessen – und das gilt auch bundesweit – ist ein Trend zu höheren Bildungsabschlüssen zu verzeichnen. Dies drückt sich in einer deutlichen Verschiebung hin zum gymnasialen Bildungsgang aus: So ist die Schülerzahl an den Gymnasien seit den 1980er Jahren bei insgesamt rückläufigen Schülerzahlen weitgehend stabil geblieben. Aber auch für die integrierte Gesamtschule ist ein steigender Anteil an der gesamten Schülerschaft festzustellen, während sich die Schülerzahl an den Realschulen gegenüber dem Anfang der 1980er Jahre annähernd halbiert hat. An den Hauptschulen ist sogar ein Rückgang auf nur noch ein Sechstel auszumachen. Während sich in vielen anderen Bundesländern eher eine Entwicklung hin zu einem zweigliedrigen Schulsystem abzeichnet – dabei liegt das Gymnasium neben einer weiteren Schulform, die unterschiedliche Abschlussoptionen vorhält – besteht in Hessen eine Vielzahl von Schulformen nebeneinander (Autorengruppe Bildungsberichterstattung 2016: 72f.).

2. Kein Schulfrieden für Hessen

In ihrem Koalitionsvertrag bekennen die Koalitionsparteien, dass sie ihre Bildungspolitik nicht an Ideologien orientieren wollen. Vielmehr sollen die Kinder und Jugendlichen in den Mittelpunkt gestellt werden:

---

1 Hinzu kommen die Schulen für Erwachsene sowie die verschiedenen Schulformen der Berufsbildenden Schulen, die in dieser Darstellung allerdings nicht näher betrachtet werden können.

»Wir wollen ihnen differenzierte Bildungsangebote machen, die ihre unterschiedlichen Begabungen, Neigungen, Fähigkeiten und Fertigkeiten optimal fördern. Der Elternwille ist uns eine maßgebliche Richtschnur. Daher werden wir auch Bildungsreformen nicht von oben verordnen und bei der Umsetzung besserer Bildungschancen verschiedene Wege ermöglichen.« (CDU Hessen/Bündnis 90/Die Grünen, Hessen 2013: 29)

Anstelle eines jahrzehntelangen Schulkampfes sollen den Schulen nun »eine langfristige, verlässliche Grundlage und klare Ziele für ihre Arbeit« (ebd.) ermöglicht werden. Zu diesem Zweck wurde im Koalitionsvertrag ein Bildungsgipfel angekündigt, zu dem alle an Schule Beteiligten sowie die Fraktionen eingeladen werden sollten.

Unter diesem Vorzeichen konstituierte sich also der Bildungsgipfel im September 2014, der Großteil der inhaltlichen Arbeit fand im Rahmen von fünf Arbeitsgruppen statt. Von Anfang an zeichnete sich allerdings ab, dass mit diesem Instrument das postulierte Ziel einer einvernehmlichen, lagerübergreifenden Verständigung über Grundsatzfragen kaum erreicht werden konnte. Für Misstrauen unter vielen Beteiligten sorgte schon die als einseitig empfundene Einladung von überwiegend den Koalitionsparteien nahestehenden Organisationen. Auch das im Verlauf des Gipfelprozesses vollzogene Regierungshandeln wie das Kürzen von Stellen an den Grundschulen und in der Oberstufe sorgte für Irritationen. So endete der Gipfel im Juli 2015, ohne dass ein von Kultusminister Alexander Lorz vorgelegter Entwurf als Abschlusspapier verabschiedet werden konnte. Neben der offensichtlich misslungenen Moderation des Diskussionsprozesses dürfte vor allem das Fehlen einer substanziellen Konzessionsbereitschaft auf Seiten der Landesregierung für das Scheitern verantwortlich sein. So verkündete Ministerpräsident Volker Bouffier bei einer Veranstaltung der Jungen Union im Mai 2015, dass die Union in der Schulpolitik »keinen Millimeter von ihrer Grundlinie abgehen« werde (Euler 2015). Es bestand daher kaum Spielraum für einen lagerübergreifenden Kompromiss, der etwa nach dem Beispiel Bremens in Richtung eines zweigliedrigen Schulsystems hätte weisen können.

Seitens der SPD wurde als parlamentarisches Gegenmodell zu dem von der Regierung gesteuerten Bildungsgipfel eine Enquête-Kommission ins Leben gerufen, die den Titel »Kein Kind zurücklassen – Rahmenbedingungen, Chancen und Herausforderungen schulischer Bildung in Hessen« trug. In diesem Rahmen gelang unter dem Einbezug von Sachverständigen, die – neben den von den Fraktionen entsandten Parlamentarierinnen und Parlamentariern – der Kommission mit beratender Stimme angehörten, eine deutlich sachorientiertere Diskussion. Zu dieser trugen auch zahlreiche Verbände sowie eingeladene Expertinnen und Experten bei, die teils sehr fundierte Stellungnahmen vorlegten. Im März 2018 wurde dem Landtagsplenum der Abschlussbericht vorgelegt, der bei einigen Themen wie zum Beispiel Digitalisierung eine weitreichende parteiübergreifende Verständigung aufzeigt (Hessischer Landtag 2018a). Gleichwohl blieben bei bildungspolitischen Konfliktlinien wie Ganztag und Inklusion die Gegensätze zwischen den Parteien deutlich sichtbar.

Im Herbst 2015, somit nach dem Scheitern des Bildungsgipfels, aber mitten im Verlauf der Kommissionsarbeit, präsentierte die Koalition einen Entwurf für eine Änderung des Hessischen Schulgesetzes (Hessischer Landtag 2016). Dieser sah eher kleinteilige Umgestaltungen vor, an vielen Stellen ging es um die Anpassung an die aktuelle Rechtsprechung, etwa an die des Bundesverfassungsgerichts, das ein pauschales Kopftuchverbot für Lehrkräfte verworfen hatte (Achilles 2017). So bewerteten die Landesschülervertretung, der Landeselternbeirat, der elternbund hessen, der Landesverband Hessen im Grundschulverband, der Landesausländerbeirat und die GEW Hessen in einer Presseerklärung im Vorfeld der parlamentarischen Anhörung im Februar 2017 den Entwurf allesamt als enttäuschend (GEW Hessen 2017).

Das am kontroversesten diskutierte Thema war die Ergänzung des Schulgesetzes um ein Werbeverbot und um Einschränkungen hinsichtlich des Schulsponsorings. An diesem Vorhaben übten Wirtschaftsverbände sowie die FDP massive Kritik, sodass letztendlich das Gesetz nur mit einer deutlich abgeschwächten Formulierung mit den Stimmen von Koalition und FDP verabschiedet wurde. Nun regelt der neue Artikel 3 Absatz 15 zwar, dass Werbung für Produkte oder Dienstleistungen an Schulen unzulässig ist. Gleichwohl dürfen Schulen Zuwendungen von Dritten entgegennehmen und auf deren Leistungen hinweisen, »wenn die damit verbundene Werbewirkung begrenzt und überschaubar ist, deutlich hinter den schulischen Nutzen zurücktritt und das Sponsoring mit dem Bildungs- und Erziehungsauftrag der Schule vereinbar ist.« (ebd.) Die Entscheidung soll die Schulleiterin oder der Schulleiter treffen, während im ersten Entwurf noch vorgesehen war, dass Ausnahmen durch das Kultusministerium genehmigt werden müssen.

3. Bildungspolitische Baustellen

Im Folgenden werden die oben aufgeführten aktuellen bildungspolitischen Problemfelder kurz dargestellt. Diesen hinzuzurechnen ist zweifelsohne das Thema der Ganztagsschule, das an dieser Stelle allerdings ausgespart bleibt.[2] Die aufgeführten ‚Baustellen' müssen bei der Bilanzierung der schwarz-grünen Schulpolitik im Mittelpunkt stehen, gleichzeitig stellen sie die wesentlichen Herausforderungen für die kommende Legislaturperiode dar.

UN-Behindertenrechtskonvention

Die UN-Behindertenrechtskonvention wurde 2006 von den Vereinten Nationen unterzeichnet, der Bundestag hat sie 2009 ratifiziert. Es besteht allerdings kein Einvernehmen darüber, wie weitreichend die abzuleitenden Konsequenzen sind. Das gilt besonders für den Bildungsbereich, obwohl sich die Konvention bei weitem nicht nur mit diesem befasst. Ursächlich für manches Missverständnis dürfte sein, dass in der offiziellen Fassung der englische Begriff »inclusion« mit »Integration«

---

2 Siehe dazu den Beitrag von Maike Wiedwald in diesem Buch.

übersetzt wurde, obwohl es sich im Fachdiskurs bei »Inklusion« um den weitergehenden Begriff handelt (Platte 2015). In Artikel 24 der Konvention erkennen die Vertragsstaaten das Recht auf Bildung von Menschen mit Behinderung an; unter anderem verpflichten sie sich sicherzustellen, dass »Menschen mit Behinderungen gleichberechtigt mit anderen in der Gemeinschaft, in der sie leben, Zugang zu einem integrativen [inklusiven], hochwertigen und unentgeltlichen Unterricht an Grundschulen und weiterführenden Schulen haben«.

Die UN-Behindertenrechtskonvention schlug sich in der Novellierung des Schulgesetzes im Jahr 2011 nieder. Die zuvor bestehende Form der, damals nicht so bezeichneten, inklusiven Beschulung im Rahmen des *Gemeinsamen Unterrichts* wurde damit obsolet. Waren beim *Gemeinsamen Unterricht* noch Standards wie kleinere Klassen sowie eine Doppelbesetzung in einem Großteil der Unterrichtsstunden vorgesehen, so wurden diese damit hinfällig. Die allgemeinen Schulen erhalten stattdessen für den inklusiven Unterricht sowie für vorbeugende Maßnahmen zugunsten von Schülerinnen und Schülern ohne diagnostizierten Förderbedarf seitens der Beratungs- und Förderzentren, die den Inklusionsprozess maßgeblich steuern, eine sonderpädagogische Ressourcenzuweisung. Das führte dazu, dass Sonderpädagoginnen und -pädagogen oft nur für einige Stunden an den allgemeinen Schulen und dort überwiegend beratend tätig sind. Gleichzeitig wurde im Schulgesetz ein Ressourcenvorbehalt formuliert, demzufolge der Wunsch auf eine inklusive Beschulung seitens der Schulverwaltung gegebenenfalls verwehrt werden kann. Vor diesem Hintergrund wurden zahlreiche Fälle dokumentiert, bei denen die Umsetzung der Inklusion offensichtlich nicht gelungen ist (Stein u.a. 2013).

Auf die nicht zu übersehenden Schwierigkeiten reagierten CDU und Bündnis 90/Die Grünen – letztere hatten sich im Wahlkampf 2013 für die Inklusion stark gemacht – mit der Einführung von Modellregionen, in denen mit den Schulträgern diesbezügliche Vereinbarungen getroffen werden sollten. Einerseits sind laut Koalitionsvertrag die Voraussetzungen für die inklusive Beschulung so zu verbessern, »dass möglichst kein Elternwunsch auf inklusive Beschulung mehr abschlägig beschieden werden muss«, andererseits soll »dort, wo es von den Eltern gewünscht wird« das Förderschulsystem bestehen bleiben (CDU Hessen/Bündnis 90/Die Grünen Hessen 2013: 34). Zur Mitte der Legislaturperiode stellten die Koalitionsparteien dann das neue Konzept der *inklusiven Schulbündnisse* vor, welche im neuen Schulgesetz verankert wurden. Diese sollen schrittweise bis zum Schuljahr 2018/19 eingeführt werden. In diesem Rahmen sollen Förderschulen sowie alle allgemeinen Schulen eines Schulamtsbezirks unter der Leitung der Schulaufsichtsbehörde die Standorte für den inklusiven Unterricht festlegen. Ob die formulierte Zielsetzung, nämlich »dem Wunsch der Eltern von Kindern mit Anspruch auf sonderpädagogische Förderung nach einer inklusiven Beschulung grundsätzlich entsprechen zu können« (Artikel 52 Absatz 2 Satz 4 HSchG), mit diesem Instrument erreicht werden kann, muss sich erst noch zeigen.

Politische Bildung

Artikel 2 Absatz 2 des Schulgesetzes zufolge sollen Schülerinnen und Schüler befähigt werden, »die Grundrechte für sich und andere wirksam werden zu lassen« sowie »durch die Wahrnehmung gemeinsamer Interessen mit anderen zur demokratischen Gestaltung des Staates und einer gerechten und freien Gesellschaft beizutragen«. Dieser Anspruch spiegelt sich allerdings kaum in den Rahmenbedingungen wieder, unter denen die der politischen Bildung zuzurechnenden Fächer arbeiten: Diese wurden in der Stundentafel gekürzt, das Fach Politik und Wirtschaft kann inzwischen in der Oberstufe abgewählt werden. Ein weiteres Problem ist, dass besonders häufig fachfremd unterrichtet wird, die Lehrkräfte also nicht über die entsprechende Ausbildung verfügen. Nur Arbeitslehre wird ebenso oft fachfremd unterrichtet wie Geschichte, Erdkunde sowie Politik und Wirtschaft: Je nach Schulform und Jahrgangsstufe liegt der Anteil oftmals bei über der Hälfte (Albrecht 2017).

Eine wesentliche Ursache für das Schattendasein der Fächer der politischen Bildung dürfte darin liegen, dass sich die bildungspolitischen Anstrengungen seit dem »PISA-Schock« auf die bei Leistungsvergleichen abgefragten mathematischen, sprachlichen und naturwissenschaftlichen Kompetenzen und die korrespondierenden Fächer konzentrieren. Dass es jedoch einen wachsenden Bedarf an einer umfassenden, kompetent vermittelten politischen Bildung gibt, verdeutlichen aktuelle Entwicklungen wie mediale Desinformationskampagnen, der manifeste Vertrauensverlust breiter Bevölkerungsteile in die demokratischen Institutionen sowie die Zunahme von Formen der »gruppenbezogenen Menschenfeindlichkeit« (Zick u.a. 2016). Die politische Bildung wird auch dadurch herausgefordert, dass privatwirtschaftliche Akteure vermehrt kostenfreie Unterrichtsmaterialien erstellen und versuchen, auf diesem Weg die Unterrichtsinhalte zu beeinflussen. Dabei kann es sowohl um – mehr oder weniger verdeckte – Werbung gehen als auch um eine nachhaltige Manipulation der öffentlichen Meinung durch »Deep lobbying« (Engartner 2016: 17f.).

Sprachförderung

Unter den insbesondere im Jahr 2015 nach Hessen gekommenen Geflüchteten waren zahlreiche Kinder und Jugendliche im schulpflichtigen Alter, für welche die Schulpflicht allerdings erst nach der Zuweisung zu einer Gebietskörperschaft greift. Somit gehen bis zu sechs Monate in einer Erstaufnahmeeinrichtung für eine systematische Sprachförderung weitgehend verloren. Allerdings sind es bei weitem nicht nur Geflüchtete, die Sprachförderung benötigen. Das Kultusministerium zählte im November 2017 rund 24.500 Seiteneinsteigerinnen und -einsteiger, die an einer öffentlichen Schule Sprachförderung erhalten. Davon kamen 15.900 aus einem »Flüchtlingsland«, 6.300 aus dem EU-Ausland und 2.300 aus dem Nicht-EU-Ausland. Die Gesamtzahl war in den Jahren zuvor deutlich angestiegen – lag sie im Schuljahr 2014/15 noch bei 10.000, so erreichte sie zum Ende des Schuljahres 2016/17 mit 28.200 ihren Höhepunkt.

Die Förderung bei geringen Deutschkenntnissen erfolgt entweder in Intensivklassen, in denen bis zu zwei Jahre vorwiegend die Sprache gelernt wird oder aber durch den Besuch einer regulären Klasse und der parallelen Sprachförderung in einem Intensivkurs. Für Intensivklassen ist eine Gruppengröße von zwölf bis 16 vorgesehen sowie ein Unterrichtsumfang von mindestens 20 Wochenstunden in der Grundschule beziehungsweise 28 in der Sekundarstufe. Einerseits ist anzuerkennen, dass das Land Hessen mit seinem *Aktionsplan* im Herbst 2015 sowie dem 2017 nachgelegten *Schulischen Integrationsplan* für diese Aufgabe zusätzliche Stellen in nicht unerheblichem Umfang geschaffen hat. Andererseits wird den Schulen nicht der vorgesehene Stellenumfang zugewiesen, sondern nur 18 beziehungsweise 22 Wochenstunden. Darüber hinaus soll regulärer Unterricht besucht werden. Auch die vorgesehene Gruppengröße wird angesichts der oft geringen Schulerfahrung und wegen der häufig vorliegenden Belastungen, etwa durch eine Traumatisierung, aus der Praxisperspektive für zu groß befunden (Koch/Wiedwald 2016).

Für Schülerinnen und Schüler von 16 bis 18 Jahren wurde das Programm *InteA* (Integration und Abschluss) an Berufsbildenden Schulen aufgelegt. Die Bilanz von *InteA* ist allerdings hinsichtlich des im Programmnamen verankerten »Abschluss« nicht zufriedenstellend. So konnte von den gut 2.300 Schülerinnen und Schülern, die *InteA* bis November 2017 verlassen haben, nur ein knappes Fünftel einen Haupt- oder Realschulabschluss erwerben. Auch der Anschluss in eine duale Berufsausbildung gelang mit 300 nur einer kleinen Gruppe (Hessischer Landtag 2018b). Intensivmaßnahmen verteilen sich höchst unterschiedlich auf die verschiedenen Schulformen. Das Gros der Intensivklassen an weiterführenden Schulen fand sich zum Schuljahresbeginn 2017/18 an Gesamtschulen (insgesamt 307) sowie an Haupt- und Realschulen (148), an Gymnasien waren es hingegen nur 24. Wenngleich die Integration von Schülerinnen und Schülern nicht-deutscher Herkunftssprache zu einem von sechs Schwerpunktthemen der Lehrkräfteakademie gemacht wurde, so muss doch konstatiert werden, dass das

Schulsystem noch lange nicht konsequent auf die Aufgabe der Sprachförderung – auch im Fachunterricht – ausgerichtet wurde.

Chancengerechtigkeit

Es wurde bereits aufgezeigt, dass sich das hessische Schulsystem durch das Nebeneinander vieler Schulformen auszeichnet. Aus der empirischen Bildungsforschung ist hinlänglich bekannt, dass die Beteiligung an Bildungsgängen und der Erwerb von formalen Abschlüssen ausgesprochen stark mit dem sozio-ökonomischen Hintergrund zusammenhängt (Autorengruppe Bildungsberichterstattung 2016: 78f.). Dieser Befund gilt für alle Bundesländer, allerdings angesichts des Föderalismus in sehr unterschiedlicher Ausprägung. So weist beispielsweise der IQB-Bildungstrend 2015, der sprachliche Kompetenzen in der neunten Jahrgangsstufe untersucht, darauf hin, dass der Zusammenhang zwischen sozialem Status und Bildungserfolg in Hessen stärker ausgeprägt ist als in den meisten anderen Bundesländern – wohlgemerkt ohne dass die erzielten Kompetenzwerte überdurchschnittlich ausfielen. Der »soziale Gradient«, der die Stärke dieses Zusammenhangs misst, liegt in den meisten untersuchten Kompetenzbereichen über dem Bundesdurchschnitt. Zudem hat er sich im Vergleich zum Jahr 2009 sogar erhöht, während er in den meisten anderen Bundesländern zurückgegangen ist (Kuhl u.a. 2016). Das beispielsweise von Kultusminister Lorz (2017) bemühte Argument, ein gegliedertes Schulsystem sorge durch leistungshomogenere Lerngruppen für bessere Bildungsergebnisse, garantiere jedoch wegen der vorhandenen Durchlässigkeit und der optimalen Förderung gleichermaßen die Chancengerechtigkeit, wird durch diese Befunde alles andere als gestützt.

Das novellierte Schulgesetz sieht zwar vor, dass eigenständige Hauptschulen nicht mehr errichtet und bestehende in andere Schulformen überführt werden. Eigenständige Hauptschulen gibt es allerdings kaum noch, im Verbund mit anderen Schulformen bleiben sie – ebenso wie der Hauptschulzweig in der schulformbezogenen Gesamtschule – sehr wohl bestehen. Neben der sozialen Segregation der Schülerschaft innerhalb des gegliederten Schulsystems gewinnt inzwischen auch die soziale Schieflage hinsichtlich des Besuchs von Privatschulen an Bedeutung, da deren Zahl insbesondere in der Rhein-Main-Region stetig wächst und diese von einem wachsenden Anteil eines Jahrganges besucht werden. Die Empirie belegt, dass insbesondere private Grundschulen in größeren Städten überwiegend von Kindern aus Elternhäusern mit überdurchschnittlichem Einkommen sowie höheren Bildungsabschlüssen besucht werden (Autorengruppe Bildungsberichterstattung 2016: 79). Gerade für Hessen bestehen allerdings begründete Zweifel, ob Ersatzschulen dem im Grundgesetz verankerten Sonderungsverbot genügen, demzufolge »eine Sonderung der Schüler nach den Besitzverhältnissen der Eltern nicht gefördert« werden darf (Artikel 7 Absatz 4). So erheben viele Ersatzschulen ein Schulgeld, das nicht sozial gestaffelt ist. Auch Befreiungstatbestände für Kinder aus Elternhäusern im SGB-II-Bezug sind oftmals nicht vorgesehen (Wrase u.a. 2017).

Lehrkräftemangel

Im Koalitionsvertrag gingen CDU und Bündnis 90/Die Grünen noch davon aus, dass sie im Verlauf der Legislaturperiode über eine »demographische Rendite« verfügen können, da ein Schülerrückgang um sechs bis acht Prozent zu erwarten sei. Der tatsächlich über viele Jahre bestehende Trend rückläufiger Schülerzahlen ist inzwischen jedoch auch in Hessen umgekehrt. Erstmals gab es im Schuljahr 2016/17 wieder einen Anstieg an den allgemeinbildenden Schulen, der sich auch im Folgejahr fortsetzte. Besonders starke Zuwächse sind an den Grundschulen zu verzeichnen. Dieses Wachstum ist zu einem Teil auf die erhöhte Zuwanderung zurückzuführen, es ist aber auch eine Folge der steigenden Geburtenzahlen. So sind diese stetig angestiegen und lagen 2016 mit knapp 61.000 um rund 10.000 über dem Niveau des Jahres 2006. Vor diesem Hintergrund und angesichts der zu geringen Ausbildungskapazitäten besteht inzwischen ein eklatanter Lehrkräftemangel, insbesondere an Grund- und Förderschulen. An den Berufsbildenden Schulen fehlen schon seit vielen Jahren entsprechend ausgebildete Lehrkräfte, an den weiterführenden Schulen gibt es einzelne Mangelfächer.

Eine aktuelle Studie der Bertelsmann-Stiftung unternimmt unter Berücksichtigung der erhöhten Zuwanderung sowie der steigenden Geburtenzahlen eine Schätzung der zukünftigen Schülerzahlen. Wird diese mit der letzten offiziellen Prognose der Kultusministerkonferenz abgeglichen, so ergibt sich für das Jahr 2025 mit 8,3 Millionen bundesweit eine um gut eine Million größere Gesamtzahl (Klemm/Zorn 2017). Alleine für den Bereich der Primarstufe rechnen die beiden Autoren nach einem Abgleich mit den Ausbildungskapazitäten mit einer erheblichen Deckungslücke in der Größenordnung von 35.000 Lehrkräften, die sich aus dem Ersatzbedarf, dem Ausbau von Ganztagsangeboten sowie der steigenden Schülerzahl ergibt (Klemm/Zorn 2018). Das Hessische Kultusministerium, das im Sommer 2017 eingestehen musste, rund 100 Stellen an Grundschulen nicht besetzen zu können, reagierte auf diese Situation mit mehreren Maßnahmen: So wurden Lehrkräfte im Ruhestand um eine Verlängerung ihres Dienstes gebeten, zudem legte das Land Weiterbildungsangebote für ausgebildete Gymnasial- sowie Haupt- und Realschullehrkräfte für das Grundschul- sowie das Förderschullehramt auf. Die Resonanz auf diese Maßnahmen scheint allerdings eher verhalten, wozu auch die geringere Besoldung von Grundschullehrkräften beitragen dürfte. Darüber hinaus wurde mit den Universitäten ein Ausbau der Studienkapazitäten verabredet. Bis dieser wirkt, werden aber mindestens sechs Jahre vergehen.

4. Fazit

Es ist durchaus anzuerkennen, dass die Bildungspolitik in der vergangenen Legislaturperiode mit großen Herausforderungen konfrontiert war, die so von den Wenigsten vorhergesehen wurden. Das gilt insbesondere für die Sprachförderung von Geflüchteten und ebenfalls für den – allerdings keineswegs ausschließlich durch diese bedingten – Lehrkräftemangel. Von der Neufassung des Lehrplans für Sexualerziehung, der nun sexuelle Vielfalt stärker berücksichtigt, hat sich die Koalition auch durch eine von Ressentiments getragene Kampagne aus dem christlich-fundamentalistischen und dem rechtspopulistischen Milieu nicht abbringen lassen. Dennoch ist zu konstatieren, dass Schwarz-Grün das Schulsystem eher verwaltete und keinen ausgeprägten Gestaltungswillen erkennen ließ. Konflikte in wichtigen Fragen wurden, oft unter Verweis auf den »Elternwillen« und das »Wahlrecht«, nicht politisch reguliert. Dadurch konnten diese nicht aufgelöst werden, sie wurden vielmehr nach unten weitergereicht. An zwei kurzen Beispielen lässt sich dieser Politikstil besonders gut verdeutlichen.

Die Bundesländer gehen bei der Umsetzung der UN-Behindertenrechtskonvention durchaus unterschiedliche Wege – so werden in mehreren Bundesländern Förderschulen für die Förderschwerpunkte Lernen, Sprache und soziale Entwicklung aufgelöst. In einigen Bundesländern werden Schwerpunktschulen eingerichtet, also allgemeine Schulen, die bei bestimmten Förderbedarfen inklusiv unterrichten (Klemm/Preuss-Lausitz 2017). Welchen Weg Hessen mit den *inklusiven Schulbündnissen* einschlägt, lässt sich schlichtweg nicht sagen, da eben diese Grundsatzentscheidungen seitens der Koalition nicht getroffen wurden. Eine durchaus konfliktbehaftete Frage wurde also an andere Akteure delegiert, welche aber weder ein Mandat noch die notwendigen Gestaltungsspielräume haben, um solche bildungspolitischen Grundsatzfragen zu entscheiden.[3] Hessen weist bundesweit die geringste Inklusionsquote auf, denn nur ein Viertel der Schülerinnen und Schüler mit sonderpädagogischem Förderbedarf besucht eine allgemeine Schule. Einen ähnlichen Weg der Auslagerung von Konflikten hat die Koalition bei der Rückkehr zum Abitur nach neun Jahren gewählt, indem jedes

---

3 So ist auch eine nach der Schulgesetznovelle überfällige Neufassung der Verordnung über Unterricht, Erziehung und sonderpädagogische Förderung von Schülerinnen und Schülern mit Beeinträchtigungen oder Behinderungen bislang ausgeblieben.

Gymnasium über diese Frage selbst entscheiden darf beziehungsweise muss. Mit dem neuen Schulgesetz kann G8 und G9 sogar flächendeckend parallel angeboten werden, was im Schulalltag jedoch keine praktikable Lösung darstellt.

Hinsichtlich der aufgeführten ‚Baustellen' gilt, dass sie nicht alle Schulen gleichermaßen betreffen. Es gibt einzelne Schulen, insbesondere in Ballungsräumen, in denen sich mehrere Problemlagen miteinander verschränken, was diese unter den gegebenen Bedingungen an und auch über ihre Belastungsgrenzen bringt. So sind es insbesondere einzelne Grundschulen in städtischen sozialen Brennpunkten, an denen die Armutsproblematik virulent ist, wo intensive Sprachförderung erforderlich und gleichzeitig auch die Inklusion umzusetzen ist. Die sozialindizierte Stellenzuweisung ist in ihrem Umfang viel zu gering, um für diese Schulen eine angemessene Personalausstattung sicherzustellen (Weishaupt 2018). Erschwerend kommt hinzu, dass es gerade auch diese belasteten Schulen sind, die sich oft in einem baulich schlechten Zustand befinden und die der Lehrkräftemangel am stärksten betrifft. Ähnlich sieht es im Bereich der weiterführenden Schulen für einzelne Gesamt-, Haupt- und Realschulen aus.

Wie dieser Beitrag aufgezeigt hat, steht das hessisches Schulsystem vor großen Herausforderungen. Diese angemessen zu bearbeiten wird einen langen Atem und einen ausgeprägten bildungspolitischen Gestaltungswillen erfordern.

Literatur

Achilles, Herbert (2017), Rechtsprechung und Gesetzgebung als »Kommunizierende Röhren«. Betrachtungen am Beispiel der jüngsten Schulgesetznovelle in Hessen, in: Schulverwaltung Hessen/Rheinland-Pfalz, Jg. 25, H. 9, S. 251–253.
Albrecht, Achim (2017), Politische Bildung auf Sparflamme. Zu wenige Stunden und zu viel fachfremder Unterricht, in: HLZ, Jg. 70, H. 3, S. 12–13.

Autorengruppe Bildungsberichterstattung (2016), Bildung in Deutschland 2016. Ein indikatorengestützter Bericht mit einer Analyse zu Bildung und Migration, Bielefeld.

CDU Hessen/Bündnis 90/Die Grünen Hessen (2013), Verlässlich gestalten – Perspektiven eröffnen. Hessen 2014 bis 2019. Koalitionsvertrag zwischen der CDU Hessen und Bündnis 90/Die Grünen Hessen für die 19. Wahlperiode des Hessischen Landtags 2014–2019, Wiesbaden.

Engartner, Tim (2016), Staat im Ausverkauf. Privatisierung in Deutschland, Frankfurt/New York.

Euler, Joachim (2015), Hessischer Bildungsgipfel: »Isch over«, in: HLZ, Jg. 68, H. 11, S. 24–25.

Friedrich, Imke/Rudloff, Wilfried (2016), Hessische Bildungspolitik: Vom Schulkampf zum Schulfrieden?, in: Schroeder, Wolfgang/Neumann, Arijana (Hg.), Politik und Regieren in Hessen, Wiesbaden, S. 287–311.

GEW Hessen (2017), Mehr bildungspolitische Ambitionen nötig! Eltern, Schülervertretung und Bildungsgewerkschaft zum neuen Schulgesetz, Pressemitteilung vom 07.02.2017.

Hessischer Landtag (2016), Gesetzentwurf der Fraktionen der CDU und Bündnis 90/Die Grünen für ein Gesetz zur Änderung des Hessischen Schulgesetzes; Drucksache 19/3846.

Hessischer Landtag (2018a), Abschlussbericht der Enquetekommission »Kein Kind zurücklassen – Rahmenbedingungen, Chancen und Zukunft schulischer Bildung in Hessen; Drucksache 19/6222.

Hessischer Landtag (2018b), Kleine Anfrage der Abg. Degen und Frankenberger (SPD) vom 30.11.17 betreffend Abschlüsse im Rahmen des InteA-Programms und Antwort des Kultusministers; Drucksache 19/5703.

Hessischer Rundfunk (2018), hr-Hessentrend: Keine Mehrheit für Schwarz-Grün in Sicht, 19.01.2018, https://www.hessenschau.de/politik/hr-hessentrend-keine-mehrheit-fuer-schwarz-gruen-in-sicht,hessentrend-2018-100.html.

Hessisches Statistisches Landesamt (2017): Lehrerinnen und Lehrer an den allgemeinbildenden und beruflichen Schulen in Hessen im Schuljahr 2016/17. Stand: 01. November 2016, Wiesbaden.

Hessisches Statistisches Landesamt (2018): Die allgemeinbildenden Schulen in Hessen 2017. Stand: 1. November 2017 (erste Ergebnisse), Wiesbaden.

Klemm, Klaus/Preuss-Lausitz, Ulf (2017), Inklusion in progress. Analysen, Herausforderungen, Empfehlungen, böll.brief Teilhabegesellschaft Nr. 4.

Klemm, Klaus/Zorn, Dirk (2017), Demographische Rendite adé. Aktuelle Bevölkerungsentwicklung und Folgen für allgemeinbildende Schulen, Gütersloh.

Klemm, Klaus/Zorn, Dirk (2018), Lehrkräfte dringend gesucht. Bedarf und Angebot für die Primarstufe, Gütersloh.

Koch, Birgit/Wiedwald, Maike (2016), Bildung kann nicht warten. Junge Flüchtlinge und Seiteneinsteiger in hessischen Schulen, in: HLZ, Jg. 69, H. 6, S. 24–25.

Kuhl, Poldi/Haag, Nicole/Federlein, Felicitas/Weirich, Sebastian/Schipolowski, Stefan (2016), Soziale Disparitäten, in: Stanat, Petra/Böhme, Katrin/Schipolowski, Stefan/Haag, Nicole (Hg.): IQB-Bildungstrend 2015. Sprachliche Kompetenzen am Ende der 9. Jahrgangsstufe im zweiten Ländervergleich, Münster/New-York, S. 409–429.

Lorz, R. Alexander (2017), Werteorientierung, Wahlfreiheit und Chancengerechtigkeit. Argumente für ein differenziertes Schulsystem, Analysen & Argumente Nr. 280.

Platte, Andrea (2015), Inklusive Bildung – Leitidee von der Kindertageseinrichtung bis zur Hochschule, in: Degener, Theresia/Diehl, Elke (Hg.), Handbuch Behindertenrechtskonvention. Teilhabe als Menschenrecht – Inklusion als gesellschaftliche Aufgabe, Bonn, S. 130–146.

Stein, Anne-Dore/Schnell, Irmtraud/Rödler, Peter/Affeln-Altert, Vera (2013): Schwarzbuch Inklusion. Herausgegeben von Politik gegen Aussonderung in Kooperation mit Gruppe InklusionsBeobachtung, Darmstadt.

Weishaupt, Horst (2018), Kinderarmut und Migration. Personalausstattung der Schulen und schulische Lernbedingungen, in: HLZ, Jg. 71, H. 3, S. 24–25.

Wrase, Michael/Jung, Laura/Helbig, Marcel (2017), Defizite der Regulierung und Aufsicht von privaten Ersatzschulen in Bezug auf das Sonderungsverbot nach Art. 7 Abs. 4 Satz 3 GG, WZB-Discussion Paper P 2017-003.

Zick, Andreas/Küpper, Beate/Krause, Daniela (2016), Gespaltene Mitte – Feindselige Zustände. Rechtsextreme Einstellungen in Deutschland 2016, Bonn.

Ganztagsschule ist mehr als nur Betreuung. Es geht um Bildung!

Roman George/Maike Wiedwald

Hessen braucht deutlich mehr echte Ganztagsschulen

Auch in Hessen ist die Einrichtung von echten Ganztagsschulen immer wieder Gegenstand von bildungspolitischen Debatten. So bestimmte das Thema *Ganztag* auch die Diskussion in der Enquetekommission Bildung, die der hessische Landtag eingerichtet hatte (Hessischer Landtag 2018: 69f.). Der in Hessen von der großen Koalition für 2025 angekündigte Anspruch auf einen Ganztagsbetreuungsplatz für Grundschulkinder und dessen Umsetzung wirft dabei sehr viele Fragen auf. Kultusminister Alexander Lorz gibt immer wieder vollmundige Erklärungen ab, dass in Hessen keine Probleme existieren, obwohl das Bundesland noch weit von einem flächendeckenden Angebot an echten Ganztagsschulen entfernt ist. Die Betreuung von Grundschulkindern im Alter bis unter elf Jahren gestaltet sich auch in Hessen sehr unterschiedlich. Sie wird von verschiedenen Akteurinnen und Akteuren in unterschiedlichen Formen sichergestellt. Hierzu gehören der Hort, die Ganztagsschule sowie die Übermittagsbetreuung beispielsweise durch Elterninitiativen. In Hessen hat sich die Betreuungsquote zwischen 2006 und 2016 geringfügig erhöht (2006: 9,9 Prozent, 2016: 12,3 Prozent). Gleichzeitig ist der Bedarf von Eltern, die sich eine zeitlich deutlich ausgeweitete Betreuung für ihre Kinder wünschen, merklich gestiegen (BMFSFJ 2017: 26). Im Schuljahr 2016/2017 besuchten in Hessen ungefähr 23.000 Schülerinnen und Schüler Einrichtungen der Kindertagesbetreuung. Gleichzeitig nahmen knapp 14.000 Schülerinnen und Schüler an Angeboten des »Pakt für den Nachmittag« an Grundschulen teil (Hessische Landesregierung 2017). Es lohnt sich hier aber genau hinzuschauen, denn weder die Rahmenbedingungen noch die zeitliche Dimension und Qualität der Angebote lassen sich tatsächlich vergleichen. Die Entwicklung und Verankerung qualitativ hochwertiger Angebote muss im Mittelpunkt stehen, nicht nur der Gesichtspunkt der Betreuung. Es geht um mehr – es geht um Bildung.

1. Bildung ist mehr als Betreuung – zur Bedeutung von Ganztagsschulen

Die hessische Landesregierung begründet ihre Initiativen zur Entwicklung von Ganztagsschulen ausschließlich mit der Nachfrage von Eltern nach Betreuung: »Damit bedient die Landesregierung ein hohes Interesse der Eltern nach Verbindlichkeit auf der einen und nach familienindividueller Freiwilligkeit und Flexibilität auf der anderen Seite« (Hessischer Landtag 2017a). Das Institut der Deutschen Wirtschaft reduziert die Ganztagsschule sogar ausschließlich auf die fiskalische Rendite (Institut der Deutschen Wirtschaft Köln 2018). Diese Expertise nimmt an, dass sich sieben zusätzliche Arbeitsstunden je Familie pro Woche ergäben, wenn die Betreuungszeiten so stark ausgeweitet würden, dass Eltern von Grundschulkindern bis abends und samstags arbeiten gehen könnten. Das führe jeweils zu Mehreinnahmen für die Sozialversicherungen in Höhe von ungefähr 2.900 Euro und zu Steuermehreinnahmen von 3.260 Euro im Jahr.

Eine qualifizierte Betreuung in Einrichtungen der Kindertagesbetreuung gibt es aber auch in Hessen schon lange. Die »Hortpädagogik« hat dabei sehr gute Konzepte entwickelt. Zudem gelten für diesen Bereich Mindeststandards wie das Fachkräftegebot, Gruppengröße und über die Betriebsrahmenerlaubnis auch bestimmte Standards bezogen auf die Räumlichkeiten. Diese Einrichtungen der Kinderbetreuung sind zum größten Teil in kommunaler Hand und müssen von dieser finanziert werden.

Zusätzlich zahlen die Eltern entsprechend der Beitragsordnungen hierfür Gebühren. Gerade aber für Kommunen hat sich der finanzielle Spielraum in Hessen sehr stark reduziert. In Anbetracht der Schuldenbremse und des »kommunalen Rettungsschirms« mussten viele Kommunen ihre freiwilligen Leistungen erheblich kürzen. Genau über diese wurden jedoch viele Angebote für Kinder und Jugendliche am Nachmittag finanziert. Offensichtlich geht es in der Diskussion um Ganztagsangebote an Grundschulen noch um etwas anderes: Es geht um die Installierung von Betreuungsangeboten unter möglichst kostengünstigen Bedingungen.

Für die Einrichtung von Ganztagsschulen sprechen viel mehr Gründe als nur der Aspekt der Betreuung. Neuere Untersuchungen (StEG Konsortium 2017) veranschaulichen deutlich, dass Ganztagsschulen einen wichtigen Beitrag zur psychosozialen Entwicklung von Kindern und Jugendlichen leisten, indem sie das Sozialverhalten, die Motivation und ein positives Selbstbild fördern. Die Motivation und das Engagement von Schülerinnen und Schülern erhöht sich und hat dann auch erheblichen Einfluss auf die schulischen Leistungen insgesamt. Gleichzeitig fördert sie die Kompetenzen ausnahmslos aller Schülerinnen und Schüler, verringert sozial, sprachlich oder kulturell bedingte Bildungsbenachteiligungen und liefert darüber hinaus die notwendigen Rahmenbedingungen für eine zeitgemäße Lernkultur.

Ganztagsschule erfordert also ein pädagogisches Konzept, das unterrichtliche, erzieherische und soziale Angebote miteinander verbindet. Chancengleichheit kann so etwas mehr verwirklicht werden, da mit differenzierenden Angeboten auf die verschiedenen Bedürfnisse der einzelnen Kinder eingegangen werden kann. Ein freiwilliges Angebot im Anschluss an die verlässlichen Schulzeiten schließt eine notwendige veränderte Rhythmisierung des Schultags ebenso wie die Integration der Hausaufgaben-Bearbeitung aus. Hierfür müssten alle Schülerinnen und Schüler einer Klasse an den Angeboten teilnehmen. Eine aktuelle Befragung der Landesschülervertretung hat gezeigt, dass zwei von fünf Schülerinnen und Schülern regelmäßig Hilfestellung bei der Bearbeitung von Hausaufgaben sowie der Vor- und Nachbereitung von Unterricht benötigen (Landesschülervertretung Hessen 2018: 14). Gerade deswegen wäre es wichtig, Lernzeiten und Unterstützungsangebote in den Unterricht zu integrieren. Dies ist aber nur im Rahmen einer rhythmisiert arbeitenden, gebundenen Ganztagsschule möglich. So erhöht man die Chancengleichheit, denn ansonsten hängen Unterstützungsmaßnahmen wieder vom Geldbeutel der Eltern ab. Kinder mit sonderpädagogischem Förderbedarf können in der Ganztagsschule besser gefördert werden, Kindern nichtdeutscher Herkunft können herkunftssprachliche Unterrichtsangebote und spezielle Förderkurse angeboten werden. Auch in dieser Hinsicht ist der positive Effekt von Ganztagsschulen belegt. In den Bildungs- und Erziehungsauftrag der Schule müssen Elemente der Sozial- und Jugendarbeit sowie freizeitpädadogische Angebote Eingang finden (Gewerkschaft Erziehung und Wissenschaft Hessen 2018). Gerade in Hinblick auf den Zerfall klassischer Familienstrukturen kommt der Schule ein deutlich gestiegener Erziehungsauftrag zu. Die Bildung und Betreuung von Schülerinnen und Schülern ist eine gesellschaftliche Aufgabe, sie muss daher auch gesellschaftlich finanziert werden. Das gilt ebenfalls für das Bundesland Hessen.

2. So sieht es aus – zur Ganztagsschulentwicklung in Hessen

Im Schuljahr 2018/2019 arbeiten laut Pressemitteilung des Hessischen Kultusministeriums 70 Prozent aller hessischen Schulen ganztägig (Hessisches Kultusministerium 2018). Doch dies bedeutet nicht, dass alle Schulen den ganzen Tag über unterrichtliche Angebote durchführen. Die ganztägigen Angebote für Kinder im Grundschulalter gestalten sich vielfältig, sowohl hinsichtlich der Betreuungsformen als auch der zeitlichen Abdeckung. In Hessen sind im Moment lediglich 36 allgemeine Schulen im Profil 3 (Stand Mai 2018), welches am ehesten einer echten Ganztagsschule entspricht. Mit einem Anteil von nicht einmal fünf Prozent ist Hessen nach den Daten der Kultusministerkonferenz das Bundesland mit dem geringsten Anteil der Schülerschaft an gebundenen Ganztagsschulen (Kultusministerkonferenz 2018: 47). Ganztägig arbeitende Schule bedeutet in Hessen eben nicht, dass diese auch am ganzen Tag für alle Schülerinnen und Schüler ein Angebot macht.

In Hessen wird beim Thema *Ganztag* in verschiedene Profile differenziert, die bis auf Profil 3 alle an den Unterricht anschließende additive Angebote auf der Basis einer freiwilligen Teilnahme beinhalten. Rechtsgrundlage für die ganztägig arbeitenden Schulen ist das Schulgesetz und die »Richtlinie für ganztägig arbeitende Schulen«, die 2018 überarbeitet wird. Allen Schulen gemeinsam – egal in welchem Profil – ist, dass sie ein Angebot für ein Mittagessen bereitstellen müssen. Im Profil 1 sind die Schulen verpflichtet, an drei Tagen pro Woche ein Angebot bis 14.30 Uhr zu machen. Im Profil 2 sind Schulen zu einem Angebot an fünf Tagen bis 16.00 Uhr beziehungsweise 17.00 Uhr verpflichtet. Zusätzlich zu den bislang 36 Schulen im Profil 3, sollen im Schuljahr 2018/2019 fünf weitere Schulen neu in dieses Profil aufgenommen werden, zum ersten Mal auch ein Gymnasium. Insgesamt wird sich jedoch der Anteil an echten Ganztagsschulen auch mit den neu aufgenommenen Schulen nur geringfügig erhöhen. Von den Grundschulen befindet sich lediglich ein Prozent im Profil 3.

Zusätzlich zu diesem Landesprogramm gibt es auf der Ebene der Schulträger weitere Programme, an denen sich Schulen beteiligen können. Hierfür gilt aber, dass dies alles Angebote sind, die sich an den Unterricht anschließen. An vielen Schulen existieren diese Angebote parallel und zusätzlich gibt es oft in der Nähe von Grundschulen auch Horteinrichtungen der Kommunen.

Diese unübersichtliche Situation soll am Beispiel der Angebote in der Stadt Frankfurt verdeutlicht werden. Viele Schulen sind in das Landesprogramm aufgenommen. Um dieses organisatorisch und finanziell abwickeln zu können, benötigt die Schule einen sogenannten »freien Träger«.

Dies kann ein Förderverein sein, aber auch ein Träger der Jugendhilfe. Gleichzeitig findet aber die Frühbetreuung (gerade an Grundschulen) oft in Trägerschaft eines weiteren Fördervereines statt. Die Stadt Frankfurt bietet zudem an diversen Schulen die sogenannte Erweiterte Schulische Betreuung (ESB) an. Diese ist als Hortangebot in der Schule zu verstehen. Die Eltern zahlen hierfür ein Entgelt, das sich aus der Beitragsordnung der Stadt Frankfurt ergibt. Zusätzlich gibt es noch weitere Jugendhilfeeinrichtungen in Form von Schulsozialarbeit und Projekten zur Berufsorientierung. Diese liegen oft erneut in einer anderen Trägerschaft.

Aus dieser Unübersichtlichkeit ergeben sich im Alltag immer wieder neue Problemlagen. Wo eine freizeitpädagogische Arbeit endet und die schulsozialarbeiterische Tätigkeit beginnt, lässt sich oft nicht eindeutig sagen. Doch bei allen diesen Trägern gelten unterschiedliche Arbeitszeiten, Regelungen und Standards. Daher müssten Zeiten zur Absprache und Koordination zwischen den beteiligten Akteuren eingeplant werden, was aber nicht vorgesehen ist. Insofern war es durchaus nachvollziehbar, dass die Landesregierung eine Initiative startete, um kommunale und landesweite Angebote zusammenzuführen. Ausgehend von dem Wunsch vieler Eltern nach Betreuung und der Notwendigkeit aufgrund veränderter Lebensweisen und der Berufstätigkeit beider Elternteile kreierte die schwarz-grüne-Landesregierung ein neues Modell: den »Pakt für den Nachmittag«.

3. Das ist und bleibt eine Mogelpackung: »Pakt für den Nachmittag«

Der »Pakt für den Nachmittag« ist ein zentrales bildungspolitisches Vorhaben der schwarz-grünen Koalition. Es war von Beginn an ausdrücklich vom Finanzierungsvorbehalt ausgenommen. Mathias Wagner, Fraktionsvorsitzender und bildungspolitischer Sprecher von Bündnis 90/Die Grünen im Landtag, hielt ihn für einen »epochalen Fortschritt«. Laut Koalitionsvertrag soll im »Zusammenwirken von Land, Kommunen, Eltern und den bereits jetzt im Bereich der Betreuung aktiven Initiativen« für alle Grundschülerinnen und Grundschüler, deren Eltern dies wünschen, ein »Bildungs- und Betreuungsangebot« zwischen 7.30 Uhr und 17 Uhr geschaffen werden. Der Beitrag des Landes zum »Pakt für den Nachmittag« sollte darin bestehen, »alle Grundschulen auf freiwilliger Basis in das Ganztagsschulprogramm des Landes aufzunehmen« und die Verantwortung für die Betreuung »an fünf Tagen in der Woche bis 14.30 Uhr« zu übernehmen. Für die Zeit bis 17 Uhr sollten die Kommunen die finanzielle Verantwortung tragen und Betreuungsangebote für diejenigen Kinder sicherstellen, deren Eltern dies wünschen (CDU Hessen/Bündnis 90/Die Grünen Hessen 2013: 31 f.).

Als sogenannte »Pilotregionen« wurden auf der Grundlage entsprechender Anträge die Städte Kassel, Frankfurt und Darmstadt sowie die Landkreise Darmstadt-Dieburg, Bergstraße und Gießen ausgewählt. Später sollte der Pakt dann auf das ganze Land ausgeweitet werden. Mittlerweile gibt es in den meisten Landkreisen zumindest an einer Schule ein Angebot, das unter dieses Profil fällt. Für den »Pakt für den Nachmittag« wurde zum ersten Mal eine schülerzahlbezogene Zuweisung erprobt. Jede teilnehmende Grundschule erhält einen Zuschlag von 0,0094 Stellen pro Schülerin oder Schüler. Dieser Zuweisungsschlüssel ist nach Auskunft des Kultusministeriums für die Gestaltung eines Angebots für die Hälfte der Schülerinnen und Schüler bemessen. Eine Grundschule mittlerer Größe mit 200 Schülerinnen und Schülern kommt so auf eine zusätzliche Zuweisung von 1,88 Stellen. Dafür fallen jedoch die Landesmittel weg, die die Schule zuvor für die Durchführung von Angeboten der Frühbetreuung bekommen hat. Grundschulen, an denen mehr als 50 Prozent teilnehmen, soll nun mit der neuen Richtlinie die Möglichkeit eines teilnehmerinnen- und teilnehmerorientierten Zuweisungsschlüssels ermöglicht werden. Außerdem sieht die neue Richtlinie die Möglichkeit zur Beantragung weiterer Mittel für Vertretungen vor.

Von den der Grundschule zur Verfügung gestellten Stellen müssen mindestens ein Drittel als Stellen für Lehrkräfte verwendet und mindestens ein Viertel in Geld umgewandelt werden (Geld statt Stelle). Diese Umwandlung soll sicherstellen, dass die Verpflichtung zur Einbeziehung freier Träger finanziert werden kann. Welche Problematik sich daraus ergeben kann und wie wichtig die Verankerung tarifvertraglicher Standards ist, wird noch dargestellt. Welche Mittel die Schulträger zusätzlich – über die Absicherung der Betreuung von 14.30 Uhr bis 17.00 Uhr hinaus – in den »Pakt für den Nachmittag« investieren, bleibt selbstverständlich ihnen überlassen. Sehr viele Schulträger verlangen hierfür auch Geld von den Eltern. Die Elternbeiträge sind in der Höhe sehr unterschiedlich und reichen bis zu über 200 Euro pro Monat. Die Angebote bis 14.30 Uhr müssten eigentlich für die Schülerinnen und Schüler kostenlos sein, da sie als Bestandteil des schulgeldfreien Unterrichts zu werten sind. Dennoch werden an 26 Schulen auch für diese Angebote Teilnahmebeiträge erhoben (Hessischer Landtag 2017b).

4. Finanzierung der ganztägig arbeitenden Schule in Hessen

Die Schulen erhalten für ihre ganztägigen Angebote im Rahmen des Zuweisungserlasses eine Zuweisung in Form von Stellen für Lehrerinnen und Lehrer. Doch auch hier sind die zur Verfügung gestellten Ressourcen sehr unterschiedlich. Viele Grundschulen erhalten gerade einmal eine halbe Stelle. Den Schulen steht es offen, diese in Mittel umzuwandeln. Auffällig ist, dass Schulen im Profil 3 viele Stellen nehmen, um Unterricht rhythmisiert über den Tag zu gestalten und durchzuführen. Im Profil 1 und vor allem im »Pakt für den Nachmittag« werden die meisten Stellen in Mittel umgewandelt, die dann etwa für die Einstellung von anderen Mitarbeiterinnen und Mitarbeitern verwendet werden. Mittlerweile fließen deutlich über 40 Millionen Euro jährlich an Fördervereine oder andere Träger der Jugendhilfe, damit diese ein ganztägiges Angebot an Schulen abwickeln. Sie erhalten dafür pro umgewandelter Stelle einen Betrag von 46.000 Euro. Dieser Betrag ist seit mehr als zehn Jahren nicht erhöht worden und stellt die Träger vor erhebliche Probleme.

Auch die Höhe der Zuweisung ist über den Zuweisungserlass geregelt. Schulen im Profil 2 erhalten 11,2 Prozent zusätzlich zur Grundunterrichtsversorgung, Schulen im Profil 3 erhalten einen Zuschlag von 17,5 bis 22,5 Prozent. Gleichzeitig erhalten aber einzelne Schulen mehr. In der neuen Ganztagsrichtlinie werden geringfügig höhere Werte festgeschrieben – aber in Form eines Maximalzuschlags, sodass auch eine deutlich geringere Zuweisung denkbar wäre. Dass die vom Land Hessen vorgesehenen Mittel nicht ausreichen, um ein quantitativ und qualitativ hochwertiges Bildungsangebot zu realisieren, ist ein offenes Geheimnis. Berücksichtigt man darüber hinaus die Notwendigkeit, jede Stunde zu vertreten, da die Schülerinnen und Schüler nicht vorzeitig nach Hause geschickt werden können, erscheint die Forderung nach einem Zuschlag von mindestens 60 Prozent ein pädagogisches Muss für eine gute Ganztagsschule.[1] Aufgrund des sichtlich geringeren Umfangs an Pflichtstunden benötigen Grundschulen einen entsprechend höheren Zuschlag zur Grundunterrichtsversorgung.

5. Kommunale Pflichtaufgaben im Ganztag: Schulbau und Sicherstellung des Mittagessens

Schulen müssen baulich verändert werden, damit sie den Ansprüchen einer Ganztagsschule entsprechen; das heißt jede Schule muss über Mensa, Aufenthaltsräume, Arbeitsplätze sowie Sport- und Freizeitstätten verfügen. Die Auseinandersetzung mit den Schulträgern über die Formulierung baulicher Standards scheut das Kultusministerium, da

---

1 Vgl. die entsprechende Forderung der GEW (2018). Würde eine Schule in der Sekundarstufe I das Mindestangebot täglich von 7.30 Uhr bis 16 Uhr für alle Schülerinnen und Schüler abdecken, wären das in der Woche 42,5 Stunden. Im Rahmen einer Halbtagsschule wären durch den regulären Unterricht im Umfang von 32 Unterrichtsstunden sowie durch Pausen ein Zeitraum von 27 Stunden abgedeckt, unter der Annahme dass pro Woche vier Mal Unterricht im Zeitfenster von 8 Uhr bis 13 Uhr und einmal darüber hinaus bis 15 Uhr stattfindet. Um die im Rahmen des Ganztagsbetriebs anfallenden zusätzlichen 15,5 Stunden mit qualitativ hochwertigen Angeboten ausfüllen zu können, wäre nach dieser Überschlagsrechnung ein Zuschlag von 57,4 Prozent zur Regelunterrichtsversorgung erforderlich.

dies erhebliche Nachbesserungen durch die Kommunen (oder das Land) erfordern würde. Nicht nachvollziehbar ist, dass Mindestvoraussetzungen für die Räumlichkeiten von Horteinrichtungen gelten, aber für die Schulen keine entsprechenden Regelungen vorgesehen sind. Diese Diskussion muss insbesondere in Hinblick auf die gewünschte Verankerung der »Gesundheitserziehung« – und noch viel dringender in Anbetracht der Umsetzung der Inklusion – geführt werden.

Dem Mittagessen wird bei der Umsetzung von Ganztagskonzepten oft eine viel zu geringe Bedeutung beigemessen. Hier spielt der für den Ganztag zur Verfügung stehende Raum und auch das Konzept zur Raumnutzung eine wichtige Rolle. Eine zu kleine Mensa stellt die Schulen vor die Anforderung, einen »Schichtbetrieb« beim Essen über eine entsprechende Stundenplangestaltung zu realisieren. Eine zu große Mensa führt häufig zu einem Mittagessen in einer unpersönlichen, weitläufigen und lauten Kantinenatmosphäre, die sich sehr weit von dem Gedanken eines pädagogischen Mittagstisches entfernt. Hier müssen neue Raumkonzepte entwickelt, umgesetzt und erprobt werden. Das geht nur in der konkreten Zusammenarbeit von Schule, Kommunen, Land und dem Träger des Küchenbetriebs. Diese Fragestellungen müssen in die Bauplanung neuer Schulen Eingang finden. Gleichzeitig müssen aber auch Konzepte entwickelt werden, wie bestehende Gebäude so umgestaltet werden können, dass sie den Anforderungen des Ganztagsbetriebes entsprechen. Räume müssen jedoch nicht nur geschaffen, sondern auch erhalten werden. Erforderlich ist daher zudem ein Reinigungs- und Sanierungskonzept, das zum Ganztag passt.

Durch die ganztägigen Angebote steigt auch der Einfluss der Schulen auf die Verpflegung und die Essgewohnheiten der Kinder und Jugendlichen. Dass dies sehr notwendig ist, belegen neuere Forschungsergebnisse: Etwa jedes siebte Kind zwischen drei und 17 Jahren ist hierzulande übergewichtig, sechs Prozent gelten sogar als adipös (Robert Koch Institut 2018). Die Ergebnisse zeigen, dass Mädchen und Jungen bei Limonade, Süß- sowie

Fleischwaren sehr häufig zugreifen. Obst, Gemüse, Kartoffeln und Brot stehen dagegen zu selten auf ihrem Speiseplan. Was eine ausgewogene Ernährung ist und worauf man dabei täglich achten sollte, muss daher auch in der Schule bearbeitet werden. Welche Bedeutung die Einnahme des Mittagessens hat, zeigt sich am Beispiel der geplanten Neuvergabe des Caterings an der Integrierten Gesamtschule Nordend durch die Stadt Frankfurt und dem Protest der Schulgemeinde dagegen. Ob dieser Protest für den Beibehalt des alten Caterers – ein kleiner ortsansässiger Betrieb – und gegen die Vergabe an einen Großcaterer Erfolg hat, ist bei der Drucklegung noch nicht bekannt. Eines hat er aber erreicht: Die Vergaberichtlinien für Vergabe der Mittagessenversorgung an Caterer werden überarbeitet. Ziel ist es, den Schulen – und dabei besonders den Schülerinnen und Schülern sowie den Eltern – ein stärkeres Mitspracherecht einzuräumen.

Eine qualitativ hochwertige Schulverpflegung hängt von vielen Faktoren ab, sie ist sicherlich nicht nur eine Frage des Preises. Eine gute Verpflegung berücksichtigt die Lebensmittelauswahl, die Speisenplanung und -herstellung, die schulischen Rahmenbedingungen sowie Hygieneaspekte. Hierfür benötigt man gut ausgebildetes und geschultes Personal in den Schulmensen, das selbstverständlich auch tariflich bezahlt werden muss. Neben den rechtlich vorgeschriebenen Schulungen sind durchaus Fort- und Weiterbildungen zu ernährungsphysiologischen Themen sinnvoll. Das alles kostet Geld und hier sind die Schulträger besonders gefordert. Diese Kosten auf die Schülerinnen und Schüler umzulegen ist dabei nicht vertretbar. Schon heute lebt ein Fünftel der unter Achtzehnjährigen in Armut (Seils/Höhne 2017: 2 f.). Die Leistungen des Bildungs- und Teilhabepakets wie Zuschüsse für Schulessen, Nachhilfe, Musikunterricht oder Vereinssport werden nur von gut einem Viertel der Berechtigten genutzt (Spiegel Online 2018).

6. Ganztagsschule in Hessen: »Ohne freie Träger geht da nichts«

Ein Teil des Personals einer voll ausgebauten Ganztagsschule – nämlich fast alle, die keine Lehrkräfte sind – sind nicht beim Land Hessen, sondern bei sogenannten »Dritten« beschäftigt. Nach dem Motto »Geld statt Stelle« stellt das Land Hessen diesen Dritten Mittel zur Verfügung, um Ganztagsangebote an der Schule durchzuführen. Deren Bandbreite ist groß: Elterninitiativen, die sich für eine bessere Betreuung engagieren, müssen einen Förderverein gründen, weil die den Schulen zur Verfügung gestellten Mittel von den Schulen selbst nicht verwaltet werden dürfen. Sie können aber an einen Förderverein ausgezahlt werden, der dann die Betreuung organisiert, gegebenenfalls auch mit privatrechtlicher Haftung. Einige wenige große Träger wie der Internationale Bund, die ASB-Lehrerkooperative und die Arbeiterwohlfahrt sind an mehreren Schulen vertreten und gestalten mit der Betreuung, der Schulsozialarbeit und pädagogischen Angeboten am Nachmittag gleich mehrere Bereiche. Einzelne Landkreise nutzen eine eigene Trägergesellschaft, oft in der Rechtsform einer gGmbH, um dieses Personal zu beschäftigen. Ein Beispiel hierfür ist das Zentrum Arbeit und Umwelt in Gießen.

Dass freie Träger gerne herangezogen werden, um untertarifliche Bezahlung durchzusetzen, ist eine Erfahrung auch aus anderen Branchen wie etwa der Pflege. In den letzten Jahrzehnten wurden zunehmend kommunale und Landesaufgaben privatisiert und die Umsetzung an freie Träger ausgelagert. Das ging mit einer Abwärtsspirale bei der Bezahlung und den Arbeitsbedingungen einher. Die Entlohnung bei den Fördervereinen ist sehr unterschiedlich und nur in seltenen Fällen an den Tarifvertrag des öffentlichen Diensts angelehnt. Den Fördervereinen, die insbesondere im Ganztagsbereich aktiv sind, ist an dieser Stelle auch kein Vorwurf zu machen, da sie aufgrund der zu geringen Mittel nicht mehr als eine Mangelverwaltung betreiben können. Nicht wenige Angebote werden überwiegend im Rahmen geringfügiger Beschäftigungsverhältnisse gestemmt.

Die Vielzahl der Mini-Jobs und die kurzen Laufzeiten der befristeten Arbeits- oder Honorarverträge führen zu einem gesteigerten Organisations- und Koordinationsaufwand bei den Trägern und auch in der Schule. Viele Verträge sind auf ein Jahr befristet. Das hat mit einer hochwertigen Tätigkeit für qualifizierte Pädagoginnen und Pädagogen sowie vernünftigen Anstellungsbedingungen nichts mehr zu tun. Es müssen daher Kriterien zur Mittelvergabe verankert werden, die zumindest sicherstellen, dass Trägervereine ausschließlich nach geltenden tariflichen Bestimmungen (TVöD oder TV-H) eingruppieren und bezahlen dürfen. Tariftreue muss Bestandteil von Kooperationsvereinbarungen sein, Kommune oder Land müssen eine Refinanzierung von Tariferhöhungen zusichern.

Die Aufgaben von Ganztagskoordinatorinnen und -koordinatoren sind oft sehr umfassend: Sie sollen Mitarbeiterinnen und Mitarbeiter einstellen und qualifizieren, Konzepte entwickeln, die Arbeit mit der Schule und anderen Einrichtungen im Stadtteil koordinieren, Elterngespräche führen, Ferienangebote gestalten, pädagogische Angebote planen und umsetzen und vieles mehr. Deputate für Lehrkräfte und Schulleitung, die mit der Koordination und Entwicklung des Ganztags beauftragt sind, gibt es nicht oder sind viel zu gering bemessen. Hier gibt es auf allen Ebenen einen sehr großen Nachholbedarf. Generell ist jedoch eine inhaltliche Diskussion und Auseinandersetzung mit den Schulträgern über eine einheitliche Neukonzeptionierung der Zusammenarbeit von Jugendhilfe und Schule mit klar geregelten Aufgaben erforderlich. Gerade bei der Dienst- und Fachaufsicht sowie dem Weisungsrecht gibt es immer wieder Probleme. Dienst- und Weisungsrecht sollen nach der neuen Ganztagsrichtlinie künftig beim Träger liegen, lediglich das Hausrecht bei der Schulleitung. Das verbessert die Situation nicht, da die Schulleitung auf der Grundlage des Hausrechts keine umfassenden verbindlichen Absprachen unmittelbar mit dem Ganztagspersonal treffen kann, sondern immer den Umweg über den Träger nehmen muss.

Wären alle schulischen Beschäftigten – wie von der GEW Hessen gefordert – im Landesdienst, gäbe es all diese Probleme nicht. Dann lägen

Dienst- und Fachaufsicht bei der Schulleitung, die Eingruppierung und Bezahlung würde dem Tarifvertrag Hessen für Landesbedienstete folgen und der Schulpersonalrat wäre mitsamt der vorgesehenen Mitbestimmungsrechte zuständig. Multiprofessionelle Kooperation muss auf Augenhöhe stattfinden, verlangt eine gemeinsame Verständigung und ein Engagement aller an Schule Beteiligten in den schulischen Gremien. Zu den strukturellen Hindernissen einer gelungenen Kooperation gehören im Moment etwa fehlende Zeitfenster für Besprechungen, unzureichende räumliche Bedingungen, fehlende Kontaktmöglichkeiten und unklare Zielsetzungen. Wichtig ist aber auch, dass diese Kooperation nicht auf den Ganztag beschränkt bleibt, sondern zum Beispiel Berufsorientierung und Schulsozialarbeit miteinbezieht.

7. Echte Ganztagsschulen einrichten, bestehende besser ausstatten

Benötigt wird in Hessen ein pädagogisches Konzept für eine rhythmisierte Ganztagsschule für alle Kinder und Jugendlichen. Aktuell besteht ein Flickenteppich von Unterricht und anschließender Betreuung. Eine notwendige pädagogische Begleitung der Schülerinnen und Schüler über den ganzen Tag muss eine Lern- und Gruppenkontinuität beinhalten, das heißt, es geht um eine integrierende Konzeption. Diese Bedingung steht aber im Gegensatz zu den additiven Konzepten der Profile 1 und 2 sowie des »Pakts für den Nachmittag«, in denen das nachmittägliche Ganztagsprogramm weitgehend abgekoppelt vom Unterricht am Vormittag stattfindet. Es geht also um die Einrichtung von rhythmisiert arbeitenden echten Ganztagsschulen. Die Erfahrung in Hessen und vor allem die erfolgreich arbeitenden Ganztagsschulen zeigen, dass die Einordnung in Profile die Entwicklung echter Ganztagsschulen nicht fördert, sondern behindert. Schulen muss ermöglicht werden, eigene Wege gehen zu können, um eine rhythmisierte Ganztagsschule zu werden. Das erfordert Zeit.

Es müssen Standards für Ganztagsschulen entwickelt und eingehalten werden, die über denen einer reinen Vormittagsschule liegen. Die Schulträger müssen die Schulen so ausstatten, dass ein Ganztagsbetrieb möglich ist (Cafeteria, Bibliothek, Ruheräume, Freizeiträume für offene Angebote, Kleingruppenräume, Arbeitsplätze für alle Kollegen/innen der Schule usw.). Es bedarf qualifizierter Fachkräfte, die nach Tarif eingruppiert und bezahlt werden. Darüber hinaus muss eine inhaltliche Diskussion mit den Schulträgern über eine einheitliche Neukonzeptionierung der Zusammenarbeit von Jugendhilfe und Schule mit klar geregelten Aufgaben geführt werden. Hierbei sind die Beschäftigten der Einrichtungen der Schulkindbetreuung in den Kommunen in die Diskussion miteinzubeziehen. Gerade gut funktionierende Ganztagsgrundschulen haben sich oft aus dem Zusammengehen kommunaler Einrichtungen der Schulkindbetreuung und den neu eingerichteten Angeboten an Schulen ergeben. Das geht nur gemeinsam und erfordert ebenfalls Zeit.

Eine solche Entwicklung kann nur schrittweise und unter demokratischer Beteiligung der Schulgremien erfolgen. Auch das Mitbestimmungsrecht der Personalräte muss bei der Gestaltung von Ganztagsschulkonzepten bezogen auf die Arbeitszeit und Anwesenheit in der Schule beachtet und eingehalten werden. Nicht zuletzt gilt es, die Arbeitsbedingungen der Lehrerinnen und -lehrer in den Blick zu nehmen. Eine Verlängerung des Schultags ohne ausreichende personelle Ressourcen würde dazu führen, dass eine an sich sinnvolle Reform auf dem Rücken der Lehrkräfte umgesetzt wird. Sparmodelle mit ständig wechselnden Betreuungskräften gehen immer auch zu Lasten der Stammkollegien, da nur diese die notwendige Kontinuität, Verfügbarkeit und Kompetenz sicherstellen können. Pädagogische Arbeit und Unterricht sind am Vormittag und am Nachmittag gleich zu bewerten und 1:1 anzurechnen. Der Gesetzgeber und das Kultusministerium sind gefordert, entsprechende Rahmenbedingungen sicherzustellen, um diese Entwicklung auch in Hessen zu ermöglichen. Bildung ist mehr als nur Betreuung – eine gut ausgestattete und gut konzipierte

Ganztagsschule ist eine Bereicherung für alle: Lehrkräfte, sozialpädagogische Fachkräfte, Eltern und vor allem die Schülerinnen und Schüler.

Literatur

BMFSFJ – Bundesministerium für Familie, Senioren, Frauen und Jugend (2017), Kindertagesbetreuung kompakt: Ausbaustand und Bedarf 2016, Ausgabe 02, Berlin.

CDU Hessen/Bündnis 90/Die Grünen Hessen (2013), Verlässlich gestalten – Perspektiven eröffnen. Hessen 2014 bis 2019. Koalitionsvertrag zwischen der CDU Hessen und Bündnis 90/Die Grünen Hessen für die 19. Wahlperiode des Hessischen Landtags 2014 – 2019, Wiesbaden.

Gewerkschaft Erziehung und Wissenschaft Hessen (2018), Echte Ganztagsschulen einrichten. Beschluss des Landesvorstands der GEW Hessen vom 2. Februar 2018 in Kassel.

Hessischer Landtag (2017a), Antwort der Landesregierung auf die Kleine Anfrage des Abg. Merz (SPD) vom 23.03.17 betreffend Schulkinderbetreuung an hessischen Grundschulen; Drucksache 19/4733.

Hessischer Landtag (2017b), Antwort der Landesregierung auf die Große Anfrage der Abg. Faulhaber (DIE LINKE) und Fraktion betreffend Pakt für den Nachmittag; Drucksache 19/4326.

Hessischer Landtag (2018), Abschlussbericht der Enquetekommission »Kein Kind zurücklassen – Rahmenbedingungen, Chancen und Zukunft schulischer Bildung in Hessen«; Drucksache 19/6222.

Hessisches Kultusministerium (2018), Pakt für den Nachmittag: Ganztagsangebote an 70 Prozent aller Schulen in Hessen, Pressemitteilung vom 24.04.2018.

Institut der deutschen Wirtschaft Köln (2018), Investitionen in die Ganztagsbetreuung von Grundschulkindern – ökonomische Effekte einer Vereinbarkeits-, Bildungs- und Integrationsrendite. Kurzexpertise, Köln.

Kultusministerkonferenz (2018), Allgemeinbildende Schulen in Ganztagsform in den Ländern in der Bundesrepublik Deutschland. Statistik 2012 bis 2016, Berlin.

Landesschülervertretung Hessen (2018), Die Ergebnisse der Hessischen Schülerinnen- und Schülerbefragung, 20.04.2018, https://www.lsv-hessen.de/.

Robert Koch Institut (2018), KiGGS Welle 2 – Erste Ergebnisse aus Querschnitt- und Kohortenanalysen, in: Journal of Health Monitoring, Jg. 3, H. 1.

Seils, Eric/Höhne, Jutta (2017), Armut und Einwanderung. Armutsrisiken nach Migrationsstatus und Alter – Eine Kurzauswertung aktueller Daten auf Basis des Mikrozensus 2016, WSI Policy Brief Nr. 12.

Spiegel Online (2018): Bildungs- und Teilhabepaket. Nur jeder Vierte nutzt Zuschüsse, 26.03.2018, http://www.spiegel.de/wirtschaft/soziales/bildungs-und-teilhabepaket-nur-jeder-vierte-nutzt-zuschuesse-a-1199830.html.

StEG-Konsortium (2017), Ganztagsschule: Bildungsqualität und Wirkung außerunterrichtlicher Angebote. Ergebnisse der Studie zur Entwicklung von Ganztagsschulen 2012–2015, Frankfurt am Main.

Schwarz-grüne Hochschulpolitik: 'business as usual'?

Tobias Cepok/Simone Claar

Gleich zu Beginn der Legislaturperiode sorgte das Wissenschaftsministerium für Schlagzeilen: Der bisherige Innenminister Boris Rhein sei »degradiert« worden zum Minister für Wissenschaft und Kunst, einem Ministerium, so die Leseart, dass unbedeutend, nicht prestigeträchtig und finanzschwach sei. Mit Schul- und Innenpolitik werden Wahlen gewonnen, wen interessiert da Hochschulpolitik? An der politisch nachgeordneten Stellung der Hochschulen änderte sich nichts und es sind nur bedingt Verbesserungen realisiert worden.

Wir werden die einzelnen »Reformhäppchen« der schwarz-grünen Landesregierung in Hessen beleuchten und ihre Folgen bewerten. Wir konzentrieren uns auf die Frage der Grundfinanzierung, den Zugang zur Hochschule, die Studienbedingungen und die damit verbundenen Wirkungen auf Studierende und Beschäftigte. Einzelne Neuerungen wie die Einschränkung von Tierversuchen, die Aufwertung der Städelschule zur eigenständigen Hochschule sowie die bundesweiten Rahmenbedingungen wie der Hochschulpakt zwischen Bund und Ländern und die Exzellenzinitiative bleiben unberücksichtigt.

Wissenschaftliche Untersuchungen zur hessischen Hochschulpolitik, insbesondere der letzten Legislaturperiode liegen bisher nicht vor. Zur CO_2-neutralen Landesverwaltung und den Nachhaltigkeitsstrategien der Hochschulen hat das Institut für Hochschulentwicklung (HIS) Berichte vorgelegt, ebenfalls wurden Untersuchungen zum Hochschulbau veröffentlicht. Das Institut für Hochschulforschung (HoF) begleitet die Qualitätssicherung und das Rating der Lehrer*innenbildung, etliche Positionen zur Hochschulpolitik wurden von hessischen Fachverbänden, Gewerkschaften und Studierendenvertretungen veröffentlicht. Daten zu den hessischen Hochschulen lassen sich aus bundesweiten Studien oder vom hessischen Landesamt für Statistik entnehmen.

Grundfinanzierung und Hochschulpakt

Die Hochschulen sind in die nahezu unhinterfragte Autonomie entlassen worden. Sie verwalten seit Jahren kreativ und wettbewerbsorientiert eine mangelhafte Grundfinanzierung durch das Land Hessen. In der laufenden Legislaturperiode bestand die zentralste finanzpolitische Änderung in der Neuverhandlung des hessischen Hochschulpaktes. Die Grundfinanzierung war bisher eine für den jeweiligen Hochschulpakt festgelegte Summe. Erstmalig wurde im Hochschulpakt 2016–2020 die Anpassung des Hochschulbudgets mit einem Prozent oberhalb der Inflationsrate gesteigert. Dies ist ein wichtiger Schritt zu einer besseren und planbaren Finanzierung der Hochschulen (HMWK 2014). Im Falle, dass Tarifsteigerungen und Besoldungsanpassungen über dieser Steigerung liegen, wird die Differenz bis zu einer absoluten Grenze von 3 Prozent ausgeglichen. Im ersten Moment klingt diese Entwicklung positiv für die Hochschulen. Allerdings besteht die Gefahr, dass es zu einem Verlust an finanziellen Spielräumen für die Hochschulen kommt. Dies ist der Fall, wenn durch eine Inflation von 1,5 Prozent (März 2018) und eine Lohnsteigerung zum 01.02.2018 von 2,2 Prozent in Hessen (GEW Hessen 2017a) die maximale Erhöhung von 3 Prozent überschritten wird.

Die Landesregierung verschaffte den Hochschulen damit eine relative Planungssicherheit, wie wenig Mittel sie bis 2020 zur Verfügung haben. Zusätzlich dazu wurde die Anzahl von erfolgreichen Abschlüssen als Indikator in das Leistungsbudget der Hochschulen aufgenommen. Eine im

Grundsatz richtige Aufwertung, aber keine Veränderung der leistungsorientierten Mittelzuweisung, die auf eine grundsätzliche Reform wartet. Die Grundfinanzierung der hessischen Hochschulen bleibt somit unter dem benötigten Niveau zurück. Der Abschluss des Hochschulpaktes 2016–2020 ist bezeichnend für die zurückliegende schwarz-grüne Hochschulpolitik und die Beibehaltung der bestehenden Prämissen.

Eine zentrale Forderung der Hochschulrektoren in Hessen ist die Aufstockung und Fortführung des Bauprogramms Heureka (KHU/HAW 2018). Die Hochschulleitungen argumentieren, dass aufgrund auslaufender Mittel vom Bund im Jahr 2019 zusätzliche Mittel vom Land mobilisiert werden müssten, um den laufenden Bauunterhalt zu finanzieren und den Sanierungsstau anzugehen. Die Landesregierung hat mit dem Bauprogramm Heureka zusätzliche Mittel in Höhe von 4 Milliarden bis 2025 zugesagt. Mit Heureka wurde ein deutlicher Anstieg an Bautätigkeiten in Hessen initiiert und neue, moderne Campusareale errichtet. Es befinden sich weitere im Bau oder sind geplant. Der Stifterverband der deutschen Wissenschaft geht davon aus, dass über 9.000 Euro pro Studierenden investiert werden müssten, um den bestehenden Investitionsstau aufzulösen, umgerechnet für Hessen ca. 2,34 Milliarden Euro (Hochschulbarometer 2016). Hinzu kommen die Kosten zum Bestandserhalt inklusive der Neubauten. Bundesweit gibt es Berechnungen, dass selbst bei einer Halbierung der zukünftigen Flächenerweiterungen der Hochschulcampi bis 2025 ein Finanzierungsdefizit von 15,6 Milliarden Euro entsteht. Für Hessen wird ein Defizit von 1,5 bis zu 2,3 Milliarden Euro geschätzt (Stibbe/Stratmann 2016). Damit ist absehbar, dass die bisherigen Summen des Bauprogramms HEUREKA nicht ausreichen, um den anstehenden Bedarf zu decken.

Mit dem landeseigenen Programm zur Forschungsförderung LOEWE beteiligt sich die Landesregierung an vorderster Stelle an der Intensivierung des Wettbewerbs der Hochschulen untereinander. Zwar hat sich die Verteilung der Gelder in der aktuell jüngsten Förderlinie etwas verschoben, aber insgesamt fließen überproportional viele Mittel an die großen Universitäten, bis zur jüngsten Förderlinie zu 85 Prozent an die Hochschulen im Rhein-Main-Gebiet.

Hochschule für alle?

Zu Beginn des Wintersemesters 2017/18 waren 260.184 Studierende an den hessischen Hochschulen eingeschrieben. 36.829 nahmen ein Studium auf, mehr als jemals zuvor in Hessen. Trotz dieses Rekords verlangsamte sich der Zuwachs an Studierenden in der vergangenen Legislaturperiode. Von 2008 bis 2013 waren es mehr als 56.000 zusätzliche Studierende. Nun sind es nur noch 32.500 Studierende (Statistik Hessen 2018).

Die frühere hohe Zahl zusätzlicher Studienplätze beruht aber weniger auf der gezielten Hochschulpolitik der damaligen schwarz-gelben Landesregierung, als vielmehr auf zeitweiligen Effekten wie der Schulzeitverkürzung oder der Aussetzung der Wehrpflicht. Zur zukünftigen Entwicklung der Studierendenzahlen gibt es sehr unterschiedliche Berechnungen und Einschätzungen. Die Prognose der Kultusministerkonferenz (KMK) zur Entwicklung der Studierendenzahlen von 2014 bis 2025 basiert auf der Vorausberechnung der Schülerzahlen, die sich mehrfach als falsch erwies. So ging die KMK in ihrer bereits korrigierten Berechnung 2014 von einem Höhepunkt der Studienanfänger im Jahr 2016 in Höhe von 504.000 aus, tatsächlich jedoch nahmen über 860.000 junge Menschen ein Studium auf (KMK 2014). Andere Berechnungen wie die der Gewerkschaft Erziehung und Wissenschaft und des Instituts für Hochschulforschung kommen zu deutlich höheren Studierendenzahlen, stets abhängig von den politischen Rahmensetzungen.

Trotz der sehr unterschiedlichen Einschätzungen kann für Hessen von einem anhaltenden »Hochplateau« an Studierendenzahlen ausgegangen werden, da Hessen aufgrund seiner ökonomischen und geographischen Lage Studierende aus anderen Bundesländern anzieht. Die GEW Hessen geht davon aus, dass selbst wenn sich die Prognose rückläufiger Schülerzahlen bewahrheiten sollte, rund 250.000 junge Menschen pro Semester langfristig ein Studium in Hessen absolvieren. Weitere Veränderungen wie der anhaltende Wunsch junger Menschen ein Studium aufzunehmen, der Fachkräftemangel, die steigenden Anforderungen der Arbeitswelt (Digitalisierung) sowie jüngst auch der Anstieg der Geburten pro Jahrgang lassen sogar eher auf noch mehr Studierende zukünftig schließen. Im Jahr 2016 nahmen rund 56,7 Prozent eines Jahrganges in Deutschland ein Studium auf (Statisa 2018). Bei weiter steigender Tendenz ist die Schaffung zusätzlicher Studienplätze und damit insgesamt der Bildungskapazitäten an Hochschulen von Seiten des Landes Hessen die zentrale Herausforderung.

Große Teile der Landesregierung, Hochschulleitungen, Gewerkschaften sowie Studierendenvertretungen sind sich in der Absage an den vermeintlichen »Akademisierungswahn[1]« überraschend einig und sehen vielmehr die Gestaltung der aktuellen Bildungsexpansion als vordringliche Aufgabe der Politik. Allerdings hat die schwarz-grüne Landesregierung die bisherige Praxis der Beschränkung des Hochschulzugangs durch Numerus Clausus und hochschuleigene Auswahlverfahren beibehalten. So sind beispielsweise nach wie vor alle Lehramtsstudiengänge in Hessen aufnahmebeschränkt und viele junge Menschen können ihrem Studienwunsch nicht nachkommen. Aufgrund der geringen Absolventenzahlen ist der Lehrkräftemangel vor allem in Grundschulen in großen Teilen durch die Politik mitverschuldet. Mit dem Bachelorabschluss kann je nach Zulassungskriterien der Zugang zum Master auch erschwert werden.

Bei der Hochschulzulassung lässt sich wie in anderen Bereichen die Linie der Landesregierung erkennen, im Grundsatz zwar nichts zu verändern,

---

1 Julian Nida-Rümelin und andere argumentieren, dass zum einen durch die vermehrte Studienneigung junger Menschen und zum anderen durch die Akademisierung von Ausbildungsberufen sowohl die berufliche als auch die akademische Bildung entwertet und verschlechtert werden würden. Beklagt wird ein Leistungsverfall an Hochschulen durch vermeintlich zu viele Studierende (Nida-Rümelin 2014).

aber dennoch in kleinen Details Verbesserungen einzuführen. Mit dem Urteil vom 18. Juli 1972 hat das Bundesverfassungsgericht (BVerfG) entschieden, dass das Grundrecht auf freie Wahl des Berufs und der Ausbildungsstätte (Artikel 12 Abs. 1 Satz 1 Grundgesetz) in Verbindung mit dem allgemeinen Gleichheitssatz (Artikel 3 Abs. 1 Grundgesetz) und dem Sozialstaatsprinzip (Artikel 20 Abs. 1 Grundgesetz) ein »Recht auf Zulassung zum Hochschulstudium« enthalte. In Tradition dieser Rechtsprechung erklärte das BVerfG im Dezember 2017 die gegenwärtige Vergabepraxis im Falle des Medizinstudiums in Teilen als verfassungswidrig. Trotz des absehbaren Urteils verabschiedete die Landtagsmehrheit zuvor ein Gesetz zur Zustimmung zum Staatsvertrag zur Vergabe von Studienplätzen. Damit war eine grundsätzliche Änderung für die Vergabe von Studienplätzen vertan, da die Ausgestaltung des Staatsvertrags beim Land Hessen liegt.

Innerhalb des zentralen Serviceverfahrens ist die Limitierung der Auswahl auf zwölf Hochschulen verfassungsrechtlich nicht begründbar – jedenfalls dann, wenn die Studienplätze in einem zentralen Vergabeverfahren vergeben werden. Die Zahl der Ortswünsche ist für ein zentral gesteuertes Vergabeverfahren hinsichtlich des Verwaltungsaufwandes, der als einziger Legitimationsgrund in Betracht kommt, ohne rechtliche Bedeutung. Beim dezentralen Auswahlverfahren der Hochschulen lässt sich die Limitierung mit deren Anliegen nachvollziehen, den Verwaltungsaufwand möglichst klein zu halten. Dem steht aber entgegen, dass angesichts der Intransparenz und Varianz der angewandten Auswahlkriterien jede_r Studienbewerber_in das legitime Anliegen hat, seine/ihre Zulassungschancen an möglichst allen Hochschulorten, die den betreffenden Studiengang anbieten, zu suchen – so wie das in der Vergangenheit beim zentralen Auswahlverfahren selbstverständlich war. Die Limitierung führt also allein aus Gründen der Reduzierung des Verwaltungsaufwands zu einer Begrenzung von Zulassungschancen. Gegenüber der Grundrechtsverwirklichung haben Verwaltungsinteressen jedoch angesichts der massiven Verschlechterung der Zulassungschancen der Studienbewerberinnen und -bewerber zurückzustehen.

Abgesehen von dem Hochschulzugang sind alltägliche Rahmenbedingungen für die Aufnahme und den erfolgreichen Abschluss eines Studiums ein wichtiger Bestandteil. Um allen jungen Menschen unabhängig von ihrer sozialen Herkunft ein Studium zu ermöglichen, ist günstiger Wohnraum in relativer Hochschulnähe ein wichtiger Faktor. Nach der Wohnraumstatistik des Deutschen Studentenwerkes stieg die Zahl der Wohnheimplätze in Hessen zwischen 2014 und 2017 von 14.960 auf lediglich 15.752 (DSW 2017). Es sind zwar aktuell knapp 700 Wohnheimplätze im Bau, jedoch decken diese nicht den notwendigen Bedarf ab. Die Wohnraumversorgung verschlechtert sich in Relation zu den Studierendenzahlen seit Jahren,[2] der notwendige Bedarf liegt nach Angaben der hessischen Studierendenwerke bei ca. 4.000 zusätzlichen Plätzen. In allen hessischen Universitätsstädten, insbesondere in Frankfurt, haben sich die Mietpreise deutlich erhöht und tragen einen Teil zur sozialen Auslese an hessischen Hochschulen bei. Die soziale Infrastruktur, welche für die Aufnahme eines Studiums notwendig ist, wurde von der derzeitigen Landesregierung nur zaghaft ausgebaut. Hier muss die künftige Landesregierung ihre Anstrengungen spürbar intensivieren, damit ein Studium bezahlbar bleibt.

Innovationen: Zugang für beruflich Qualifizierte und Promotionsrecht an den ehemaligen Fachhochschulen

In zwei bisher noch kleinen Bereichen ging das Land Hessen neue Wege und steht bundesweit beispielhaft für zusätzliche Bemühungen zur Öffnung der Hochschulen. Mit der Änderung des hessischen Hochschulgesetzes im Jahr 2017 wurde der Zugang für beruflich Qualifizierte über die von der KMK beschlossenen bundesweiten Standards hinaus geöffnet. Nun können auch Berufstätige mit einem mittleren Schulabschluss, guter Berufsausbildung (Abschluss besser als 2,5) und mindestens dreijähriger Berufserfahrung ein Studium aufnehmen (HMWK o.A.). Ein Schritt in die richtige Richtung. Jedoch verweist die bisher recht geringe

---
2 Die Wohnraumversorgungsquote betrug 2016/17 6,29 Prozent, im Jahr 2014 lag sie noch bei 7,32 Prozent (DSW 2017).

Nachfrage auf vermutlich nicht zu vermeidende Startschwierigkeiten: Die Möglichkeit ist neu, noch relativ unbekannt und neben der notwendigen Überzeugungsarbeit sind die Rahmenbedingungen für Berufstätige das zentrale Hindernis. Aufgrund fehlender Teilzeitmodelle sind ein Verbleib im Beruf neben dem Studium und die Zeit der finanziellen Unsicherheit im Studium ein abschreckender Faktor.

Ebenfalls bundesweit einmalig ist das eigenständige Promotionsrecht für forschungsstarke Bereiche an den ehemaligen Fachhochschulen, nun Hochschulen für Angewandte Wissenschaften (HAW). Dies eröffnet neue Möglichkeiten für Promovierende, aber auch intensivere Kooperationen zwischen den Universitäten und den HAWen. Die Hürden für ein eigenständiges Promotionsrecht sind hoch, zwölf beteiligte Professuren mit jeweils 300.000 Euro an Drittmitteln und veröffentlichte peer-review-Artikel im vergangenen Jahr müssen sich beteiligen (HMWK 2016a). Neben dem vom Wissenschaftsministerium hoch angelegtem Kriterium der Forschungsstärke, welche selbst einige Fachbereiche an Universitäten nicht erfüllen, liegt die Herausforderung der eigenständigen Promotion mehr in der Gewährleistung guter Promotions- und Arbeitsbedingungen für Promovierende und betreuende Professuren. Die Professuren an den HAWen haben eine viel höhere Lehrverpflichtung. Diese hohe Belastung schränkt die Möglichkeit für gute Forschungsbedingungen ein. Das Land muss die HAWen finanziell in angemessener Höhe unterstützen, um gute Arbeits- und Forschungsbedingungen für die Promovierenden herzustellen. Das reicht von der Finanzierung der Promotion bis zu eingerichteten Labor- und Arbeitsplätzen. Die praktische Umsetzung gestaltet sich für zukünftige Promovierende, insbesondere im Bereich der sozialen Arbeit der HAW Fulda schwierig, u.a. überhaupt ein/e Betreuer*in für die Arbeit zu finden. Die etablierten Kooperationsvereinbarungen mit Fachbereichen benachbarter Universitäten lösen dieses praktische Problem bisher nicht.

Mit der Verleihung des eigenständigen Promotionsrechtes wird der Weg zur Dissertation auch sozial geöffnet. Deutlich mehr junge Menschen aus Arbeiterfamilien nehmen heutzutage ein Studium an einer Fachhochschule – wie die Sozialerhebung des Deutschen Studentenwerks zeigen – auf und können über diesen Weg an wissenschaftlicher Forschung partizipieren. Die Verleihung des Promotionsrechts wurde von vielen Universitätspräsidenten und dem Deutschen Hochschulverband kritisch gesehen. Allerdings zeugt diese mehr von konservativem Standesdenken der Universitäten als von Argumenten gegen ein eigenständiges Promotionsrecht einzelner Fachgebiete an HAWen.

Bildung nach Bologna

Der Bologna-Prozess kann in Hessen in großen Teilen als abgeschlossen gelten. Die Anzahl der Studiengänge hat sich massiv erhöht, die Studienvielfalt unter Schwarz-Grün hat sich weiter ausdifferenziert, wenn auch logischerweise deutlich langsamer als im letzten Jahrzehnt. Die Landesregierung hat per Hochschulgesetzesnovelle die Kompetenzen der externen Akkreditierungsagenturen nicht angetastet, daher bleibt der Gestaltungsspielraum der Hochschulakteure vor Ort gering. Außerdem achten die Agenturen auf die grundsätzlichen Prämissen von Bologna. Die Grundausrichtung auf mehr Leistungs- und Prüfungsdruck bleibt dabei unverändert ein zentrales Merkmal der Studienreform.

Der ‚Erfolg' des Bologna-Prozesses ist dabei mehr als nur umstritten. Zentrale Ziele wie die Verkürzung der Studienzeit, Reduzierung der Abbruchquoten, Steigerung der internationalen Mobilität und stärkere Praxisorientierung wurden nicht erreicht, deutlich negative Folgeprobleme erzeugt. Nach einer Studie des DZHW aus dem Jahr 2014 liegt die bundesweite Abbruchquote bei rund 29 Prozent mit starken studiengangspezifischen Unterschieden und einer deutlichen Benachteiligung von Studierenden mit Migrationshintergrund. Sie haben eine Abbruchquote von 43 Prozent (Heublein u.a. 2017). Die Abbruchquote sagt aber nichts darüber aus, wo die Person verbleibt. In den ‚alten' Studiengängen Magister/Diplom lag die Abbruchquote bei schätzungsweise 17 bis maximal 29 Prozent (Heublein u.a. 2010); alles bundesweite Entwicklungen, an denen die schwarz-grüne Landesregierung nur einen geringen Anteil hat, aber auch kaum etwas entgegensetzt. Mit der Novellierung des Hessischen Hochschulgesetzes hat die Landesregierung auf Vorschlag der Hochschulrektorenkonferenz den Hochschulen die Möglichkeit gegeben, ein Orientierungsstudium anzubieten. Die Landtagsmehrheit hat eingeführt, dass Studienbewerberinnen und -bewerber vor dem Studium verpflichtend an Online-self-assessments teilnehmen müssen. Auch dies soll der Studienorientierung dienen, geht jedoch am grundsätzlichen Problem vorbei und so es ist vielmehr fraglich, ob solche Assesments überhaupt einen nachweisbaren Effekt haben. Wenn, dann sind sie lediglich eine weitere Hürde zur Aufnahme eines Studiums (Höpfner 2005).

Auch in der Lehrer*innenausbildung stand die Selektion der Studierenden anstelle einer sinnvollen Arbeitsweltorientierung, welche die Studierenden auf die Anforderungen des Arbeitslebens in der Schule vorbereitet im Fokus der Landesregierung. Der praktische Bezug zur Schule und Unterricht in der Studienzeit fehlt. Mit der Erprobung des Praxissemesters in einzelnen Lehramtsstudiengängen setzte die Landesregierung zwar einen Beschluss der Vorgängerregierung um, betrachtete dies aber auch dezidiert als ihr Projekt. Schon nach dem zweiten Semester ist ein viermonatiger Einsatz in der Schule vorgesehen, der die bisherigen zwei aufeinanderfolgenden Praxisphasen ersetzt. Mit einer längst anstehenden Novellierung des Hessischen Lehrerbildungsgesetzes hätte die Landesregierung darlegen müssen, ob die Erprobungsphase erfolgreich war. Stattdessen steht

> »die frühe Situierung des Praxissemesters im Studienverlauf, verbunden mit der Aufgabe, Praxiserfahrungen zu vertiefen und zu erweitern, [...] im Widerspruch zur Praxis und den Erfahrungen anderer Bundesländer und den Expertisen zu Praxisphasen.« (GEW Hessen 2015)

Gewerkschaften, Studierendenvertretungen, Verbände und Hochschulen äußerten noch weitere Kritikpunkte an der Erprobung des Praxissemesters, insbesondere in Hinblick auf die fehlende Entlastung und unzureichende Unterstützung der betreuenden Lehrkräfte in den betreffenden Schulen.

Neben der starken Verschulung des Studiums haben sich die Betreuungsrelationen zwischen Studierenden und Lehrenden unter Schwarz-Grün weiter verschlechtert, und sie liegen deutlich unter dem bundesweiten Durchschnitt. Nicht nur rein rechnerisch dargestellt, sondern auch in den Seminaren und Vorlesungen geht die Zahl der Studierenden in den letzten Jahren bis zur Kapazitätsgrenze, sodass die Lehr- und Studienqualität leidet. Ablesbar ist dies auch an den Ausgaben des Landes Hessen je Studierenden, die sich für Universitäten unter dem Durchschnitt und an HAWen auf dem Bundesdurchschnitt bewegen (Statistisches Bundesamt 2016). Dies hat ebenso negative Folgen für die Arbeitsbedingungen der Lehrenden.

Zu bedenken ist, dass bei der Ermittlung von Durchschnittswerten die starken fachbereichsspezifischen Unterschiede nicht berücksichtigt werden. Insbesondere in den Geistes- und Sozialwissenschaften sind mit Regelgrößen von 60 Studierenden pro Seminar die Grenzen des pädagogisch Sinnvollen längst überschritten. Erschwerend kommt hinzu, dass die Lehrverpflichtung in Hessen – insbesondere für Professuren und Lehrkräfte für besondere Aufgaben an HAWen – zu hoch ist.

Um den Zuwachs an Studierenden und den damit verbundenen Lehrbedarf zu decken, stellen die Hochschulen vornehmlich Lehrkräfte für besondere Aufgaben und Lehrbeauftragte ein. Lehrbeauftragte sind als Selbstständige tätig, bekommen ihr Honorar erst am Ende des Semesters, verfügen oft nicht über eigene Diensträume und werden nur semesterweise beauftragt. Ihr realer Stundenlohn liegt oft deutlich unterhalb des gesetzlichen Mindestlohns, da insbesondere Zeiten zur Vor- und Nachbereitungen sowie Krankheit nicht bezahlt werden. Trotz einer leicht veränderten Einstellungspolitik der Hochschulen für Angewandte Wissenschaften seit dem Jahr 2014 hat die Zahl der Lehrbeauftragten 2016 einen neuen Höchststand mit 5.744 (2015: 5.673) Selbstständigen erreicht (Statistik Hessen 2018). Prozentual haben seit 2007 insbesondere die mittelhessischen Universitäten zugelegt, aber insgesamt führt die Statistik in diesem Bereich die Universität Kassel mit 869 Lehrbeauftragten an, an den Hochschulen für Angewandte Wissenschaften unterrichten die meisten Lehrbeauftragten an der Frankfurt University of Applied Science (FRAUAS); dies sind trotz der deutlich kleineren Hochschule fast so viele wie an der Universität Kassel. Schätzungsweise werden danach an der FRAUAS knapp über 40 Prozent der Lehre von Lehrbeauftragten erbracht, an der Universität Kassel deutlich über 20 Prozent (Statistik Hessen 2018). Zwar müssen Lehraufträge entlohnt werden, jedoch hat das Wissenschaftsministerium weder der schlechten Bezahlung noch dem massiven Anstieg von Lehraufträgen Einhalt geboten. Ein relevanter Anteil der Lehrbeauftragten nimmt mehr als einen Lehrauftrag war und ist auf diese Einnahmen zum Bestreiten des eigenen Lebensunterhaltes angewiesen. Wenn nur 10 Prozent der Lehraufträge in reguläre Beschäftigungen überführt werden würden, wären deutlich über 100 Vollzeitstellen nötig.

Schlussfolgerungen

Die Situation an den hessischen Hochschulen hat sich in der laufenden Legislaturperiode für Studierende und Beschäftigte kaum geändert. Wenn Hochschulpolitik als zentraler Bestandteil der hessischen Bildungspolitik gesehen wird, dann muss der Landesgesetzgeber seine Verantwortung als Träger der Hochschulen viel stärker wahrnehmen als bisher. Trotz der Hochschulautonomie können etliche Entwicklungen durch strategisches Handeln der Akteure in Regierungsverantwortung angestoßen werden. Dies hat in der aktuellen Legislaturperiode trotz einzelner positiver Änderungen im Sinne von Studierenden und Beschäftigten nicht stattgefunden. Drängende Probleme der Studien- sowie der Lern-, Lehr- und Forschungsbedingungen wurden nicht systematisch bearbeitet. Der Staat steht in der Verantwortung, für Studierende und Beschäftigte gute Studien- und Arbeitsbedingungen zu gewährleisten. Im Konkreten bedeutet dies:

- Die Grundfinanzierung aller hessischen Hochschulen muss deutlich angehoben werden. Nach Angaben der GEW Hessen wären unmittelbar mindestens 150 Millionen Euro pro Jahr zusätzlich nötig, um die Hochschulen in die Lage zu versetzen, ihren Aufgaben angemessen nachzukommen. Darüber hinaus müsste die Bedeutung der Drittmittel und externer Steuerungsinstrumente deutlich zugunsten langfristiger Mittel und interner, demokratischer Prozesse eingeschränkt werden. Zur Abfederung des Wettbewerbs und zur Stärkung der Kooperation zwischen den Hochschulen müsste die Politik über ganze neue Wege der Hochschulfinanzierung nachdenken, mindestens ist jedoch das landeseigene Förderprogramm LOEWE umgehend zu beenden.

- Um dem Studierwunsch junger Erwachsener Rechnung zu tragen und um dem Fachkräftemangel zu begegnen, muss die aktuell stattfindende »zweite Bildungsexpansion« aktiv gestaltet und vorangetrieben werden. Hierzu gehört auch, Hürden zur Aufnahme eines Studiums weiter zu reduzieren. Insbesondere in ausgewählten Fächern, wie z. B. dem Grundschullehramt, hat der Numerus Clausus keine Zukunft. Ebenso sind Auswahltests, Assessments und andere individualisierte Auswahlverfahren mit Blick auf das Recht der freien Berufswahl nicht sinnvoll. Die Selektion zwischen Bachelor und Master gehört aufgehoben, das Land Hessen sollte das Recht auf einen Masterstudienplatz garantieren.

- Die Nachfrage nach Studienplätzen von jungen Erwachsenen ist stark gestiegen, und es wurde hierauf mit der Erhöhung der Studienplätze an den Hochschulen reagiert. Leider hat sich die Zahl der notwendigen Stellen nicht gleichzeitig erhöht: Damit sich die

Studienbedingungen nicht weiter verschlechtern, und die zukünftig hohe Zahl an neuen Studienanfänger*innen gehalten werden kann, müssten mehrere tausend neue Stellen an den Hochschulen eingerichtet werden. Dazu wären rund 4.000 neue, zusätzliche Vollzeitstellen nötig (GEW Hessen 2017b). Der Bedarf wird auch durch absehbar zusätzliche Plätze für Geflüchtete an Hochschulen gestützt, da zumindest ein gewisser Teil der jetzigen Seiteneinsteiger*innen an den Schulen ein Studium aufnehmen wird. Hierzu ist in der nächsten Legislaturperiode ein Beschäftigungspakt für die Hochschulen erforderlich, der zusätzliche Stellen vorsieht und Rahmenbedingungen für gute Lehre beinhaltet.

- Ein Beschäftigungspakt hat neben zusätzlichen Stellen die Förderung von deutlich mehr unbefristeter Beschäftigung in Lehre und Verwaltung zur Aufgabe. Beides trägt dazu bei, dass die Studierenden nicht jedes Semester wechselnden Lehrbeauftragten gegenübersitzen, sondern klare Ansprechpartner*innen für ihr Studium und ihre Abschlussarbeiten haben. Lehraufträge gewährleisten keine Kontinuität und sollten nur als zusätzliches Angebot zur Qualitätssteigerung und Intensivierung des Praxisbezuges im Studium vergeben werden – und nicht wie bisher als »Lückenfüller« für das reguläre Studienprogramm an den Hochschulen.

- Die Lehrverpflichtungsverordnung muss dringend überarbeitet werden. Sinnvoll wäre eine grundsätzliche Neubewertung auf Basis der real notwendigen Lehrzeit, die angemessen Vor- und Nachbereitungszeiten, die Betreuung der Studierenden und ihrer Abschlussarbeiten berücksichtigt. Bei angemessener Zeit für gute Lehre müsste einer Veranstaltungsstunde drei Arbeitszeitstunden entsprechen. Die Lehrverpflichtung für die Lehrkräfte für besondere Aufgaben an Hochschulen für angewandte Wissenschaften muss auf 20 Semester-Wochenstunden (SWS) gesenkt werden.

- Die massive Verschulung und Überregulierung der Studiengänge im Zuge des Bologna-Prozesses wurde im Grunde von der Landesregierung ignoriert. Die Landespolitik ist aber in der Verantwortung, einen Prozess zu initiieren, der die starre Verschulung, den Leistungs- und Prüfungsdruck reduziert. Alle Akteure von Studierendenvertretungen über Lehrende, Gewerkschaften, aber auch Unternehmen sind angemessen in diesen Prozess einzubeziehen.

- Es muss mehr studentischer, günstiger Wohnraum geschaffen werden. Ca. 4.000 zusätzliche Wohneinheiten müssten entstehen. Dazu sind die Studierendenwerke entsprechend finanziell auszustatten oder auch Raum für selbstorganisiertes, studentisches Wohnen zu fördern.

- Das eigenständige Promotionsrecht an Hochschulen für Angewandte Wissenschaften garantiert noch keine guten Rahmenbedingungen für die Promotion. Damit dieses Projekt zu einem Erfolg wird, müssen die Durchführung von Promotionen an HAWen mit zusätzlichen Mitteln hinterlegt, Graduiertenzentren aufgebaut und Förderprogramme für junge Wissenschaftler*innen entworfen werden.

Literatur

DSW (2017): Wohnraum für Studierende. Statistische Übersicht 2017 des Deutschen Studentenwerkes. Berlin.

GEW Hessen (2015): Analyse des Konzepts des Praxissemesters. Beschluss des Landesvorstandes vom 05.02.2015. http://www.gew-hessen.de/fileadmin/user_upload/bildung/themen/lehrerbildung/bes_h3_abschaffg_praxissemester.pdf.

GEW Hessen (2017a): Entgelttabellen für die Tarifbeschäftigten des Landes Hessen. http://www.gew-hessen.de/fileadmin/user_upload/tarif_besoldung/entgelttabellen/170928_tariftabellen_2017-18_web.pdf.

GEW Hessen (2017b): Rund 4.000 Stellen fehlen an hessischen Hochschulen. http://www.gew-hessen.de/home/details/rund-4000-stellen-fehlen-anhessischen-hochschulen/?tx_news_pi1%5Bcontroller%5D=News&tx_news_pi1%5Baction%5D=detail&cHash=c1c9523e9cf48c80ae57aba0cb3ae769.

Heublein, Ulrich u.a. (2010): Ursachen des Studienabbruchs in Bachelor- und in herkömmlichen Studiengängen, Ergebnisse einer bundesweiten Befragung von Exmatrikulierten des Studienjahres 2007/08. In: Forum Hochschule, HIS, 2/2010, Hannover.

Heublein, Ulrich u.a. (2017): Zwischen Studienerwartung und Studienwirklichkeit. Ursachen des Studienabbruchs, beruflicher Verbleib der Studienabbrecherinnen und Studienabbrecher und Entwicklung der Studienabbruchquote an deutschen Hochschulen. In: Forum Hochschule, DZHW, 1/2017, Hannover.

HMWK (2014): Neues Hochschulfinanzierungspaket garantiert Hochschulen Planungssicherheit. Pressemitteilung, 14.10.2014. https://wissenschaft.hessen.de/pressearchiv/pressemitteilung/neues-hochschulfinanzierungspaket-garantiert-hochschulen-planungssicherheit (21.04.2018).

HMWK (2016a): Voraussetzungen und Rahmenbedingungen der Verleihung eines Promotionsrechts an hessische Hochschulen für angewandte Wissenschaften https://wissenschaft.hessen.de/sites/default/files/media/hmwk/20160318_voraussetzungen_promotionsrecht_hess_haw.pdf (21.04.2018).

HMWK (o.A.): Beruflich Qualifizierte. https://wissenschaft.hessen.de/studium/zugangsvoraussetzungen/beruflich-qualifizierte (21.04.2018).

Hochschulbarometer (2016): Lage und Entwicklung der Hochschulen aus Sicht ihrer Leitungen. Stifterverband/Heinz Nixdorf-Stiftung. Essen. https://www.stifterverband.org/pressemitteilungen/2016_10_12_hochschul-barometer

Höpfner, Annette (2005): Self-Assesment als Studienberatung und Bewerbervorselektion. In: Moosbrugger, Helfried u.a. (Hrsg.): Arbeiten aus dem Institut für Psychologie, Heft 2, S. 235–246.

KHU/HAW (2018): Wahlprüfsteine der hessischen Hochschulen zur Landtagswahl 2018. http://www.uni-giessen.de/org/khu/download/wahlpruefsteine-2018 (21.04.2018).

KMK (2014): Vorausberechnung der Studienanfängerzahlen 2014–2025.

Nida-Rümelin, Julian (2014): Akademisierungswahn: Zur Krise akademischer und beruflicher Bildung. Hamburg.

Statisia (2018): Entwicklung der Studienanfängerquote in Deutschland von 2000 bis 2017. https://de.statista.com/statistik/daten/studie/72005/umfrage/entwicklung-der-studienanfaengerquote/ (21.04.2018).

Statistik Hessen (2018): Tabellen des statistischen Landesamtes Hessen zu Hochschulen und Berufsakademien sowie direkte Auskünfte. https://statistik.hessen.de/zahlen-fakten/soziales-gesundheit-bildung-kultur-recht/bildung/tabellen/#Hochschulen (21.04.2018).

Statistik Hessen (2017): Studierendenzahl weiterhin steigend – 260 000 Studierende an Hessens Hochschulen. Pressemitteilung 243/2017, 17.11.2017 https://statistik.hessen.de/pressemitteilungen/pm_1681.html (21.04.2018).

Statistisches Bundesamt (2016): Hochschulen auf einen Blick. Wiesbaden.

Stibbe, Jana/Stratmann, Friedrich (2016): Finanzierungsbedarf für den Bestandserhalt der Hochschulgebäude bis 2025. StS-Arbeitsgruppe der KMK: Wege zum Abbau des Sanierungs- und Modernisierungsstaus im Hochschulbereich. In: Forum Hochschulentwicklung, HIS-HE, 1/2016, Hannover.

»Mit dem Privatwagen durch das Revier.«

Claudia Mävers

Interview mit Claudia Mävers, IG BAU, Vorsitzende der Landesvertretung der Beamtinnen/Beamten und Angestellten in Forst und Naturschutz, Hessen. Das Interview führten Helena Müller und Kai Eicker-Wolf.

Frage: Wie hat sich die Organisation des Forstbereichs in den vergangenen 25 Jahren in Hessen gewandelt? Wie ist der Bereich im Vergleich zu anderen Bundesländern organisiert?

Antwort: Vor 25 Jahren waren wir über den Daumen gepeilt ungefähr viermal so viele Forstwirte, und doppelt so viele Beamte. Gerade Forstwirte, also die manuell arbeitenden Beschäftigten, sind massiv abgebaut worden. Das liegt unter anderem daran, dass deutlich mehr Maschinen eingesetzt werden. Und die Forstämter und jeweiligen Forstreviere sind um ein Vielfaches vergrößert worden. Mein eigenes Revier war vor 25 Jahren etwa 700 Hektar groß, heute sind es 1.700 Hektar und geplant sind 2.200 Hektar bis spätestens 2025.
Hessen-Forst ist ein Landesbetrieb; die Rechtsform für den Landeswald ist in den Bundesländern sehr unterschiedlich geregelt. Es gibt zum Beispiel Anstalten öffentlichen Rechts, und es gibt Forstverwaltungen mit einem Teil des Betriebs und einem Teil der Hoheitsverwaltung wie in Bayern. Was aus uns in der nächsten Zeit wird, weiß so recht keiner. Wir schauen alle wie das Kaninchen auf die Schlange auf den Termin

am 12. Juni 2018, dann wird ein Kartellrechtsurteil[1] gefällt. Das wird klären, ob der Holzverkauf in der jetzigen Form weiter möglich sein wird. Und es wird geklärt, ob die staatlichen Försterinnen und Förster wie bisher für den kommunalen und den privaten Wald Dienstleistungen anbieten dürfen. Wenn das Urteil negativ ausfällt, dann sind alle bisherigen Organisationsstrukturen obsolet. Auch wenn nur der Holzverkauf in der jetzigen Form als unzulässig eingestuft wird, werden die Forstamtsstrukturen sicherlich geändert werden.

Wir haben in Hessen rund ein Drittel Staatswald, ein Drittel kommunalen Wald und ein Drittel privaten Wald. Im Moment verwertet Hessen-Forst als eine Art Monopolanbieter das Holz aus dem Kommunalwald, aus dem privaten Wald und natürlich auch aus dem Staatswald. Es können entsprechende Dienstleistungsverträge abgeschlossen werden, was die meisten Kommunen und auch die meisten privaten Waldbesitzer machen. Dadurch können für das Holz aus hessischen Wäldern natürlich bessere Preise erzielt werden. Hinter der Kartellrechtsklage steht die Sägewerkindustrie. Es gab diesbezüglich schon ein negatives Urteil einer unteren Instanz in Baden-Württemberg wegen einer ähnlichen Konstellation wie in Hessen.

Frage: Welche wirtschaftlichen Vorgaben gibt es denn für Hessen-Forst etwa im Bereich der Holzverwertung?

Antwort: Die zentrale Vorgabe für Hessen-Forst ist mindestens die schwarze Null, noch besser natürlich möglichst hohe Einnahmen, damit auch Geld an den Landeshaushalt abgeführt werden kann. In den vergangenen Jahren waren das 10 Millionen Euro pro Jahr. Der Landesbetrieb macht dann eine entsprechende Planung auf Basis der zehnjäh-

---

1 Dies Urteil ist inzwischen gefällt worden: Es wurde wider Erwarten nur entschieden, dass aus formalen Gründen das Kartellamt dem Land Baden-Württemberg keine zusätzlichen Auflagen machen durfte. Es wurde keine Entscheidung in der Sache gefällt, es wurde auch nicht auf die Frage eingegangen, ob nun die weiteren Dienstleistungen zulässig sind oder nicht.

rigen Waldinventur mit der Nachhaltigkeitskontrolle als Rahmen. Und dieser Rahmen wird dann versucht auszuschöpfen. Ziel sind möglichst hohe Holzpreise und das Abernten von möglichst dickem Holz; das bringt mehr Gewinn. Hier werden Forstämter benachteiligt, in denen von der Natur aus eher dünne Hölzer vorkommen. Natur und Wirtschaftlichkeit – das passt leider nicht immer zusammen. Es werden von Hessen-Forst möglichst preisgünstige Unternehmer mit der Holzernte beauftragt. Im Übrigen ist die Holzvermarktung nicht übermäßig gewinnträchtig, weil sie sehr personalintensiv ist. Viel mehr Geld bringt die Bewirtschaftung von Liegenschaften, das sind beispielsweise Flächen für Windkraftanlagen im Wald und die Vermarktung von Ökopunkten. Ökopunkte sind Leistungen für den Naturschutz, zum Beispiel die Wiederherstellung eines natürlichen Bachlaufes, die monetär bewertet werden. Diese Ökopunkte kann man dann handeln. Sie werden von jedem benötigt, der ein Stückchen Natur zerstört. Wenn z.B. eine Autobahn gebaut wird, braucht man eine Menge Ökopunkte, um den entstandenen Schaden an anderer Stelle auszugleichen. Bei der Jagd etwa legen wir eine Menge Geld drauf. Die Wildschäden machen einen enormen Schaden und die Bejagung kostet eben auch viel Arbeitszeit.

Frage: Das heißt also, die Holzverwertung bringt gar nicht übermäßig viel Geld ein?

Antwort: So ist es. Das Holz spielt für das Ziel schwarze Null so gut wie keine Rolle. Deshalb sind wir auch der Meinung, dass wir wirklich nicht den letzten Festmeter aus dem hessischen Wald rausquetschen müssen, wir sollten mit der Natur eigentlich viel schonender umgehen.
Auch die Unternehmen müssen wir nicht bis zum Letzten drücken. Wir haben ein Vergabesystem, in dem wir Unternehmerleistungen vergeben, das eigentlich gegen die guten Sitten verstößt. Es werden nur etwa 20 bis 30 Euro pro Stunde an die Unternehmen bezahlt, obwohl diese mit spezialisierten Fachkräften arbeiten müssen. Da bleibt für den Mitarbeiter kaum etwas übrig. Mit Sicherheit wird da der Mindestlohn unterschrit-

ten. Mit dem Geld, das die Unternehmer für das Holzfällen bekommen, müssen sie ja alles abdecken: neben dem Lohn noch Versicherung, Steuern, die Fahrzeuge, die Weiterbildung, den Sprit, die Arbeitswerkzeuge usw. Und wir reden hier über Facharbeiter, die so schlecht bezahlt werden. Die sind gut ausbildet und machen körperlich harte Arbeit. Diese Preispolitik wird als Argument genutzt, dass man keine eigenen Leute finanzieren kann, weil es dann zwei- bis dreimal so teuer ist. Ein Forstwirt kostet pro Stunde etwa 55 bis 60 Euro.

Frage: Greift denn da nicht eigentlich das Hessische Vergabe- und Tariftreuegesetz?

Antwort: Eigentlich ja, aber es gibt keine vernünftigen Überwachungsmöglichkeiten. Auf dem Papier stimmt ja erst einmal alles. Wir sind angehalten, den günstigsten Anbieter zu wählen und die Anbieter machen ja alle so günstige Angebote. Genau wie im Baubereich wird im Wald auch mit Subunternehmern etwa aus Osteuropa gearbeitet, die ihre Leute dann hierher schicken. Notwendig wäre deshalb eine externe Kontrolle.

Frage: Ist denn in den letzten Jahren eigentlich mehr Arbeit extern vergeben worden?

Antwort: Ja, aber genau beziffern kann ich es nicht. 30 bis 40 Prozent der eigentlichen Waldarbeit werden mit eigenen Mitarbeitern von Hessen-Forst gemacht und 60 bis 70 Prozent von Unternehmern. Das ist aber nicht starr. Wir hatten durch den letzten Sturm wieder viel Windwurf im Wald, dann kommen mehr Unternehmen zum Einsatz. In anderen Jahren sind es weniger.
Das ist dann auch Grundlage unserer Vorwürfe an die Politik. Selbst in ‚Normaljahren' schaffen wir nicht mehr 50 Prozent unserer zu erbringenden Leistung mit eigenem Personal abzudecken. Dadurch sind wir unflexibel. Wir haben viel zu wenige Leute und dies hat Folgen für die

Qualität des Waldes. Durch den aktuellen Windwurf bleiben trotz verstärktem Unternehmereinsatz Bäume liegen. Wir werden dadurch ein Käferproblem bekommen, weil wir die jetzt umgefallenen Fichten nicht rechtzeitig einsammeln können. Die Käfer vermehren sich dann überproportional und wir bekommen in der Folgezeit auch Schwierigkeiten mit den stehenden Bäumen, die absterben werden. Probleme aufgrund von zu wenig Personal haben wir auch mit der Pflege der Infrastruktur, mit den Waldwegen.

Frage: Das verblüfft mich jetzt. Das heißt, es gibt wie bei Straßen und öffentlichen Gebäuden auch einen Verfall der Infrastruktur im Wald?

Antwort: Ja. Infrastrukturprobleme sind im Wald seit 20 Jahren sichtbar. Ich würde das als »Sparwegebau« bezeichnen. Wir haben Budgets für die Forstämter, und können damit die Hauptwege in Stand halten, während für die anderen Wege nichts übrig bleibt. Wenn wir dann Wetterereignisse mit Starkregen haben, dann können uns Wege inklusive Unterbau weggeschwemmt werden. Ich musste zuletzt zwei Wege sperren, weil da regelrechte Krater entstanden sind.

Frage: Gibt es so etwas wie eine Evaluierung des Investitionsstaus bezüglich der Waldinfrastruktur, also der Wege?

Antwort: Nein, da wird dezentrales Flickwerk betrieben. Wahrscheinlich will die Politik das auch gar nicht wissen. Zur Frage nach der Investition in die Infrastruktur passt vielleicht auch, dass die Ausstattung der Mitarbeiterinnen und Mitarbeiter absolut dürftig ist. Das gilt insbesondere für die Forstwirte. Es gibt fast keine betrieblichen Fahrzeuge. Das heißt ein Forstwirt beziehungsweise eine Forstwirtin muss das private Auto mit in den Wald nehmen, um Motorsägen usw. zu transportieren, und das gegebenenfalls auch auf dem privaten Anhänger. Auch Motorsägen werden zum Beispiel nicht gestellt, nur für das Benzin für die Motorsägen gibt es eine Aufwandsentschädigung. Das ist so, als müssten

Polizisten ihre Privatwagen als Polizeiauto nutzen oder als müssten Lehrkräfte die Schultafel anschaffen.

Frage: Das ist ja kaum zu glauben und dass bei einem öffentlichen Arbeitgeber. Wie sieht es denn mit der Nachwuchsplanung und der Nachwuchsgewinnung aus?

Antwort: Insgesamt ist es so, dass sich die Beschäftigungsbereiche unterscheiden. Für Försterinnen und Förster sind in Deutschland zu wenig Ausbildungsstellen vorhanden, und alle Bundesländer reißen sich um den Nachwuchs. Die Ausbildung hier in Hessen gilt als sehr gut. Aus dem ganzen Bundesgebiet kommen viele Leute nach Hessen und machen hier ihre Anwärterzeit, danach werden sie in Hessen aber nicht verbeamtet, sondern bei Hessen-Forst angestellt, wenn sie in der Laufbahnprüfung eine gute Note bekommen. Die Kolleginnen und Kollegen bleiben dann auch oft nach der Prüfung noch ein bis zwei Jahre hier, aber viele wandern dann ab. So verlieren wir ca. ein Drittel unserer Nachwuchskräfte wieder. Das Land steckt also viel Geld in die Ausbildung, um den eigentlich vereinbarten Ausbildungskorridor zu erfüllen, die ausgebildeten Försterinnen und Förster wechseln dann aber oft in andere Bundesländer. Das liegt an der geringen Attraktivität des Arbeitsplatzes in Hessen. Das Land Hessen verbeamtet nicht mehr, während andere Bundesländer wieder anfangen zu verbeamten. Oder es gibt Zulagen oder einen Dienstwagen, den Försterinnen und Förster in Hessen eben auch nicht automatisch gestellt bekommen. Bei den Forstwirten zeichnet sich mit Blick auf den vereinbarten Einstellungskorridor bisher noch kein Loch ab – aber wir betreiben wie beschrieben auch viel Outsourcing, indem wir Aufträge an Unternehmen vergeben. Eigentlich müssten wir viel mehr Forstwirte einstellen.

Frage: Wird es aufgrund des demografischen Wandels denn Auswirkungen geben?

Antwort: Ja und zwar massiv. Es werden ab 2019 ungefähr 60 bis 70 Förster jährlich in Pension gehen; man muss wissen: in Hessen haben wir insgesamt 440 Förstereien.

Frage: CDU und Bündnis 90/DIE GRÜNEN haben im Koalitionsvertrag eine schrittweise Zertifizierung des Hessischen Staatswaldes auf Basis des Forest-Stewartship-Council-Standards (FSC) vereinbart. Wieweit ist da die Umsetzung und wie bewertest Du das?

Antwort: Das FSC-Label ist aus Sicht der IG BAU wirklich gut und sinnvoll. Zertifizierte Dritte schauen von außen auf die Waldbewirtschaftung. Es wird geprüft, ob alle Gesetze, Verordnungen und sonstige Regelungen zu Unfallschutz, Nachhaltigkeit usw. eingehalten werden. Das Label hat drei Aspekte, die beachtet werden müssen: ökologische, wirtschaftliche und soziale. Das heißt es wird die Nachhaltigkeit untersucht, also ob Naturschutzgesetze eingehalten werden, ob tote Bäume stehen, ob wir Gewässer naturnah gestalten, ob wir den Boden schützen usw. Ferner wird auf die Wirtschaftsplanung und die Erwirtschaftung von Erträgen geschaut, ob wir den Rohstoff Holz nicht vergammeln lassen usw. Und die soziale Seite ist für uns als Gewerkschaften natürlich besonders wichtig: Da wird nachgeschaut, ob der Mindestlohn im Rahmen der Auftragsvergabe gezahlt wird, ob es eine angemessene Personalplanung gibt oder ob Unfallverhütungsvorschriften eingehalten werden. Was in der Öffentlichkeit strittig ist, ist die Stilllegung des Waldes. Da geht es um zehn Prozent, was aus Sicht des Naturschutzes sinnvoll ist. Dabei muss man wissen, dass schon jetzt acht Prozent des hessischen Waldes stillgelegt sind, das heißt es geht lediglich um weitere zwei Prozent.
Bis zur Wahl wird die FSC-Zertifizierung für alle Forstämter durchgeführt sein. Das haben die GRÜNEN gegen die CDU durchgesetzt.
Positiv erwähnen möchte ich auch das erste hessische Waldforum. Das war ein Forum, das mit allen Interessenvertretungen der Gesellschaft die neuen Grundsätze für die Waldbewirtschaftung im hessischen Staats-

wald formuliert hat. Auch das geht auf Initiative der GRÜNEN zurück. Das Forum hat viermal getagt und der erarbeitete Kriterienkatalog ist voll in die entsprechende Richtlinie für den Staatswald übernommen worden. Das war ein mustergültig demokratisches Verfahren!

Frage: Welche Anforderung würdest Du denn an die nächste Landesregierung stellen?

Antwort: Die Zertifizierung sollte fortgesetzt und die neue Richtlinie für den Staatswald sollte natürlich bestehen bleiben. Wir brauchen mehr Personal, allein schon deshalb, weil es durch die Klimaveränderung zu mehr Waldschäden kommen wird. Bei uns kommt ja auch noch hinzu, dass wir vom Wetter abhängig sind. Ein Sturm kann bei uns alles über den Haufen werfen. Um solchen Unsicherheiten zu begegnen, brauchen wir ausreichend Personal. Und wir brauchen eine Gleichstellung mit anderen Verwaltungen, zum Beispiel bei der Bereitstellung der Arbeitsmittel. Generell sollte man schauen, was braucht der Wald und was will die Bevölkerung vom Wald? Auf dieser Basis sollte dann auch das notwendige Personal eingestellt werden.

»Wer es sich aussuchen kann, geht dahin, wo mehr bezahlt wird und wo die allgemeinen Arbeitsbedingungen besser ausfallen.«

Andreas Grün

Interview mit Andreas Grün, Landesvorsitzender der Gewerkschaft der Polizei in Hessen.
Das Interview führten Helena Müller und Kai Eicker-Wolf.

Frage: In der Öffentlichkeit weist ihr immer wieder auf den hohen Bestand an Überstunden hin. Was ist der Grund hierfür? Und was müsste die Politik machen, um dieses Problem zu lösen?

Antwort: Die Überstundenproblematik ist so alt wie die Polizei selbst. Solange wir nicht genügend Personal haben, um im Rahmen unserer normalen Arbeitszeit unsere Arbeit zu erledigen, solange werden Überstunden anfallen. Der aktuelle Stand in Hessen liegt leider aktuell wieder bei 2,8 Millionen Überstunden. Der Stand ist zwischendurch auf rund 2,4 Millionen Überstunden gesunken, und zwar aufgrund von Mitteln, die die Landesregierung hierfür in einer Größenordnung von 15 Millionen Euro zur Verfügung gestellt hat. Das ist dann auch in Anspruch genommen worden. Aber in dem gleichen Zeitrahmen, in dem diese Mittel von den Kolleginnen und Kollegen in Anspruch genommen wurden, sind auch wieder unheimlich viele Überstunden aufgrund von Großeinsätzen wie dem G20-Gipfel, Sportveranstaltungen usw. angefallen. In der Tendenz steigen die Überstunden leider wieder.

Frage: Die Landesregierung scheint das Problem ja wenigstens zur Kenntnis genommen zu haben, auch wenn sie es nicht nachhaltig löst.

Antwort: Ja, so ist es – wir haben das Grundproblem einer zu dünnen Personaldecke der Landesregierung zumindest vermitteln können. Allerdings hat sich unsere Forderung nach einer Stellenmehrung in einer Größenordnung von mindestens 1.000 Stellen mittlerweile ein wenig selbst eingeholt – durch die terroristische Bedrohungslage, durch die zwischenzeitlich starke Zunahme der Migration usw., sodass wir jetzt im Landeshaushalt einen Stellenzuwachs von 1.600 Stellen bis zum Jahr 2022 verankert haben.

Frage: Wird das unter den gegebenen Bedingungen ausreichen?

Antwort: Das wird sich zeigen, eine Voraussage ist da schwierig. Wir müssen sehen, wie sich die Kriminalität entwickelt. Es gibt immer wieder neue Arten von Delikten und Kriminalitätsphänomenen, ohne dass das »Althergebrachte« entfällt: Diebstahl, Mord, Betrug, Körperverletzung, das hat es schon immer gegeben, und diese Sachen fallen ja nicht einfach weg. Dazu kommen dann neue Delikte – etwa im Zuge der Digitalisierung. Viele Straftäter sind heute international digital vernetzt, da kommen ganz neue Herausforderungen auf die Polizei zu. Da brauchen wir eine entsprechende Ausstattung und auch das dafür geschulte Personal, um da angemessen reagieren zu können.

Frage: Wie sieht es denn mit der längerfristigen Personalentwicklung aus? Stellte für Euch die sogenannte »Operation Sichere Zukunft« unter Roland Koch aus dem Jahr 2004 einen großen Einschnitt dar?

Antwort: Ja, natürlich. Die Auswirkungen der »Operation Sichere Zukunft« liegen für uns aufgrund der verzögerten Wirkung gut zehn Jahre zurück. In den Jahren davor gab es im Personalbereich bei uns so gut wie keine Veränderungen. Die Kolleginnen und Kollegen, die in den Ruhestand gingen, wurden – eventuell mit einer kleinen Zeitverzögerung – eins zu eins ersetzt. Im Rahmen der sogenannten »Operation« – wir haben immer von einer »Operation düstere Zukunft« gesprochen –

wurden aus Gründen der Haushaltskonsolidierung dann erstmals rund 1.000 Stellen abgebaut.
Die Politik hat aber sehr schnell gemerkt, dass das ein Holzweg ist und hat dies rückgängig gemacht und wieder zusätzliches Personal eingestellt.

Frage: Kommen wir zur Umsetzung der aktuellen Personalentwicklung in Hessen. Wie sieht es mit den aktuellen Ausbildungszahlen aus? Gibt es eine ausreichende Nachfrage nach den zusätzlichen Ausbildungsplätzen?

Antwort: Wir hatten vor zwei Jahren tatsächlich eine Art »Delle« bei den Bewerberinnen und Bewerbern. Das war der Tatsache geschuldet, dass alle Polizeien der Länder in unserem föderalen System aufgrund der veränderten Bedingungen und Sicherheitslagen zusätzliches Personal eingestellt haben, alleine bei der Bundespolizei waren es 3.000 Personen. Da war der Markt leergefegt. Heutzutage schauen junge Menschen bei der Wahl des Arbeitsortes nach meiner Einschätzung viel stärker auf die allgemeinen Arbeitsbedingungen, dazu gehört sicherlich auch die Bezahlung. Und die Bereitschaft zur Mobilität hat natürlich auch zugenommen, heutzutage ist nicht mehr unbedingt ein heimatnaher Arbeitsplatz ein wichtiges Ziel. Das heißt die Bereitschaft, auch in einem anderen Bundesland zu arbeiten, ist deutlich gestiegen.
Die Landesregierung hat auf die angesprochene »Delle« übrigens mit einer Werbeoffensive reagiert. Zurzeit wird noch in allen Kinos in Hessen vor den Filmen für den Polizeiberuf geworben und das gilt auch für all die sozialen Medien. Im Ergebnis sind die Bewerberzahlen jetzt wieder ausreichend. Wir bekommen auch die notwendigen Anwärterinnen und Anwärter. Ein Problem ist allerdings auch, dass immer mehr bei den Prüfungen durchfallen; wir gehen aktuell davon aus, dass es zehn bis zwölf Prozent nicht schaffen. Hinzu kommen diejenigen, die aus anderen Gründen aussteigen – etwa weil sie merken, dass sie nicht die richtige Berufswahl getroffen haben. Wir müssen dann im neuen Jahr diejenigen, die letztlich nicht bis zum Schluss dabei geblieben sind, auch wieder ersetzen. Insgesamt reicht es gerade so aus, die gesteckten Ziele zu erreichen.

Frage: Wie steht Hessen denn als Arbeitgeber im Vergleich zu anderen Bundesländern da?

Antwort: Ganz lapidar: Wer es sich aussuchen kann, geht dahin, wo mehr bezahlt wird und wo die allgemeinen Arbeitsbedingungen besser ausfallen. Wenn ich Hessen mit Nordrhein-Westfalen mit Blick auf die Stellenstruktur und Beförderungsmöglichkeiten vergleiche, dann schneiden wir hier einfach schlecht ab. Wir haben in den Beförderungsämtern – also in A11, A12 und A13 – so rund 25 Prozent der Stellen angesiedelt, in Nordrhein-Westfalen sind es über 50 Prozent. Zudem gibt es in Nordrhein-Westfalen eine freie Heilfürsorge, das ist noch einmal eine Beförderungsstelle, so rund 200 Euro gegenüber der Beihilferegelung bei uns. Und die Besoldung an sich ist in Nordrhein-Westfalen auf einem höheren Niveau. Letzteres ist Ergebnis der föderalen Besoldung seit dem Jahr 2006.

Frage: Da bietet es sich natürlich an, auf die Deckelung der Besoldung zu sprechen zu kommen. Wie ist das eigentlich seinerzeit bei Euch aufgenommen worden?

Antwort: Es hat natürlich für erhebliche Unruhe gesorgt, nachdem die schwarz-grüne Landesregierung in den Koalitionsvertrag geschrieben hatte, dass es 2015 eine Nullrunde und dann von 2016 bis 2019 jeweils nur eine einprozentige Erhöhung geben sollte. Die Auseinandersetzung um dieses Vorhaben fiel dann bei uns natürlich zusammen mit der völligen personellen Überforderung der Polizei durch den starken Zuzug von nach Deutschland geflohenen Menschen. Und in dieser Zeit verstärkte sich die Gefahrenlage durch den internationalen Terrorismus, als Stichworte seien die Anschläge in Belgien und Paris genannt. Und wir hatten die massiven sexuellen Übergriffe im Rahmen der Silvesternacht 2015/16 mit den sich daraus ergebenden Folgen.
Während die Innenminister in anderen Bundesländern wie etwa in Bayern seinerzeit bei der Tarifentwicklung noch einmal 500 Euro für die

Polizistinnen und Polizisten oben drauf gepackt hatten, hat man uns in Hessen nicht einmal das Tarifergebnis übertragen. Du kannst Dir vorstellen, wie so etwas ankommt: Die Kolleginnen und Kollegen kommen aufgrund der Mehrbelastung kaum noch aus Stiefeln raus und erleiden einen Reallohnverlust, während im Nachbarland der Innenminister der hohen Belastung Anerkennung zollt. Wir standen bei den Überstunden seinerzeit übrigens bei 3,2 Millionen Überstunden. Aufgrund der gewerkschaftlichen Proteste und auch aufgrund seiner günstigen Einnahmesituation hat das Land ja zumindest ab 2017 dann das Tarifergebnis abweichend vom ursprünglichen Vorhaben doch wieder übertragen.
Jenseits der Besoldung ist für uns natürlich auch die Frage der Arbeitszeit der Beamtinnen und Beamten wichtig. Hier ist unser Ziel die Gleichstellung mit den Tarifbeschäftigten der Wachpolizei im Wechselschichtdienst, die haben nämlich eine 38,5 Stunden-Woche. Das lässt sich auch und vor allem arbeitsmedizinisch begründen.

Frage: Wenn wir über die Arbeitsbedingungen reden, dann müssen wir natürlich auch auf Klagen über vermehrte Übergriffe auf die Polizei zu sprechen kommen. Gerade erst bestimmte hier in Hessen die Lokalschlagzeilen, dass nach dem Ende der Musikdarbietungen beim Schlossgrabenfest in Darmstadt Polizistinnen und Polizisten mit Steinen und Glasflaschen beworfen wurden. Eine Gruppe von bis zu 300 Menschen hatte die Beamten in dem Park, der an das Gelände des Schlossgrabenfestes angrenzt, attackiert. Am Heiligen Abend 2015 wurde in Herborn ja sogar ein Polizist erstochen.

Antwort: Polizistenmorde hat es leider schon immer gegeben. Sie sind die traurige Spitze der Gewalttaten und müssen sicher separat betrachtet werden. Aber generell ist der Respekt gegenüber der Arbeit im Öffentlichen Dienst und den Personen, die diese Arbeit leisten, gesunken. Dabei geht es nicht nur um die Polizei, sondern etwa auch um die Beschäftigten der Arbeitsagenturen, der Feuerwehr und der Rettungsdienste. Da muss man einfach feststellen, dass sich da die Hemmschwelle, Gewalt anzuwenden, nach unten verschoben hat. Wo früher beleidigt und geschubst wurde, da wird heute gedroht und geschlagen. Wir verzeichnen für das Jahr 2017 einen Höchststand, was Angriffe auf Polizistinnen und Polizisten angeht, das gilt bundesweit und auch in Hessen. Ganz konkret waren das im vergangenen Jahr – in Hessen wohlgemerkt – 3.512 Angriffe, das entspricht einem Tagesdurchschnitt von ziemlich genau zehn Übergriffen, das ist schon eine recht hohe Zahl. Das spielt in der öffentlichen Diskussion leider nur im Falle von außergewöhnlichen Geschichten wie jetzt in Darmstadt oder im schrecklichen Falle des ermordeten Kollegen in Herborn eine Rolle. Aus meiner Sicht muss das Thema um die hohe Zahl von Übergriffen auf Polizisten, aber auch auf Feuerwehrleute und Rettungskräfte, öffentlicher diskutiert werden. Dieses Problem muss im Rahmen einer breiten gesellschaftlichen Debatte diskutiert und gelöst werden. Schließlich verstehen wir uns hier in Deutschland als zivile, demokratische Bürgerpolizei, die rechtsstaatlich und im Sinne der Bevölkerung handelt.

Aus meiner Sicht ist der im Juni 2017 eingeführte sogenannte »Schutzparagraf«, also Paragraf 114 Strafgesetzbuch zumindest ein wichtiges Signal. Seitdem wird jeder tätliche Angriff gegen einen Polizisten oder eine Polizistin mit einer Freiheitsstrafe von drei Monaten bis zu fünf Jahren bestraft. Damit zeigt der Staat klar auf, dass ihm der Schutz seiner Bediensteten wichtig ist.

Frage: Wie sieht es denn aus Deiner Sicht mit den gesellschaftlichen Ursachen für eine allgemein geringere Gewaltschwelle in der Gesellschaft aus?

Antwort: Das ist natürlich eine Frage, die Wissenschaftlerinnen und Wissenschaftler aus den Bereichen Soziologie, Sozialpsychologie, Kriminologie usw. beantworten müssen. Einige sehen einen Zusammenhang zwischen einer sinkenden Schwelle zur Gewaltbereitschaft und dem ungefilterten Konsum von Gewaltvideos und »Ballerspielen« an Computern. Andere sind da anderer Meinung. Viele weisen ja auch darauf hin, dass auf Feldern wie der Jugendsozialarbeit oder generell im Bildungsbereich zu wenig Geld ausgegeben wird. Es kommen da sicher viele Sachen zusammen, die uns als Polizei mit einer zunehmenden Gewaltbereitschaft konfrontieren.

Frage: Auch im Bereich des sogenannten Cybercrime fordert die Gewerkschaft der Polizei (GdP) eine Aufstockung des Personals. Ihr beziehst Euch da auf eine Einschätzung von Interpol, dass sich dieser Bereich in den nächsten Jahren zu einer der größten Herausforderungen für die Polizei weltweit entwickeln wird. Kannst Du das bitte erläutern?

Antwort: Allein der Bereich »Darknet« ist für uns eine enorme Herausforderung. Hier brauchen wir mehr qualifiziertes Personal, um Internetkriminalität dort zu verfolgen und zu bekämpfen, wo sie am gefährlichsten ist. Aber Du musst natürlich auch sehen, dass fast jede Straftat heutzutage einen digitalen Bezug hat. Es geht ohne digitale Ermittlung durch die Polizei fast nichts mehr. In Hessen bauen wir übrigens gerade ein Cyberkompetenzzentrum auf, um im Bereich der Cyberkriminalität gut gewappnet und ganzheitlich aufgestellt zu sein.
Aber auch bei der Polizei sind wir noch nicht so weit, dass die 16 Bundesländer untereinander angemessen vernünftig vernetzt sind. Das unterstützen wir als GdP nachdrücklich, um zu verhindern, dass möglicherweise wichtige Hinweise nicht genutzt werden können.

Der Kampf gegen Rechts als zentrale politische Herausforderung: Demokratieförderung und Stärkung der Zivilgesellschaft

Sascha Schmidt

In der Auseinandersetzung mit rechtspopulistischen und extrem rechten Gruppierungen sowie in der Gesellschaft verbreiteten Einstellungsmustern gruppenbezogener Menschenfeindlichkeit muss ein wesentliches Augenmerk der kommenden Landesregierung auf die Stärkung, Ausweitung und langfristige Sicherung der Arbeit von öffentlichen Beratungs- und Präventionsangeboten liegen – zu nennen ist etwa das »beratungsNetzwerk hessen – gemeinsam für Demokratie und gegen Rechtsextremismus« und dessen Trägerstrukturen. Das gilt besonders für das Landesprogramm »Hessen – aktiv für Demokratie und gegen Extremismus«, dessen Finanzierung Ende des Jahres 2019 ausläuft. Das »beratungsNetzwerk« ist seit seiner Gründung im Jahr 2007 zur zentralen Anlauf- und Beratungsstelle für Schulen, Vereine, Verbände, Kommunen, Initiativen und Einzelpersonen in Hessen geworden. Das landesweit agierende Netzwerk, ein Zusammenschluss zivilgesellschaftlicher Verbände, Initiativen, Bildungseinrichtungen und staatlicher Stellen, bündelt mittlerweile ein umfangreiches Beratungs- und Präventionsangebot. Die Bedeutung des »beratungsNetzwerks« hat mit dem zu verzeichnenden Rechtsruck in der Gesellschaft noch zugenommen. Dies verdeutlicht der Anstieg der Beratungs- und Präventionsfälle speziell in den vergangenen zwei Jahren.

Die nachfolgende Darstellung der bestehenden Strukturen und die verwendeten Zahlen basieren auf dem Stand des Frühjahrs 2018. Die Empfehlungen und Forderungen beinhalten insbesondere Perspektiven aus dem Kreis der zivilgesellschaftlichen Trägerstrukturen des »beratungs-Netzwerks«. Diesen sollte sich eine zukünftige Landesregierung, mit Blick auf die dort vorhandenen Expertisen, besonders widmen.

Dabei liegt der Fokus des Beitrages auf der Arbeit und der Entwicklung des »beratungsNetzwerks« in den oben genannten Themenbereichen. Die Arbeitsfelder zum Umgang mit radikalisierten Muslim_innen beziehungsweise salafistischen Strömungen oder linker Militanz, die mittlerweile Einzug in die Arbeit des »beratungsNetzwerks« gehalten haben, sind nicht Gegenstand der folgenden Ausführungen.

Von Förderperiode zu Förderperiode: Zehn Jahre Aufbau und Finanzierungsstrukturen im Überblick

Das »beratungsNetzwerk hessen – gemeinsam für Demokratie und gegen Rechtsextremismus« (bNH) wird durch das Bundesministerium für Familie, Senioren, Frauen und Jugend (BMFSFJ) und das Hessische Ministerium des Inneren und Sport (HMdIS) gefördert. Aufgebaut wurde das Netzwerk im Jahr 2007 mit finanziellen Mitteln des Bundesprogramms »kompetent für Demokratie – Beratungsnetzwerke gegen Rechtsextremismus«, das im Jahr 2010 ausgelaufen ist. Von 2011 bis 2014 wurde das Netzwerk durch das Bundesprogramm »Toleranz stärken – Kompetenz fördern« finanziert.

Bei dem bNH handelt es sich nicht um eine eigenständige Organisation mit formaler Hierarchie, sondern um ein Netzwerk, dessen Geschäfts- und Koordinierungsstelle – das »Demokratiezentrum Hessen« – seit 2011 der Universität in Marburg angegliedert ist. Es agiert im Auftrag des HMdIS. Das bNH bündelt unterschiedliche staatliche und nicht-staatliche Institutionen und Organisationen in Hessen. Diese haben es sich zur Aufgabe gemacht, »Beratung bei Konfliktsituationen mit einem rechtsextremistischen, antisemitischen, antiziganistischen oder rassistischen Hintergrund sowie anderer Formen gruppenbezogener Menschenfeindlichkeit vor Ort anzubieten«[1]. Die Beratung erfolgt mit dem Ziel,

> »zivilgesellschaftliches Engagement zu fördern und Konzeptionen, Strukturen und Handlungsstrategien gemeinsam mit den Beratungsnehmer/-innen vor Ort zu entwickeln, die das demokratische Gemeinwesen unterstützen und demokratiegefährdenden Tendenzen in Hessen vorbeugen beziehungsweise entgegentreten«[2].

Umgesetzt wird die Beratung derzeit von rund 40 freiberuflichen Berater_innen der Mobilen Interventionsteams sowie hauptamtlichen Berater_innen der zivilgesellschaftlichen Träger im bNH. Vor allem aufgrund der gestiegenen Nachfrage hat sich das Beratungsangebot seit 2007 stetig vergrößert. Beraten werden unter anderem Schulen, Eltern, Familienangehörige, Kommunen, Vereine sowie von Diskriminierung und rechter Gewalt Betroffene. Neben dem Bereich der Intervention fand zunehmend auch Präventionsarbeit, insbesondere in Form von Workshops, Einzug in die Arbeit des bNH.

Im Mai 2013 richtete das Land Hessen, das unter Verantwortung des HMdIS stehende »Hessische Informations- und Kompetenzzentrum gegen Extremismus« (HKE) ein. Das HKE übernimmt seitdem »die landesweiten Bemühungen zur Prävention und Intervention gegen verfassungsfeindliche Bestrebungen« in Hessen. Dabei verfolgt das HKE einen, auf die Bereiche »des Rechts-, des Links- und des islamistischen Extremismus« ausgerichteten »Phänomen übergreifenden« Ansatz und arbeitet zudem »ressort- und organisationsübergreifend«[3]. Eingebunden in die Arbeit des HKE sind Vertreterinnen und Vertreter verschiedener Ministerien (Inneres, Justiz, Kultus sowie Soziales und Integration), das Hessische Landesamt für Verfassungsschutz, das Hessische Landeskriminalamt sowie Vertreter_innen des bNH. Mit dem herannahenden Ende der Förder-

---

1 Vgl.: http://beratungsnetzwerk-hessen.de/unser-leitbild (abgerufen 14.02.2018).
2 Vgl.: http://beratungsnetzwerk-hessen.de/unser-leitbild (abgerufen 14.02.2018).
3 Vgl.: https://hke.hessen.de/hessisches-informations-und-kompetenzzentrum-gegen-extremismus (abgerufen 14.02.2018).

periode des Bundesprogramms »Toleranz fördern – Kompetenz stärken« im Jahr 2014 – nach einem Anstieg der Beratungsfälle, angesichts prekärer Arbeitsbedingungen der Berater_innen und unterfinanzierter Projekte – forderten zivilgesellschaftliche Träger im bNH im Vorfeld der Landtagswahl 2013 die Einrichtung eines eigenständigen »Landesprogramms gegen Rassismus, Antisemitismus und Rechtsextremismus« (MBT Hessen/Bildungsstätte Anne Frank et al. 2013)[4]. Ende des Jahres 2014 beschloss der Hessische Landtag die Einrichtung eines solchen Landesprogramms unter dem Titel »Hessen – aktiv für Demokratie und gegen Extremismus«, das zu Beginn des Jahres 2015 einsetzte.[5] Das Programm wird finanziell getragen durch eine Kooperation des Landes mit dem Bundesfamilienministerium im Rahmen des Bundesprogramms »Demokratie leben! Aktiv gegen Rechtsextremismus, Gewalt und Menschenfeindlichkeit«. Teil des Bundesprogramms sind die auf kommunaler Ebene angesiedelten »Partnerschaften für Demokratie«. In diesen arbeiten Verantwortliche aus Politik und Verwaltung mit Aktiven aus der Zivilgesellschaft zusammen. In Hessen existieren aktuell 29 solcher »Partnerschaften«.

Die Land-Bund-Kooperation sieht bis zum Jahr 2020 »Maßnahmen zur Stärkung der Demokratie und zur Extremismus-Prävention und -Intervention« in Höhe von rund 13,5 Millionen Euro vor. Allerdings stehen die Gelder nicht nur für die Auseinandersetzung mit extrem rechten Erscheinungsformen, sondern für alle im HKE angesiedelten »Phänomen-Bereiche« – also dem sogenannten »Rechts-, Links- und islamistischen Extremismus«[6] – zur Verfügung. Gestärkt und erweitert wurde mit dieser Kooperation, vor allem dank eines deutlichen Anstiegs des Budgets,

---

4 Das Positionspapier wurde vom Hessischen Jugendring, der Sportjugend Hessen, der DGB-Jugend Hessen, dem Netzwerk für Demokratie und Courage Hessen, dem MBT Hessen und der Bildungsstätte Anne Frank unterzeichnet. Vgl.: http://www.mbt-hessen.org/index.php/3-konzept-fuer-ein-weltoffenes-hessen-politik-muss-handeln (abgerufen 17.02.2018).
5 Vgl.: http://beratungsnetzwerk-hessen.de/landesprogramm (abgerufen 17.02.2018).
6 Vgl.: https://hke.hessen.de/%C3%BCber-uns/aufgaben-struktur-und-ziele (abgerufen 17.02.2018).

nicht nur die Arbeit der Berater_innen und die Angebote der Träger des bNH, sondern auch die Zuständigkeiten des »Demokratiezentrums«. Diesem kommt seitdem – neben der Koordinierung und Steuerung der Beratungsprozesse – auch die Aufgabe der Bündelung der Projekte der politischen Bildung als Präventionsansatz sowie die wissenschaftliche Begleitung der Arbeit des bNH zu. Im »Demokratiezentrum« arbeiteten zu Beginn des Jahres 2018 sieben festangestellte Mitarbeiter_innen sowie fast 40 vorwiegend freie Berater_innen. Um die Arbeit des Demokratiezentrums zu dezentralisieren und die Arbeit regional besser zu verankern, wurden zwei Regionalstellen eingerichtet. Die Regionalstelle Nord-/Osthessen ist beim MBT in Kassel, die Regionalstelle Südhessen (seit 2016) in der »Akademie für politische und soziale Bildung der Diözese Mainz«, im »Haus am Maiberg« in Heppenheim angesiedelt.

Mitglieder, Träger und Angebote

Rund drei Dutzend zivilgesellschaftlicher Initiativen und Organisationen sowie staatliche Institutionen unterstützen mit ihren Expertisen die Arbeit der Berater_innen oder bieten eigene Bildungsangebote zur Prävention an.[7] Neben den erwähnten (unter dem Dach des HKE eingebundenen) Ministerien gehören von zivilgesellschaftlicher Seite beispielsweise landesweit agierende Organisationen und Institutionen wie die Arbeitsgemeinschaft der Ausländerbeiräte Hessen, der Bund der Deutschen Katholischen Jugend Hessen (BDKJ), der DGB Hessen-Thüringen und die DGB-Jugend Hessen-Thüringen, die Hessische Jugendfeuerwehr, die Evangelische Kirche von Kurhessen-Waldeck, der Hessische Flüchtlingsrat, der Hessische Jugendring (HJR), der Landesverband der jüdischen Gemeinden in Hessen, die Sportjugend Hessen und der Verband Deutscher Sinti und Roma Hessen dazu.

Durch die finanzielle Förderung bestehender Angebote und die Ausweitung der Angebote durch Einbindung weiterer freier Träger, hat

---
7   Vgl.: http://beratungsnetzwerk-hessen.de/expertenpool (abgerufen 17.02.2018).

die schulische und außerschulische Bildungsarbeit in den vergangenen Jahren eine beachtenswerte Aufwertung erfahren. Mittels der Angebote des MBT, der Bildungsstätte Anne Frank, der »Initiative gegen Rechtsextremismus und Fremdenfeindlichkeit im Kreis Bergstraße«, dem seit 2016 eingebundenen NDC[8] und vieler weiterer Träger, kann das bNH nunmehr auf ein umfangreiches Angebot an Bildungsmaßnahmen im Kontext von Diskriminierung und zur extremen Rechten vorweisen.

Bereits seit dem Jahr 2014 werden Kommunen bei der Neuaufnahme von Geflüchteten beraten. Ziel ist die Unterstützung bei der Schaffung einer Willkommenskultur vor Ort und der Umgang mit menschenverachtenden Vorfällen.[9] Der HJR unterstützt mit den »Werkstätten für Demokratie« seit 2016 seine Untergliederungen bei der Integration von jungen Menschen mit Fluchterfahrung in bestehende Vereinsstrukturen.

Seit 2015 ist auch die Opferberatung Teil der Arbeit des bNH. Die Beratungsstelle »response«, angesiedelt bei der Bildungsstätte Anne Frank, berät Menschen, »die von rechtsextremer, rassistischer, antisemitischer, antimuslimischer oder antiziganistischer Gewalt betroffen« sind.[10] Aufgrund »eines bleibend hohen Niveaus rechter und rassistischer Gewalt in Hessen« wurde im Januar 2018 eine Zweigstelle in Kassel eröffnet.[11]

---

8 Das NDC wurde von der DGB-Jugend Hessen-Thüringen und dem BDKJ Diözese Mainz bereits seit 2004 in Hessen aufgebaut. Mit der Einbindung in das Landesprogramm wechselte die Trägerschaft zum HJR.
9 Vgl.: http://beratungsnetzwerk-hessen.de/pro-aktive-beratung (abgerufen 20.02.2018).
10 Vgl.: http://www.response-hessen.de/ (abgerufen 20.02.2018).
11 Mit 149 Fällen im Jahr 2016 gilt Nordhessen nach Frankfurt am Main (199 Fälle) und vor Mittelhessen (125 Fälle) laut Landeskriminalamt als einer der »quantitativen Brennpunkte« im Bereich politisch motivierter Kriminalität (PMK) von rechts. Die im März 2017 veröffentlichte polizeiliche Kriminalstatistik zur PMK bestätigte ein zweites Jahr in Folge einen besorgniserregenden Höchststand rechter Straftaten: In Hessen wurden in dieser Kategorie 840 Straftaten (18,8 Prozent mehr als im Jahr zuvor) gezählt – davon 25 Gewalttaten. vgl. https://response-hessen.de/content/hilfe-bei-rechter-gewalt-nordhessen-response-er%C3%B6ffnet-zweigstelle-kassel (abgerufen 20.02.2018).

Mit der Fachstelle »Rote Linie – Hilfen zum Ausstieg vor dem Einstieg« existiert eine sozialpädagogische Fachstelle, deren Angebote darauf abzielen, den Einstieg »rechtsextrem gefährdeter junger Menschen« in entsprechende Gruppierungen und Szenen zu bremsen oder zu verhindern. Die Fachstelle unterstützt zudem Familienangehörige und bietet pädagogische Konzepte zur kritischen Auseinandersetzung mit »Cyber Mobbing, Hassreden oder diskriminierenden Inhalten« im Internet an[12]. Vor dem Hintergrund der im Rahmen zahlreicher Studien und dem Umfrageinstitut »Infratest dimap« resümierten Wahlverhalten von Arbeitern zugunsten rechtspopulistischer und extrem rechter Parteien hat das bNH mit Unterstützung des DGB Hessen-Thüringen Ende 2017 das Projekt »Arbeitswelt« initiiert. Die Landesarbeitsgemeinschaft »Arbeit und Leben« des DGB und der hessischen Volkshochschulen vermittelt im Rahmen dieses Projektes interessierten Unternehmen Bildungs- und Beratungsangebote.

Veränderte gesellschaftliche Stimmungen und Problemlagen bringen zusätzliche Bedarfe

Mit 138 Beratungsfällen wurde im Jahr 2016 ein Höchststand seit Gründung des bNH erreicht.[13] Hinzu kamen 92 umgesetzte Angebote im Bereich Prävention. Im Jahr 2015 waren es noch 70 Beratungs- und 38 Präventionsfälle. Die Mitarbeiter_innen des Demokratiezentrums sehen »die Ursachen für den stark gewachsenen Beratungsbedarf und die zunehmende Nachfrage nach Präventionsmaßnahmen« zum einen in »veränderten gesellschaftlichen Stimmungen und Problemlagen«, wie dem »Erstarken des Rechtspopulismus im Zuge der 'Flüchtlingskrise', zum anderen aber auch […] [im] gestiegene[n] Bekanntheitsgrad« des Netzwerks (Schmitt/Becker/Nittner 2017, S. 3).

---

12 http://rote-linie.net/index.php?bereich=hassrede_medien (abgerufen 20.02.2018).
13 Seit 2007 wurden durch das bNH 689 Beratungsfälle und (seit der Erweiterung der Aufgabenfelder um Prävention im Jahr 2015) 178 Präventionsmaßnahmen bearbeitet und umgesetzt (vgl.: Demokratiezentrum Hessen 2017, S. 11ff.).

Rund zwei Drittel der Beratungen setzte das bNH auf Nachfrage von »Einzelpersonen, Gemeinden/Kommunen/Städten und Schulen« um. Das verbleibende Drittel verteilte sich vor allem auf die Bereiche »Jugendhilfe, Vereine und Verbände, Träger der außerschulischen Jugend- und Erwachsenenbildung, zivilgesellschaftliche Initiativen, Eltern bzw. Familien sowie Kirchen« (Demokratiezentrum Hessen 2017, S.14). Dass rund ein Viertel aller Beratungen von Einzelpersonen in Anspruch genommen wurde, liegt laut bNH an »der wachsenden Nachfrage nach der seit 2015 bestehenden Opferberatung« (ebd.).

»Rechtsextreme Gewalt und Vorurteilskulturen«[14] sowie Propaganda und Aktivitäten »rechtsextremer Kameradschaften, der NPD, der rechtsextremen Partei ‚Der III. Weg' oder rechtspopulistische Aktivitäten insbesondere der AfD« stellen jedoch weiterhin die Hauptanlässe der Beratungsanfragen dar. Trotz eines deutlichen Rückgangs gegenüber 2015 besteht weiterhin großer Bedarf im Kontext der Themen Flucht und Asyl. Auch die »Aktivitäten rechtsaffiner Jugendlicher oder Gruppen, verbunden mit der jugendkulturell geprägten Erlebniswelt Rechtsextremismus« bleiben relevant (ebd.; S. 16). Analog dazu lässt sich bei den Maßnahmen zur Prävention eine hohe Nachfrage zu den Themen »(Alltags-)Rassismus, Rechtsextremismus, Flucht und Asyl«, ein Anstieg zum Umgang mit Online-Propaganda oder gruppenbezogene und diskriminierende Hass-Reden (Hate Speech) in sozialen Medien und mit rechtsaffinen beziehungsweise radikalisierten Jugendlichen registrieren. Der Anstieg der umgesetzten Beratungen und Maßnahmen unterstreicht die zunehmende Bedeutung der Arbeit des bNH für große Teile der sie in Anspruch nehmenden Zivilgesellschaft in Hessen.

---

14 Unter »rechtsextremer Gewalt« subsumieren die Autor_innen »physische Gewalt gegenüber Personen ebenso wie verbale Gewalt, Einschüchterungsversuche, Bedrohung oder Hetze sowie Gewalt gegen Gegenstände/Sachbeschädigungen mit einem rechtsextremistischen oder rassistischen Hintergrund«. Als »Vorurteilskulturen« werden »rassistische Äußerungen oder ein rassistisches Verhalten von mehreren Personen in einem System«, beispielsweise einer Kommune, Schule einem Verein verstanden (vgl.: Demokratiezentrum Hessen 2017; S 16 f.).

Verstetigung statt Projektförderung

Mit Blick auf das Ende der Förderperiode des Bundesprogramms »Demokratie leben« und des hessischen Landesprogramms zum Ende des Jahres 2019 besteht die dringlichste Aufgabe darin, die Arbeit des bNH und die dahinter stehenden Trägerstrukturen ebenso wie die der »Partnerschaften für Demokratie« nachhaltig zu sichern. Am sinnvollsten erscheint dies mittels eines Demokratieförderungsgesetzes, um die Arbeit unabhängig von Förderperioden auf Landesebene zu verstetigen und den Strukturen des bNH sowie dessen Trägerorganisationen – unabhängig von politischen Mehrheiten im Landtag – langfristige Planungssicherheit zu geben. Die derzeitige Ansiedlung des bNH und des Demokratiezentrums an der Philipps-Universität Marburg hat sich in den letzten Jahren aus Sicht vieler Träger als sinnvoll erwiesen und könnte, neben den dort vorhandenen wissenschaftlichen Expertisen, auch die politische Unabhängigkeit gewährleisten. In Anbetracht der zunehmenden Bedeutung der Arbeit des bNH im Bereich der Prävention, der Beratung von Kommunen im Umgang mit Geflüchteten sowie der Beratung von Betroffenen von Diskriminierung erscheint es zudem sinnvoll, die Zuständigkeit auf Landesebene dem Ministerium für Soziales und Integration zu übertragen – und zwar aufgrund der dort angesiedelten Zuständigkeit für Geflüchtete, Integration, Kinder- und Jugendarbeit sowie für Bildungsurlaube und die Antidiskriminierungsstelle. In Abstimmung mit Städten, Landkreisen und Kommunen gilt es darüber hinaus für eine breitere regionale und lokale Verankerung der Arbeit zu sorgen. Die im Zuge des Landesprogramms vollzogene Einrichtung der Regionalzentren Südhessen und Nord-Osthessen geht diesbezüglich in die richtige Richtung. Eine breitere lokale Verankerung der Strukturen des bNH erscheint zudem zur Einbindung kleinerer, lokal agierender Initiativen sinnvoll. Derzeit fehlt solchen Initiativen oftmals die Möglichkeit, eine finanzielle Förderung zu beantragen. Sah das Haushaltsgesetz 2016 noch ein jährliches Budget von 50.000 Euro für die Förderung von sogenannten Mikroprojekten vor, wurde dieser Topf laut Innenminister Peter Beuth wegen des »relativ hohen Aufwandes« zum Jahr 2017 eingestellt (vgl. Hessischer Landtag 2018). Beuth verwies gegenüber dem Hessischen Landtag auf die »Partnerschaften für Demokratie« zwecks Unterstützung kleinerer Initiativen. Trotz der mittlerweile existierenden 29 »Partnerschaften«, sind diese noch nicht flächendeckend in Hessen vertreten. Insbesondere für Initiativen in Regionen, in denen keine »Partnerschaften für Demokratie« vorhanden sind, müssen folglich Möglichkeiten zur finanziellen Förderung ohne hohe Antragshürden geschaffen werden.

Demokratiebildung statt Extremismus-Bekämpfung

Das Ergebnis der Kommunalwahl vom März 2016, bei der die »Alternative für Deutschland« (AfD) landesweit 11,9 Prozent erzielen konnte, sowie die Ergebnisse der Studie »Gruppenbezogene Menschenfeindlichkeit in Hessen – im Zeitraum von 2002 und 2010« des Instituts für interdisziplinäre Konflikt- und Gewaltforschung an der Universität Bielefeld, haben deutlich gemacht, dass demokratiefeindliche und menschenverachtende Einstellungen auch in Hessen als gesamtgesellschaftliches Problem verstanden werden müssen (vgl. Schmidt 2016, Wandschneider 2010)[15]. Dies spiegelt sich auch in der Beratungs- und Präventionsarbeit des bNH wider. Die Beratungszahlen im Kontext »rechtsextremer Gewalt« liegen mit je 18 Prozent im Jahr 2016 gleichauf an der Spitze mit denen im Bereich »Vorurteilskulturen« (vgl. Demokratiezentrum Hessen 2017, S. 16). Bildungsangebote zum Umgang mit Rassismus wurden häufiger gebucht als solche zum Thema »Rechtsextremismus«. Eine Fokussierung

---

15 In ihrem Fazit fasst die Autorin der Studie, Sylja Wandschneider, prägnante Ergebnisse wie folgt zusammen: »Erschreckend viele Hessen sind bereit offenen, traditionellen Vorurteilen zuzustimmen. So sind über 51% der Hessen der Ansicht, es lebten zu viele Ausländer in Deutschland. Immerhin 12% vertreten die Meinung, Weiße seien zu Recht führend in der Welt. 18% stimmen dem klassisch antisemitischen Vorurteil zu, Juden hätten in Deutschland zu viel Einfluss. Ein Viertel der Hessen würde Muslimen die Zuwanderung nach Deutschland untersagen, und 37% der Hessen meinen, Ehen zwischen zwei Frauen bzw. zwischen zwei Männern sollten nicht erlaubt sein« (Wandschneider 2010, S. 87).

auf sogenannte extremistische Gruppierungen würde folglich zu kurz greifen. Vielmehr gilt es menschenverachtende und damit demokratiegefährdende Einstellungen in Hessen ebenso im Blick zu behalten wie die Aktivitäten der extremen Rechten. Sinnvoll erscheint hierfür eine wissenschaftliche Informationsstelle, die transparent und politisch unabhängig extrem rechte Strukturen, Ereignisse und Gewalttaten in Hessen erfasst, analysiert und bewertet. Zur Erfassung sozialer Lagen und politischer Einstellungen sollten auch in Hessen – analog zu Studien wie dem »Thüringen Monitor« oder dem »Sachsen Monitor« – regelmäßige Erhebungen vorgenommen werden. Die Erkenntnisse aus einer solchen Studie und einer Informationsstelle könnten sich sowohl zur Ermittlung der Bedarfe des bNH als auch für die Arbeit zivilgesellschaftlicher Initiativen und politischer Verantwortungsträger_innen als hilfreich erweisen.

Die hohe Zahl von Übergriffen auf Migrant_innen und Geflüchtete in Hessen sowie die daraus resultierende große Nachfrage nach solchen Beratungsangeboten unterstreichen die Relevanz von Beratungsstellen für Betroffene von Diskriminierung und Gewalt, wie sie die Beratungsstelle »response« anbietet. Für eine unkomplizierte, kompetente aber auch nachhaltige Unterstützung Betroffener von Diskriminierung und Gewalt braucht es jedoch statt einzelner, nur regional angesiedelter Beratungsstellen, möglichst flächendeckende und lokale Anlauf- und Beratungsstellen.

Vertrauen und Akzeptanz von Vielfalt: Grundlagen demokratischen Engagements

In der Zusammenarbeit zwischen staatlichen Stellen und zivilgesellschaftlichen Trägern des bNH muss der Grundsatz gelten: Zivilgesellschaftliches Engagement für Demokratie benötigt Vertrauen. Zudem muss die inhaltliche Arbeit des bNH und seiner Träger unabhängig vom Einfluss politischer Entscheidungsträger_innen sein. Elemente wie die Extremismusklausel, die vielfach zu Recht als Ausdruck eines staatlichen Misstrauens gegenüber zivilgesellschaftlichen Initiativen bewertet wurden und werden, gehören abgeschafft. Gleiches gilt auch für Vorhaben zu sogenannten »sicherheitspolitischen Überprüfungen« von durch öffentliche Mittel geförderte Träger des bnH sowie der Jugendhilfe in Hessen und deren Mitarbeiter_innen durch den Verfassungsschutz. Solche verpflichtenden »Überprüfungen« sah der erste Entwurf des »Gesetzes zur Neuausrichtung des Verfassungsschutzes in Hessen« der Fraktionen der CDU und Bündnis 90/Die Grünen im November 2017 vor. Noch vor Bekanntwerden des Gesetzes wurden solche »Überprüfungen« in die Zuwendungsrichtlinien des Landesprogramms »Hessen – aktiv für Demokratie und gegen Extremismus« hineingeschrieben. Demnach sollten sowohl freie Träger des Landesprogramms, Mitwirkende in beratenden Gremien zur Prävention und Intervention, anerkannte Träger der politischen Bildung und der Jugendhilfe sowie dessen Personal (vor Einstellung) vom Verfassungsschutz überprüft werden, sofern »Zweifel am uneingeschränkten Eintreten für die freiheitlich-demokratische Grundordnung« bestünden (vgl. Hessischer Landtag 2017; HMdIS 2017). Von Seiten zehn zivilgesellschaftlicher Träger des bNH, darunter der Bildungsstätte Anne Frank, wurde das Vorhaben als Bruch des »Vertrauen[s] im Zusammenspiel zwischen Staat und freien Trägern« sowie als Eingriff in die Autonomie in Bezug auf Personalentscheidungen und die inhaltliche Arbeit der Träger bewertet. Die unterzeichnenden Träger betonten:

> »Eine weitgehende Kontrolle und regelmäßige Überprüfung steht unserem zivilgesellschaftlichen Verständnis« in der »Zusammenarbeit zwischen Staat und Trägern entgegen. [...] Als freie Träger ist unsere Autonomie für uns Grundvoraussetzung für unsere Arbeit.« (Bildungsstätte Anne Frank et al. 2017)

Auch der DGB Hessen-Thüringen lehnt mit Beschluss der Bezirkskonferenz vom 9. Dezember 2017 die Sicherheitsüberprüfungen »entschieden ab« und fordert »die Landesregierung auf«, den entsprechenden Paragrafen »ersatzlos zu streichen« (vgl. DGB Hessen-Thüringen 2017). Bis Frühjahr 2018 lag keine Neufassung des Gesetzesvorhabens vor.

Zahlreiche Trägerorganisationen kritisierten zudem die in den Zuwendungsrichtlinien geforderte »Neutralitätspflicht« im Rahmen ihrer Arbeit. Laut Zuwendungsrichtlinie wäre unter anderem »eine Förderung von [...] Veröffentlichungen oder Aktionen gegen Parteien [...] soweit sie nicht verfassungswidrig sind« ausgeschlossen (HMdIS 2017). Auf dieser Grundlage hatte das HMdIS beispielsweise dem MBT Hessen die finanzielle Förderung der Broschüre »Neue Nachbarn – Rechtspopulismus in Hessen« verweigert, in der sich im Kontext Rechtspopulismus auch mit der AfD auseinandergesetzt wurde. Ein solches Vorgehen beschneidet jedoch nicht nur die inhaltliche Arbeit, sondern verhindert auch den offenen, demokratischen Diskurs. Es muss auch zukünftig geförderten Trägern möglich sein, sich kritisch mit gesellschaftlichen Entwicklungen und Parteien auseinanderzusetzen. Die finanzielle Abhängigkeit der Träger von staatlich geförderten Maßnahmen darf nicht zu einer inhaltlichen Beschneidung der Meinungsfreiheit der Träger führen.

Demokratieförderung durch kritische politische Bildung

Wie an anderer Stelle erwähnt, wurde die Arbeit des bNH im Bereich der Präventionsarbeit seit 2015 zunehmend ausgeweitet und erreichte im Jahr 2016 einen Rekordstand. Eine demokratiefördernde Bildungsarbeit in Schulen, Verbänden und Vereinen kann helfen, junge Menschen früh für die Reproduktion von Klischees und Vorurteilen und die Gefahren von menschenverachtenden Einstellungen zu sensibilisieren und ihnen Mut zu machen, sich klar gegen solche Einstellungen zu positionieren. Insofern ist die Ausweitung von Angeboten zur politischen Bildung zu begrüßen. Sie sollten bedarfsgerecht ausgebaut werden. Das Demokratiezentrum kam im Rahmen einer im Frühjahr 2016 vorgenommenen Befragung von 56 Trägern der hessischen Präventionslandschaft zu dem Ergebnis, dass die derzeit angebotenen »Maßnahmen lokal und regional gut verankert sind« und »die Angebote eine große Vielfalt von Themen [umfassen], die das breite Spektrum der Arbeit« des bNH abbildeten (Kahl/Becker et. al. 2016, S. 4 f.). Thematisch »gut vertreten« seien »Maßnahmen zur Aufklärung im Bereich Rechtsextremismus und zur antirassistischen Bildung«, ebenso »Angebote zum interkulturellen Dialog und zur Gewaltprävention«. Bedarf bestehe vor allem an einer Ausweitung von »Präventionsangeboten für Kinder und ältere Menschen über 60 Jahre, geschlechtssensible Angebote oder Maßnahmen für rechtsextrem orientierte Jugendliche und ihre Angehörigen«. Mit Verweis auf »wissenschaftliche Befunde zur Entstehung von rechtsextremistischen Orientierungen« in der Kindheit, empfehlen die Autor_innen »besonders die Altersgruppe der unter 10-Jährigen stärker in den Blick« zu nehmen (ebd., S. 6). Zudem sei in Hessen »die Arbeit mit älteren Menschen über 60 Jahren bislang eher vernachlässigt« worden, »weil der rechtliche Rahmen der Förderprogramme des Bundes dies bislang nicht ermöglicht und hierzu auch kaum praktische Konzepte vorliegen«. Die Sinnhaftigkeit von Bildungsangeboten für diese Zielgruppe verdeutlichen die Ergebnisse einer Studie zu gruppenbezogener Menschenfeindlichkeit in Hessen. Demnach sei »in Hessen ein deutlicher Anstieg von GMF [Gruppenbezogener Menschenfeindlichkeit; d. Verf.] mit zunehmendem Alter« zu beobachten. Die Autorin, Sylja Wandschneider, empfiehlt »die ältere Bevölkerung [...] in präventive Programme« einzubeziehen (Wandschneider 2010, S. 88 f.). Diesen Empfehlungen folgend sollte in den genannten Bereichen eine Ausweitung der Angebote stattfinden. Vor dem Hintergrund der zunehmenden Relevanz von sozialen Medien für die Vermittlung politischer Inhalte gilt es zudem, Jugendliche im Umgang mit bestehenden Medienangeboten frühzeitig zu schulen und die bestehenden Angebote zur Förderung einer kritischen Medienkompetenz auszuweiten (vgl. Kahl/Becker 2016, S. 6).

Sinnvoll erscheint darüber hinaus die Einrichtung eines Landespräventionszentrums, welches die Träger der politischen Bildung in der Prävention unterstützt sowie die bestehenden Angebote bündelt und koordiniert – ohne jedoch in die Autonomie der Träger einzugreifen.

Unabhängig von Angeboten des bNH und deren Träger gilt es, den Lernort Schule zu stärken und demokratiefördernde Maßnahmen im Lehrplan zu implementieren. Hierbei sollten vor allen Dingen die Fächer Geschichte, Politik und Wirtschaft eine angemessenere Rolle im Lehrplan einnehmen, um bei jungen Menschen bereits früh das Interesse an Demokratie und Fragen zur Ausgestaltung der Gesellschaft zu wecken. Achim Albrecht, ehemaliger stellvertretender Bundesvorsitzender der Gewerkschaft Erziehung und Wissenschaft (GEW) und langjähriger pädagogischer Leiter der Offenen Schule Waldau in Kassel, hat im Frühjahr 2017 darauf aufmerksam gemacht, dass in Hessen laut Lehrplan »für alle Bildungsgänge für das Fach PoWi nicht mehr als eine Stunde pro Woche und Jahrgangsstufe vorgesehen« sei (vgl. Albrecht 2017). Mit Verweis auf die zu beobachtende »De-Legitimierung der parlamentarischen Demokratie durch eine sinkende Wahlbeteiligung« und »das dramatische Erstarken rechtsextremistischer und gewalttätiger Tendenzen« fordert Albrecht »eine deutliche Aufwertung der Fächer der politischen Bildung« an hessischen Schulen (ebd.). Dafür braucht es nicht zuletzt mehr und gut ausgebildetes Lehrpersonal.

Im Rahmen einer kritischen und pluralen Bildungsarbeit sollte zudem unterkomplexen gesellschaftlichen Erklärungsmodellen oder verengten Vorstellungen von Demokratie eine Absage erteilt werden. Darunter fällt das gängige Extremismus-Modell, mit dem die Gefahren für eine offene und demokratische Gesellschaft vielfach auf die sogenannten Ränder der Gesellschaft reduziert werden und bei der Neonazis, radikalisierte Muslim_innen und Antifaschist_innen aufgrund ihrer vermeintlichen Feindschaft gegen die Verfassung gleichgesetzt werden. Gleiches gilt für den höchst umstrittenen Begriff der »freiheitlich-demokratischen Grundordnung« (fdGO), den die Politikwissenschaftler Claus Leggewie und Horst Meier als »Kampfbegriff«[16] bezeichnen, weil schon der Verdacht des Verstoßes gegen die idealtypisch formulierte fdGO ausreiche, um politische Gegner zu diskreditieren. Zudem beziehe sich der Vorwurf des Verstoßes häufig nicht auf konkrete Handlungen – die sich gegen die fdGO richten –, sondern auf Meinungen und Gesinnungen. So werde »unter Beru-

---

16 Vgl.: https://www.blaetter.de/archiv/jahrgaenge/2012/oktober/%C2%BBverfassungsschutz%C2%AB (abgerufen 22.02.2018).

fung auf eine höhere Legitimität der Grundordnung die ‚bloße' Legalität sogenannter Extremisten in Frage gestellt und entwertet« (ebd.)[17].

Politische Bildungsarbeit muss demgegenüber die Befähigung zur kritischen Auseinandersetzung und Haltung zu gesellschaftlichen Fragen des demokratischen Zusammenlebens fördern. In den vergangenen Jahren hat der Verfassungsschutz in Hessen mehr und mehr Aufgaben der politischen Bildungsarbeit übertragen bekommen. Im Rahmen des neuen Verfassungsschutzgesetzes soll das Landesamt zukünftig die Aufgabe der Prävention gesetzlich übertragen bekommen. Benedikt Widmeier, Direktor der Akademie für politische und soziale Bildung »Haus am Maiberg«, hat im Zuge der Debatten um das »Gesetz zur Neuausrichtung des Verfassungsschutzes« erklärt:

> »Den Verfassungsschutz als Institution der Aufklärung zu sehen, widerspricht dem Wesen und Selbstverständnis des Verfassungsschutzes als Geheimdienst. [...] Der Verfassungsschutz ist keine Fachinstitution der (politischen) Bildungsarbeit und hat keinen Bildungsauftrag« (vgl. Widmeier 2018, S. 2).

Der HJR betont in seinen »Jugendpolitischen Forderungen« zur Landtagswahl, dass »aus pädagogischer Sicht« politische Bildung »in der Verantwortung von Jugendverbänden, Schulen, Kindergärten, Bildungsstäten und der Landeszentrale sowie der Bundeszentrale für politische Bildung liegen« müsse. »Die Zivilgesellschaft«, so der HJR »ist der zentrale Ort für demokratische Aushandlungs- und Bildungsprozesse« (vgl. Hessischer Jugendring 2018, S. 18).

Stärkung der Zivilgesellschaft im Kampf gegen Rechts

Neben den hier formulierten Empfehlungen und den damit verbundenen Herausforderungen an eine zukünftige Landesregierung werden große

---

17 Zur kritischen Auseinandersetzung mit dem Extremismus-Modell weiterführend: Leggewie/Meier (2012), Oppenhäuser (2011) und Liebscher (2013).

Teile der Zivilgesellschaft und die derzeit im Hessischen Landtag vertretenen Fraktionen nach der Landtagswahl am 29. Oktober 2018 mit hoher Wahrscheinlichkeit vor einer weiteren, besonderen Herausforderung stehen. Es ist damit zu rechnen, dass mit der AfD erstmals seit 1970 eine explizit völkisch-nationalistische, rassistische und im Zuge ihres Radikalisierungsprozesses mehr und mehr der extremen Rechten zuzuordnenden Partei im Hessischen Landtag vertreten sein wird.[18] Ebenso wie in anderen Landtagen und dem Bundestag wird dies das Klima im Parlament – und auch in der Gesellschaft in Hessen – vermutlich spürbar verändern. Zudem ist davon auszugehen, dass die AfD versuchen wird, die Arbeit des Landes Hessen sowie vieler Initiativen, Verbände und Bildungseinrichtungen gegen menschenverachtende Einstellungen und die extreme Rechte zu diskreditieren. Erste Eindrücke davon vermittelten Anträge der AfD in diversen Bundesländern ebenso wie in einigen hessischen Kommunen und Städten, in denen Initiativen gegen Rechts mit dem Vorwurf des »Linksextremismus« konfrontiert wurden, um ihre Arbeit zu delegitimieren. Regelmäßig klagt die AfD gegen missliebige Äußerungen ihrer Kritiker_innen, um diese einzuschüchtern und mundtot zu machen.

Hier gilt es für alle demokratischen Fraktionen im Landtag, gegen jede Form von Ausgrenzungsrhetorik und den gesellschaftlichen Spaltungsversuchen der AfD klare Haltung zu zeigen. Es gilt zudem, der Arbeit des bNH und des Trägerkreises ebenso wie aller nicht dort angeschlossenen Initiativen, die sich gegen Diskriminierung und die extreme Rechte engagieren, Rückhalt gegen solche Angriffe zu geben. Geschieht dies nicht, könnte das bNH und insbesondere die Zusammenarbeit von zivilgesellschaftlichen Trägern und staatlichen Stellen, nachhaltige Brüche erfahren. Die AfD hätte damit eines ihrer Ziele erreicht: die Spaltung der demokratischen Zivilgesellschaft.

---

18 In der Sonntagsfrage vom 22.03.2018 kommt die AfD auf 10 Prozent; vgl.: https://dawum.de/Hessen/ (abgerufen am 24.03.2018). Im Jahr 1966 zog einst die NPD mit 7,9 Prozent und 8 Sitzen in den Landtag ein.

Literatur

Albrecht, Achim (2017): Politische Bildung auf Sparflamme – Zu wenige Stunden und zu viel fachfremder Unterricht, in: HLZ Zeitschrift der GEW Hessen für Erziehung, Bildung und Forschung, Heft 03, März 2017, Frankfurt/Main, S. 12–13.

Bildungsstätte Anne Frank et al. (2017): Selbstverständnis der Träger im Landesprogramm, Marburg.

Demokratiezentrum Hessen (Hrg.) (2017): Jahresbericht 2016 des beratungs-Netzwerks hessen – gemeinsam für Demokratie und gegen Rechtsextremismus, o.V., Marburg.

DGB Hessen-Thüringen (2017): Engagement für die Demokratie darf nicht unter Generalverdacht stehen; Antrag I002; DGB-Bezirkskonferenz Hessen-Thüringen 9.12.2017, Frankfurt.

Hessischer Jugendring (2018): Jugendpolitische Forderungen des Hessischen Jugendrings zur Landtagswahl 2018, beschlossen am 18.11.2017; o.V., Wiesbaden.

Hessischer Landtag (2017): Gesetzentwurf der Fraktionen der CDU und Bündnis 90/Die Grünen für ein Gesetz zur Neuausrichtung des Verfassungsschutzes in Hessen; Drucksache 19/5412 vom 14.11.2017.

Hessischer Landtag (2018) Kleine Anfrage der Abg. Faeser und Gnadl (SPD) vom 12.01.2018 betreffend Extremismusprävention – Förderung kleinerer Initiativen und Projekte und Antwort des Ministers des Innern und für Sport; Drucksache 19/5832 vom 28.02.2018.

Hessisches Ministerium des Innern und für Sport (2017): Zuwendungsbescheid für Träger des Landesprogramms »Hessen – aktiv für Demokratie und gegen Extremismus, o.O., 2017.

Kahl, Ramona/Becker, Reiner (2016): Demokratiebildung und Extremismusprävention in Hessen. Ergebnisse der Bestandserhebung im Frühjahr 2016, o.V., Marburg.

Leggewie, Claus/Meier, Horst (2012): Nach dem Verfassungsschutz – Plädoyer für eine neue Sicherheitsarchitektur der Berliner Republik, Berlin.

Liebscher, Doris (2013): Wahnsinn und Wirkungsmacht, in: Friedrich Burschel/ Uwe Schubert/Gerd Wiegel (Hg.): Der Sommer ist vorbei... Vom »Aufstand der Anständigen« zur »Extremismus-Klausel«, Beiträge zu 13 Jahren »Bundesprogramme gegen Rechts«, Münster, S. 103–118.

MBT Hessen/Bildungsstätte Anne Frank et al. (2013): Fachliches Positionspapier zur Einrichtung eines Landesprogramms gegen Rassismus, Antisemitismus und Rechtsextremismus für Vielfalt und Toleranz in Hessen; vom 14.08.2013, o.O.

Oppenhäuser, Holger (2011): Das Extremismus-Konzept und die Produktion von politischer Normalität; in: Forum für kritische Rechtsextremismusforschung (Hrsg.): Ordnung.Macht.Extremismus – Effekte und Alternativen des Extremismus-Modells, Wiesbaden, S. 35–58.

Schmidt, Sascha (2016): Rechtsruck bei den hessischen Kommunalwahlen, in: der rechte rand, Nr. 159/2016, Hannover, S. 7.

Schmitt, Sophie/Becker, Reiner/Nittner, Gerolf (2017): Beratung und Prävention 2016 – Auswertung und Übersicht über die Tätigkeiten des beratungs-Netzwerks hessen – gemeinsam für Demokratie und gegen Rechtsextremismus; o.V., Marburg.

Wandschneider, Sylja (2010): Gruppenbezogene Menschenfeindlichkeit in Hessen (2002–2010); Bielefeld, November 2010.

Gleichstellungspolitik – Der Fortschritt ist und bleibt eine Schnecke

Jenny Huschke/Renate Licht

Woher wir kommen und wohin wir wollen – ein kurzer gleichstellungspolitischer Auftakt

Als Olympe de Gouges 1791 die »Erklärung der Rechte der Frau und Bürgerin« veröffentlichte, war das eine politische Sensation. Denn sie forderte damit die in der »Erklärung der Menschen- und Bürgerrechte« vom 26. August 1789 zum Auftakt der Französischen Revolution proklamierten Menschenrechte auch für Frauen. Für ihr politisches Engagement wurde sie 1793 zum Tode verurteilt.

Seit der Aufklärung ist »Gleichheit« als ein Wesenszug der bürgerlichen Gesellschaft rechtstheoretisch verankert. Die Formulierung universeller Prinzipien – wie Freiheit, Gleichheit, Brüderlichkeit – hatte jedoch einen Haken: Frauen blieben davon ausgenommen. Denn der Französische Konvent erklärte 1793, dass Frauen – ebenso wie Kinder, Minderjährige, Verrückte und Kriminelle – keine Bürgerrechte genießen. Nur Männer konnten solche Individuen, also Rechts- und Staatsbürger sein. Frauen hatten sich auf die Privatsphäre zu beschränken und wurden über ihr Verhältnis zu anderen Personen, also zu ihren Ehemännern und Kindern, bestimmt und staatlich behandelt.

Gemessen daran mag der Fortschritt groß wirken. Im November 2018 jährt sich die politische Entscheidung zum 100. Mal, das aktive und passive Wahlrecht in Deutschland auch Frauen zuzuerkennen. Dieses Wahlrecht auch für Frauen war jahrzehntelang eine der politischen Kernforderungen der Frauenbewegung.

Geschlecht fungiert in (s)einer strikten Trennung zwischen Frauen und Männern – und damit unabhängig von der konkreten biologischen und damit zugleich vielfältigen biologischen Ausprägung desselben – in unserer Gesellschaft als Kategorie und damit ordnungsweisend für das soziale Handeln von Menschen. So fungiert es auch als sozialer Platzanweiser – ähnlich wie andere Merkmale beziehungsweise Zuschreibungen wie sexuelle Präferenzen, ethnische Zugehörigkeiten oder (vermeintliche) körperliche wie psychische Einschränkungen.

Kurz gesagt: Frauen und Männern werden gewisse Eigenschaften zugeschrieben, die zum einen stereotyp, also unabhängig von der individuellen Ausprägung, unterstellt und zum zweiten hierarchisiert werden. Beschreibungen wie »stark, unabhängig oder durchsetzungsfähig« werden männlich konnotiert und den Zuschreibungen wie beispielsweise »emotional, kommunikativ oder weich« entgegengestellt. Gesellschaftlich spiegelt sich diese Aufspaltung in der Trennung der Sphären »öffentlich-politisch« und »privat« wieder. Die Dominanz der Erwerbsarbeit gegenüber dem Bereich des familiären Zusammenlebens (in welcher Konstellation auch immer), im Klartext: die Dominanz der Produktions- gegenüber der Reproduktionsarbeit zeigt die Hierarchisierung gesellschaftlicher Bereiche am deutlichsten. Diese stereotypen Denk- und Handlungsmuster und die eingangs kurz skizzierte Tradition sind die Grundlagen auch vieler gegenwärtiger politischer Diskussionen und Forderungen.

Und heute?

Arbeit bestimmt die Teilhabe am gesellschaftlichen Leben und den Zugang zu Ressourcen. Das bedeutet neben Einkommen auch betriebliche Mitbestimmung, berufliche und persönliche Qualifizierung, Zugang zu sozialer Sicherung, Anerkennung und nicht zuletzt Selbstbestimmung. Doch Arbeit um jeden Preis kann nicht das Ziel sein – anzustreben ist »Gute Arbeit«! Diese muss menschenwürdig, gerecht entlohnt und individuell existenzsichernd sein. Dazu gehören ArbeitnehmerInnenrechte und Arbeitsschutz, Teilhabe an den sozialen Sicherungssystemen, Arbeitsbedingungen, die nicht krank machen, sondern die Arbeit bis ins Alter und die Vereinbarkeit von Beruf und Familie ermöglichen sowie die Gleichstellung der Geschlechter voranbringen.

Fakt ist: Frauen partizipieren nicht im gleichen Maße am Arbeitsmarkt, sprich an Einkommen, an Aufstiegschancen und Führungspositionen. Im Gegenteil – sie sind in den Spitzenpositionen in Wirtschaft, Politik und Gesellschaft nach wie vor unterrepräsentiert. Die Entgeltlücke klafft unvermindert auf.

Gleichstellungspolitik auf allen politischen Ebenen muss diese Fakten fokussieren und Rahmenbedingungen schaffen, um Gleichstellung voran zu bringen. Aber schon dort beginnt die Debatte. Denn worum geht es eigentlich?

Im politischen Diskurs werden *Gleichberechtigung*, *Gleichstellung*, *Gleichbehandlung* und *Chancengleichheit* oft gleichwertig, fast synonym verwendet. Und selten findet sich eine Reflexion über deren Ziele und Grundannahmen.

Ein kleines Wörterbuch der Frauenpolitik

Als Diskriminierung werden Einstellungen und Verhaltensweisen bezeichnet, durch die Menschen oder ganze Gruppen verächtlich gemacht oder benachteiligt werden. Der Grundsatz der *Gleichbehandlung* setzt bei der Feststellung von Diskriminierung an und fordert, eben diese zu unterbinden (vgl. Fuchs/Heinritz u.a. 1995).

Gleichstellung betont eine qualitative und eine quantitative Seite. Die qualitative Seite meint, dass Kompetenzen, Erfahrungen und Wertevorstellungen aller Geschlechter zu berücksichtigen sind und diese gleichermaßen die gesellschaftliche Entwicklung beeinflussen und bereichern. Die qualitative Seite zielt auf die egalitäre Verteilung von Frauen und Männern in allen gesellschaftlichen Bereichen sowie die gleiche Teilhabe an vorhandenen Ressourcen und ökonomischer wie politischer Macht.

Gleichstellung ist ein politischer Ansatz, der das Ergebnis von Maßnahmen zum Abbau der Geschlechterungleichheit betrachtet. Insofern zielt Gleichstellungspolitik darauf, Maßnahmen zur Förderung von Frauen sowie die Umstrukturierung der Geschlechterverhältnisse zugunsten des benachteiligten Geschlechts voranzubringen – auf Basis des Artikels 3 des Grundgesetzes. Grundkonsens ist, dass die Behebung struktureller Diskriminierung von Frauen eine angemessene Änderung der Strukturen erfordert. Damit greift Gleichstellungspolitik mit der Quote oder Frauenförderplänen zu Mitteln asymmetrischen Handelns im Sinne positiver Diskriminierung.

Eine zentrale Kritik an der Gleichstellungspolitik betont, dass sie nur die Bereiche Erwerbsarbeit, Politik und Öffentlichkeit betrachtet beziehungsweise erreicht. Damit erobern Frauen zwar ihnen bislang verschlossene »Männerwelten«. Die ihnen zugeschriebene Sphäre des Privaten hat Gleichstellungspolitik aber bisher nicht oder kaum verändert, da sie diese quasi ausblendet.

Chancengleichheit ist der zentrale Begriff im Gleichheitsrecht der Europäischen Union. Er verzichtet auf eine absolute Gleichheit der Resultate in dem Sinne, dass jeder und jede denselben Anteil bekommt. Chancengleichheit verlangt vielmehr, dass allen eine Gelegenheit eingeräumt werden muss, ihre Lebenspläne, Fähigkeiten und Wünsche zu verfolgen. Konkrete asymmetrische Realitäten werden jedoch zur Kenntnis genommen und damit bestätigt, was sich in der Entwicklung der Rechtsfigur der mittelbaren Diskriminierung durch den Europäischen Gerichtshof zeigte. Als mittelbar diskriminierend können scheinbar neutrale Vorschriften, Kriterien oder Verfahren dann wirken, wenn sie sich auf eine bestimmte Personengruppe benachteiligend auswirken[1].

Chancengleichheit hat zwei Lesarten: die repräsentative und die bedingte. Die erste fordert, dass der Zugang zu gesellschaftlichen Ressourcen gleich verteilt und damit von zugeschriebenen Merkmalen wie Geschlecht unabhängig sein soll. Repräsentative Chancengleichheit schaut auf das Ergebnis, nicht auf die Startbedingungen und entspricht damit dem Grundgedanken der Gleichstellung. Bedingte Chancengleichheit verlangt hingegen den gleichen Zugang bei gleichen Fähigkeiten und Leistungen. Danach sind ausschließlich die Startbedingungen von Interesse. Wahrnehmbare, ungleich verteilte Ressourcen werden mit unterschiedlichen Leistungen legitimiert. Dieser Ansatz ist geprägt von der neoliberalen Grundannahme, dass sich Leistung objektiv messen lässt und natürlich geschlechtsneutral ist. Umgangssprachlich ausgedrückt: wirklich gute Frauen setzten sich von selber durch. Im Zuge dieses Blickwinkels ist es nicht verwunderlich, dass Forderungen nach einer Quote oder eine Kritik am Leistungsbegriff beziehungsweise an der Leistungsgesellschaft verpönt waren und sind.[2]

Gender Mainstreaming als eine Handlungsstrategie in der Gleichstellungspolitik eröffnet den Blickwinkel darauf, dass scheinbar neutrale

---

1 Ein Ratgeber zum Allgemeinen Gleichbehandlungsgesetz gibt dazu u.a. folgende Beispiele (vgl. AGG Ratgeber):
  - Ein Werkbus hält aus vermeintlichen Sicherheitsgründen nicht in Wohnvierteln, die vor allem von nicht deutschen Mitarbeiterinnen und Mitarbeitern bewohnt werden.
  - Viele Banken haben Leistungen wie Geldabheben, Überweisungen oder den Druck von Kontoauszüge auf Automaten ausgelagert. Das wirkt sich negativ auf die unabhängige Lebensführung von Menschen im Rollstuhl, von Blinden oder Sehbehinderten aus, da die meisten Automaten nicht für Menschen mit Behinderung ebenso wenig wie für ältere Menschen ausgelegt sind.
2 Literatur zu diesem Kapitel: vgl. Huschke 2002.

politische Entscheidungen auf Frauen und Männer unterschiedliche Auswirkungen haben. Basis dessen ist die der Gleichstellungspolitik innewohnende Analyse, dass Frauen und Männer an ökonomischer wie politischer Macht nicht egalitär partizipieren ebenso wenig wie an vorhandenen Ressourcen. Gender Mainstreaming bedeutet also,

> »grundsätzlich danach zu fragen, wie sich politische Maßnahmen einschließlich Gesetzesvorhaben jeweils auf Frauen und Männer auswirken [...].« (Ministerium für Arbeit, Frauen, Gesundheit und Soziales Sachsen-Anhalt 2001, S. 7; Auslassung: J.H.)

Der Anspruch von Gender Mainstreaming fand eine konkrete Ausformulierung zunächst auf Ebene der Europäischen Union. Die in einem Sachverständigenbericht von 1998 vorgelegte (französische) Definition wurde in den Anfängen der Diskussion des Konzeptes in Deutschland folgendermaßen übersetzt:

> »Gender Mainstreaming besteht in der (Re-)Organisation, Verbesserung, Entwicklung und Evaluierung der Entscheidungsprozesse, mit dem Ziel, dass die an politischer Gestaltung beteiligten AkteurInnen den Blickwinkel der Gleichstellung zwischen Frauen und Männern in allen Bereichen und auf allen Ebenen einnehmen.« (Mückenberger/Tondorf/Krell 2001, S. 5)

Die erste Lücke – der Gender Pay Gap

Das Prinzip »gleiches Entgelt für gleiche Arbeit für Männer und Frauen« ist seit nunmehr 61 Jahren rechtlich verankert – in den Römischen Verträgen von 1957. Ergänzt wird dieses Prinzip durch die Forderung »gleiches Geld für gleichwertige Arbeit«. Diesen Anspruch auch in die Praxis umzusetzen, gehört zu den schwierigsten gleichstellungspolitischen Aufgaben.

Für das Jahr 2017 wird der Gender Pay Gap in Deutschland auf 21 Prozent beziffert (vgl. Statistisches Bundesamt 2018). Damit liegt Deutschland europaweit auf einem der hinteren Plätze. Der EU-Durchschnitt liegt bei ‚nur' 16 Prozent.

Der Hessische Lohnatlas, der erstmals 2017 vorgestellt wurde, weist für das Jahr 2015 eine hessenweite Lohnlücke von durchschnittlich 14,1 Prozent aus. Er formuliert für sich den Anspruch, systematische Transparenz über die Datenlage in Hessen und seinen Regionen herzustellen, um die Förderung der Entgeltgleichheit zielgerichtet zu verfolgen (Hessisches Ministerium für Soziales und Integration 2017).

Transparenz über faktische Unterschiede ist sicher ein erster Schritt. Aber grundsätzlich haben wir zum Gender Pay Gap keine Erkenntnislücke, sondern die konkrete Frage nach geeigneten Maßnahmen, diesen zu beheben. Zu beachten ist weiterhin, dass der Ausgangspunkt der Berechnungen des Hessischen Lohnatlasses durchschnittliche Bruttomonatsentgelte von Frauen und Männern *in Vollzeitbeschäftigung* sind. Dies verkleinert insofern den Blick erheblich, als dass etwa die Hälfte der abhängig beschäftigten Frauen bundesweit in Teilzeit oder Minijobs und damit nicht Vollzeit arbeiten. An dieser Stelle muss der Hessische Lohnatlas seinen Fokus dringend anpassen.

Trotzdem macht der Hessische Lohnatlas prägnante geschlechtsspezifische Lohnunterschiede innerhalb der verschiedenen Regionen Hessens deutlich: auf dem Land (beispielsweise Kreis Hersfeld-Rotenburg 23,4 Prozent) herrscht eine viel höhere Ausprägung zwischen dem Brutto-Verdienstniveau von Männern und Frauen als in den kreisfreien Städten (Frankfurt 8,1 Prozent). Dabei ist zu konstatieren, dass besonders mit steigendem Qualifikationsniveau der Beschäftigten die Lohndiskriminierung wächst. Frauen ohne Berufsabschluss erhalten im Landesdurchschnitt einen um 9 Prozent geringeren Lohn als Männer, weibliche Beschäftigte mit anerkanntem Berufsabschluss verdienen bereits 13,7 Prozent weniger, bei Akademikerinnen beträgt die Lücke sogar 27,7 Prozent. Frauen haben also insgesamt weniger Aufstiegschancen als Männer (ebd.).

Um die Ursachen der Entgeltlücke zu erklären, wird eine Vielzahl bekannter und teilweise quantifizierbarer Elemente herangezogen. So sind

Frauen in sogenannten frauenspezifischen, schlechter bezahlten Branchen tätig, weisen die größeren Unterbrechungen und damit unstetere Erwerbsbiografien auf und sind vermehrt in Teilzeit beschäftigt. Frauen und Männer arbeiten auf verschiedenen Positionen in ihren Berufen, und Frauen steigen seltener in Führungspositionen auf. Das führt im Erwerbsverlauf zu Einkommens- und Karriereeinbußen (vgl. hier und im Folgenden DGB 2012).

Neben geschlechtsspezifischen Rollenstereotypen spielen auch institutionelle Variablen – vor allem die Frage, inwiefern in einem Land ein definiertes Existenzminimum beziehungsweise ein Mindestlohn existiert – und berufliche Bewertungs- und Klassifizierungssysteme eine Rolle. Gerade diese Bewertungsmaßstäbe können diskriminierend wirken, wenn sie Kriterien ansetzen, die traditionell leichter von Männern zu erfüllen sind wie Zusatzausbildungen, Betriebszugehörigkeiten oder durchgängige Berufsbiografien. Oder wenn sie Qualifikationen unbenannt lassen, die quasi als gegeben gelten wie hohe soziale Kompetenz oder Konfliktmanagement.

Auch wenn alle Erklärungsmuster die Arbeitsmarktsituation in Deutschland zutreffend umreißen, bleibt ein entscheidender Punkt unberührt: das Statistische Bundesamt weist den Entgeltunterschied auf Basis von Bruttostundenlöhnen aus. Dieser liegt seit Jahren auf konstant hohem Niveau. Auch wenn alle Unterschiede in Bezug auf Ausbildungs- und Berufswahl, Betriebszugehörigkeit, Tätigkeit oder Branche abgezogen werden, bleibt ein Teil des Gender Pay Gap nicht »erklärbar«. Das Statistische Bundesamt gibt diesen sogenannten bereinigten Gender Pay Gap für 2014 mit 6 Prozent an (vgl. Statistisches Bundesamt 2018). Er beruht allein auf dem Strukturmerkmal Geschlecht.

Es ist die Aufgabe der Sozialpartner, diskriminierungsfreie Tarifverträge auszuhandeln. Ein großer Teil der Arbeitsplätze von Frauen wird jedoch von Tarifverträgen gar nicht erreicht. Frauendominierte Tätigkeiten werden trotz individueller und kollektiver Entgeltverhandlungen schlechter bewertet. Diese sind niedriger eingruppiert als die von Männern ausgeübten Beschäftigungen. Hier müssen Tarif- wie Betriebsparteien Entgeltdiskriminierung abbauen, aber sie benötigen dafür einen gesetzlichen Rahmen mit klaren Vorgaben. Die Ausgestaltung von Arbeitsbewertungsverfahren, die auf tariflicher Ebene – also im Rahmen der Tarifverhandlungen – stattfinden, ist dabei zentral.

Ein weiterer Knackpunkt liegt bei der betrieblichen Umsetzung. Immer mehr Betriebe sind nicht tarifgebunden. Hier ist Transparenz in Sachen Entgelt gefragt. Denn auch die Anwendung dieser Verfahren in der betrieblichen Praxis, also bei der Einstufung von Tätigkeiten und bei der Eingruppierung von Mitarbeiterinnen und Mitarbeitern in Unternehmen und Verwaltungen, trägt zur Entgelt(un)gleichheit bei.

Betriebliche Prüfverfahren müssen für alle, auch kleinere Betriebe und Dienststellen verbindlich verankert werden, damit Entgeltungleichheit systematisch aufgedeckt und beseitigt werden kann. Dafür ist das sogenannte Entgelttransparenzgesetz qualitativ weiterzuentwickeln, vor allem mit Blick auf individuelle Auskunftsansprüche (gilt bisher nur in Unternehmen ab 200 Beschäftigten), betriebliche Berichtspflichten (gilt bisher für lageberichtspflichtige Unternehmen mit mehr als 500 Beschäftigten) und die Verankerung betrieblicher Prüfverfahren (gilt bisher für Unternehmen mit mehr als 500 Beschäftigten).

Hierbei kann die Antidiskriminierungsstelle des Bundes eine zentrale Rolle spielen. Denn sie kann zum individuellen Auskunftsanspruch des oder der Beschäftigten beraten und zertifizierte Prüfverfahren anwenden.

Grundsätzlich gilt: Bestehende Tarifverträge sind einzuhalten und der gesetzliche Mindestlohn konsequent anzuwenden. Dieses muss nachhaltig kontrolliert und Verstöße sanktioniert werden. Auf Bundesebene kann mit einer besseren Allgemeinverbindlichkeit von Tarifverträgen eine

Linie nach unten gezogen werden. Auch die Länder haben Spielräume. So muss das hessische Tariftreue- und Vergabegesetz so ausgestaltet werden, dass eine Kontrolle rechtlich verbindlicher Vorgaben möglich und Verstöße gegebenenfalls sanktionierbar sind. Ein Beispiel für *gleiches Geld für gleichwertige Arbeit* wäre die gleiche Einstufung von Grund- und Sekundarschullehrkräften. Hier ist das Land Hessen klar am Zug.

Die zweite Lücke – Arbeitszeiten und die Minijobfalle

Aufgrund der zentralen Bedeutung von Arbeit ist die Integration von Frauen in den Arbeitsmarkt ein guter Gradmesser für die Gleichstellung der Geschlechter. Auch wenn Deutschland bereits seit 2006 eine wesentliche Zielvorgabe der Lissabon-Strategie erfüllt, die Erwerbstätigkeitsquote von Frauen bis 2010 auf 60 Prozent zu erhöhen, bleibt festzuhalten: Die Entwicklung der sozialversicherungspflichtigen Beschäftigung spaltet sich seit Jahren in einen kontinuierlichen Abbau von Vollzeit- und in einen enormen Zuwachs an Teilzeitbeschäftigung. Teilzeitjobs, vor allem kleine Teilzeit und Minijobs, sind eine berufliche Sackgasse, in der vor allem Frauen stecken bleiben. Rechnet man die Erwerbstätigenquote von Frauen von 66,1 Prozent im Jahr 2010 in Vollzeitäquivalente um, dann betrug sie nur 50,9 Prozent. Dieser Trend hat sich fortgesetzt[3] (vgl. Agentur für Gleichstellung im ESF: 6).

Die prekärste und gleichzeitig bedeutendste Form atypischer Beschäftigung für Frauen sind Minijobs. Sie dominieren diese mit einem durchschnittlichen Anteil von rund zwei Dritteln an den bundesweit gut sieben Millionen Minijobbenden.

Minijobs sind in ihren beiden Ausprägungen ausschließlicher und geringfügiger Beschäftigung im Nebenerwerb zu unterscheiden. In Hessen hatten Ende 2016 knapp 352.000 Frauen einen Minijob; davon mehr als 234.000 ausschließlich geringfügig entlohnt und 117.500 im Nebenjob (vgl. BA 2016).

---

3 Aktuellere Zahlen waren leider nicht verfügbar.

Auch wenn sich die Problemlagen beider Formen geringfügiger Beschäftigung unterscheiden, ist ihnen doch vieles gemeinsam: Die soziale Absicherung der Beschäftigten ist völlig unzureichend. Die Gleichung »Brutto für Netto« erweist sich als Illusion, da geringfügig Beschäftigte oft Lohnabschläge in Kauf nehmen (müssen), die nicht legal sind. Denn Minijobs sind grundsätzlich Beschäftigungsverhältnisse, die dem Antidiskriminierungsverbot von Teilzeitarbeit unterliegen. Sie erfahren lediglich in den Sozialabgaben eine gesonderte Behandlung. Faktisch werden geringfügig Beschäftigten oft grundlegende ArbeitnehmerInnenrechte wie Lohnfortzahlung im Falle von Krankheit, Mitbestimmung oder regulärer Urlaub vorenthalten.

Reguläre Beschäftigung wird weiter verdrängt und Minijobs üben auf regulär Beschäftigte und deren Arbeitsbedingungen Druck aus. Die Aufhebung der Stundenbegrenzung für die wöchentliche Arbeitszeit von Minijobber/innen im Jahr 2003 führte zu einem enormen Lohndumping. Denn vor Einführung des gesetzlichen Mindestlohnes von anfangs 8,50 pro Stunde zum 01. Januar 2015 lag der durchschnittliche Stundenlohn für Minijobbende bei 5 Euro. Die Höhe des Entgelts orientiert sich dabei nicht an der Qualifikation des Arbeitnehmers beziehungsweise der Arbeitnehmerin, sondern vielmehr an der spezifischen Beschäftigungsform als »Aushilfe«, mit der der Status »geringfügig beschäftigt« gleichgesetzt wird – unabhängig von der tatsächlich geleisteten Arbeit. Das widerspricht dem Grundsatz der Eingruppierung von Beschäftigten gemäß ihrer Tätigkeit.

Mit der ausschließlich geringfügigen Beschäftigung wurde vielerorts ein Kombilohn im unteren Einkommensbereich geschaffen, der durch enorme finanzielle Ausfälle im Steuersystem und in den sozialen Sicherungssystemen gesellschaftlich hoch subventioniert wird. Letztlich laufen Minijobs der Konzeption des Wohlfahrtsstaates zuwider, nach der Menschen von ihrer Arbeit leben und eine ausreichende soziale Sicherung erwerben sollen. Denn sie ermöglichen in der Variante der ausschließlich geringfügigen Beschäftigung keine eigenständige Existenzsicherung, obwohl sie für viele geringfügig Beschäftigte die einzigen Einnahmequellen sind. Als Nebenverdienst dienen sie häufig als »Zusatzverdienst«, da die erste Beschäftigung nicht zum Leben reicht.

Mit den Minijobs im privaten Haushalt bietet sich aber eine (rechtliche) Grundlage, Schwarzarbeit zu unterbinden, da die Anmeldung über den sogenannten Haushaltsscheck unbürokratisch und einfach zu handhaben ist.

Der DGB hat bereits 2012 ein Konzept zur Gleichbehandlung aller Arbeitsverhältnisse ab dem ersten Euro vorgelegt. Dieses hat zum Ziel, die Bruchstelle aufzulösen, die bei dem Sprung von 450 auf 451 Euro Verdienst entsteht. Es geht um die Ausgestaltung einer Gleitzone vom ersten Euro an beispielweise bis 800 Euro, in der wie in der gegenwärtigen Gleitzone Sozialabgaben unterschiedlich gestaffelt sind, um geringe Einkommen nicht so stark zu belasten. Die Stundenumfänge und damit die Einkommen der Beschäftigten mit kleiner Teilzeit könnten im wahrsten Sinne des Wortes gleiten, ohne in einer Sonderform der Beschäftigung festzuhängen. Parallel muss ein verbindliches Rückkehrrecht von Teilzeit in Vollzeit beziehungsweise ein Recht auf befristete Teilzeit gesetzlich verankert werden.

Die dritte Lücke – ein Gleichstellungsgesetz, das nicht wirkt

Als das Hessische Gleichberechtigungsgesetz (HGlG) im Dezember 1993 verabschiedet wurde, war es eines der modernsten Gleichberechtigungsgesetze in Deutschland und wegweisend auch für andere Bundesländer. Seitdem hat sich in Hinblick auf die Gleichstellung von Männern und Frauen einiges entwickelt. Das HGlG ist daher in die Jahre gekommen. Eine Novellierung sollte das HGlG modernisieren und die neuen Entwicklungen und Ergebnisse aus den weltweiten, europäischen und nationalen Diskursen zu geschlechterpolitischen Zielen und Strategien einbeziehen.

So legte die SPD-Fraktion im Hessischen Landtag bereits im April 2013 einen Gesetzentwurf für ein Hessisches Gesetz zur Verwirklichung der Gleichberechtigung von Männern und Frauen vor. Mit Ende der 18. Wahlperiode (September 2013) wurde dieser Entwurf dann allerdings zu den Akten gelegt. Die Laufzeit des HGlG wurde um zwei Jahre verlängert.

Im August 2014 luden die frauenpolitischen Sprecherinnen der Fraktionen von CDU und Bündnis 90/Die Grünen im Hessischen Landtag für den 9. Oktober 2014 zu einem internen Fachgespräch zum HGIG ein. An diesem Gespräch nahmen auf gewerkschaftlicher Seite DGB und ver.di sowie Vertreterinnen des Beamtenbundes teil. Ziel des Gespräches war die frühzeitige Beteiligung und der Austausch eines breiten Kreises von Expertinnen und Experten zur Überarbeitung des HGIG. Frau Dr. Sibylla Flügge von der Fachhochschule Frankfurt formulierte in ihrem Input Anforderungen an ein modernes Gleichstellungsgesetz, welche durch Redebeiträge und Stellungnahmen aus Sicht von Frauenlobbyorganisationen untermauert oder ergänzt wurden. Neben Fragen zur Wirksamkeit des alten Gesetzes wurde die Erweiterung des Geltungsbereiches sowie Kontroll- und Sanktionsmöglichkeiten diskutiert. Es wurden konkrete Formulierungsvorschläge für ein neues HGIG gemacht.

Im Januar 2015 legte die SPD Fraktion dann erneut einen Gesetzentwurf für ein »Gesetz über die Gleichberechtigung von Frauen und Männern und zum Abbau von Diskriminierungen von Frauen in der öffentlichen Verwaltung (Hessisches Gleichberechtigungsgesetz – HGIG)« vor. Im Juli desselben Jahres folgten ein Entwurf der Fraktionen von CDU und Bündnis 90/Die Grünen zum gleichen Thema. Gemessen an dem Kriterium, wieweit der Entwurf eine moderne, querschnittsorientierte Geschlechterpolitik, wie sie im Gender Mainstreaming und im Gender Budgeting[4] realisiert werden kann, garantiert, fiel der Entwurf

---

4 *Gender Budgeting* ist die finanzpolitische Umsetzung des *Gender Mainstreaming*. Ein Budget soll so geplant werden, dass für die Anliegen von Frauen und Männern gleich viele Mittel zur Verfügung stehen. Ziel von Gender Budgeting ist es,

von CDU und Bündnis 90/Die Grünen weit hinter den Entwurf der SPD-Fraktion zurück. Er bietet zwar in einigen Punkten eine Verbesserung im Vergleich zum HGIG von 1993, geschlechterpolitische Innovationen lassen sich allerdings nicht finden.

Im Entwurf von Union und Grünen fehlen die Verpflichtung zur Aufstellung geschlechterpolitischer Rahmenpläne, eine Verpflichtung zur Anwendung moderner geschlechterpolitischer Strategien wie Gender Mainstreaming und Gender Budgeting, die Verpflichtung zum geschlechterdifferenzierten Berichtswesen und jegliche Unterstützung durch die Integration der Genderperspektive in die Fortbildung. Darüber hinaus sind die Regelungen zur Herstellung von Entgeltgleichheit unzureichend, denn es mangelt an Sanktionen bei Nichteinhaltung des Stellenplanes, und es besteht keine Verpflichtung zur Evaluation der Wirksamkeit des gesamten Gesetzes.

Der DGB wurde zur Stellungnahme zu beiden Gesetzentwürfen aufgefordert. Zusätzlich zur schriftlichen Anhörung wurde eine mündliche Anhörung mit zahlreichen geladenen Expertinnen und Experten durchgeführt. Allerdings wurde von den Hinweisen aus dieser Anhörung so gut wie nichts ins Gesetz übernommen. Die Regierungskoalition hat mit ihrer schwarz-grünen Mehrheit den wesentlich ambitionierteren HGIG-Entwurf der SPD abgelehnt und auch die Änderungsanträge des zuständigen Landtagsausschusses wurden nicht berücksichtigt. Damit hat die Hessische Landesregierung mit dem zum 1. Januar 2016 in Kraft getretenen Gesetz die Chance vertan, auch in Zukunft wegweisend in Sachen Gleichberechtigung von Mann und Frau zu sein.

Die Bezirksfrauenkonferenz des DGB Hessen-Thüringen forderte im Frühsommer 2017 deshalb den hessischen Landesgesetzgeber auf, das Gesetz erneut zu reformieren und unter anderem eine verbesserte Be-

---

auf die Bedürfnisse aller Bevölkerungsgruppen gezielt einzugehen. Geschlechtergerechte Budgetpolitik führt zu mehr Verteilungsgerechtigkeit in der Gesellschaft.

richtspflicht über Frauenfördermaßnahmen und mehr Mitbestimmung der Frauen- und Gleichstellungsbeauftragten insbesondere bei der Bestellung oder Entsendung in Gremien durch die Dienststelle in das Gesetz zu integrieren.

Notwendig sind insbesondere eine gesetzlich verankerte Qualifizierung zum HGIG für Frauen- und Gleichstellungsbeauftragte sowie eine bessere personelle Ausstattung und Entlohnung derselben.

Ausblick

Gleichstellungspolitik berührt mehr Bereiche, als in diesem Beitrag angesprochen werden können. Zentrale Forderungen des DGB und seiner Gewerkschaften sind der Ausbau der Betreuungsinfrastruktur für Kinder und pflegebedürftige Angehörige und ein Rechtsanspruch auf Ganztagsbetreuung im Grundschulalter. Die Gewährung des letzten ist im aktuellen Koalitionsvertrag ab 2025 anvisiert.

Weiterhin braucht es eine gleichberechtigte Verteilung von Erwerbs- und Sorgearbeit sowie den Abbau aller Fehlanreize im Steuer- und Sozialrecht, die einer eigenständigen Existenzsicherung von Frauen entgegenstehen. Gegenwärtig ist dabei von zentraler Bedeutung ein Rechtsanspruch auf befristete Teilzeit; auch für Betriebe mit weniger als 45 Beschäftigten. Denn gerade Frauen arbeiten dort.

Unter dem Stichwort »Frauen in Führung« muss der Öffentliche Dienst vorangehen – mit dem Ziel einer gleichberechtigten Teilhabe der Geschlechter in Leitungsfunktionen des Öffentlichen Dienstes bis 2025.

Literatur

Agentur für Gleichstellung im ESF (2011, aktualisiert 2014): Statistik – Kontext – Gender. Zielgruppen nach ihrem Status am Arbeitsmarkt und definitionsbedingte Abgrenzungen aus gleichstellungspolitischer Perspektive, Berlin.

AGG Ratgeber; zu finden unter http://www.agg-ratgeber.de/de/begriffe/diskriminierungsformen/mittelbare-benachteiligung.html (04.05.2018).

Bundesagentur für Arbeit (2016): Arbeitsmarkt für Frauen und Männer (Jahreszahlen) Hessen, Statistik der Bundesagentur für Arbeit Nürnberg.

Deutscher Gewerkschaftsbund (2012): Gesetzlicher Regelungsbedarf zur Durchsetzung der Entgeltgleichheit bei Frauen und Männern, Beschluss des Bundesfrauenausschuss, Berlin.

Fuchs-Heinritz u.a. (1995): Lexikon zur Soziologie, Opladen.

Hessischer Landtag: Plenarprotokoll vom 14.12.2017. in: Plenarsitzung 19/124. http://starweb.hessen.de/cache/PLPR//19/4/00124.pdf.

Hessisches Ministerium für Soziales und Integration (2017): Hessischer Lohnatlas, Wiesbaden.

Huschke, Jenny (2002): Gender Mainstreaming. Eine neue frauenpolitische Initiative der EU oder nur ein weiteres Schlagwort, Osnabrück.

Ministerium für Arbeit, Frauen, Gesundheit und Soziales Sachsen-Anhalt 2001 (Hg.): Gender Mainstreaming in Sachsen-Anhalt, Magdeburg.

Mückenberger, Ulrich/Tondorf, Karin/Krell, Gertraude (2001): Gender Mainstreaming. Informationen und Impulse. Hannover (herausgegeben von: Ministerium für Arbeit, Frauen und Soziales Niedersachsen 2001).

Schäfer-Gümbel, Thorsten (2017): »Hessen schafft Kindergarten-Gebühren (fast) ab«, in: Hessenschau, 24.08.17, http://www.hessenschau.de/gesellschaft/hessen-schafft-kindergarten-gebuehren-fast-ab, kita-gebuehrenfrei-100.html.

Statistisches Bundesamt (16.03.2018): Equal Pay Day: Verdienstunterschied zwischen Männern und Frauen weiter bei 21 %; https://www.destatis.de/DE/ZahlenFakten/ImFokus/Archiv.html;jsessionid=72F6C9D38890AE-7E5CC9D47FAE130B5E.InternetLive2.

Sozialberichterstattung in Hessen oder: Mut zur Wahrheit

Brigitte Baki

Ergebnisse des zweiten Hessischen Sozialberichts

Armut in Deutschland – so lautete 1994 der erste Armutsbericht für die Bundesrepublik Deutschland. In Auftrag gegeben hatten ihn der Deutsche Gewerkschaftsbund und der Paritätische Wohlfahrtsverband. Armut als Beschreibung einer prekären Lebenslage einer großen Gruppe der Bevölkerung war bis dahin tabu. Seither hat sich gerade auf dem Gebiet der Verteilungsforschung sowohl in Deutschland als auch in den europäischen Nachbarländern einiges getan. Aktuell wird in Wissenschaftskreisen diskutiert, wie Armut und Reichtum national und international gemessen werden kann, damit nicht Äpfel mit Birnen verglichen werden, etwa am Beispiel von relativer und absoluter Armut.

Ob die beiden Extreme sozialer Ungleichheit als objektives oder subjektives Phänomen gesehen werden, ob sie als materielle Armut und Reichtum (sog. Ressourcenkonzepte) bestimmt oder multidimensional verstanden werden (sog. Lebenslagenkonzepte), ob man sie mit absoluten oder relativen Maßstäben misst und betrachtet, hängt wesentlich von der jeweiligen politisch-normativen Festlegung ab. Danach richten sich das empirisch ermittelte Ausmaß sowie die Strukturen der Armut und des Reichtums. Entscheidend ist aber auch das jeweilige normative Verständnis von Wohlstand und sozialer Deprivation, das heißt wieviel Armut und welches Maß an Reichtum wird als vorteilhaft, akzeptabel oder als nicht mehr hinnehmbar begriffen (vgl. Klundt 2008).

Mittlerweile hat die Bundesregierung den fünften Armuts- und Reichtumsbericht veröffentlicht. Er beschäftigt sich vorrangig mit dem unteren und dem oberen Ende der Verteilung in unserer Gesellschaft und betrachtet sie im Verhältnis unterschiedlicher Lebenslagen. Heute noch mehr als zu Beginn der Berichterstattung steht im Kern des wissenschaftlichen Forschungsinteresses die Ungleichverteilung von Wohlstand. Ein besonders negativer Aspekt ist die Zunahme der Armut. Dafür, dass bis heute im öffentlichen Bewusstsein und in der Politik sowohl Umfang und Stellenwert des Armutsproblems umstritten sind, steht beispielhaft leider auch die aktuelle hessische Sozialberichterstattung. In ihrem Resümee zum Landessozialbericht 2017 spielt die Landesregierung nicht zum ersten Mal die durchaus alarmierenden Erkenntnisse herunter, verharmlost und verfälscht zentrale Aussagen. Wesentlich für eine Gesellschaft ist jedoch, welche Folgen und Wirkungen aus einer wachsenden Armut resultieren können und nicht zuletzt, welche Maßnahmen politischen Handelns dafür nötig sind, um Armut einzudämmen.

Zahlreiche Berichte im Auftrag der hessischen Landesregierung in den vergangenen Jahren dokumentieren, wie vermeintlich gut es den in Hessen lebenden Menschen geht. Mit einer systematischen Sozialberichterstattung beziehungsweise einem Armuts- und Reichtumsbericht allerdings hat sich die Landesregierung lange Zeit sehr schwer getan. Es bedurfte einer jahrzehntelangen politischen Auseinandersetzung, um die Landesregierung im Jahr 2009 auf der Basis eines fraktionsübergreifenden Beschlusses im hessischen Landtag aufzufordern, einen Landessozialbericht vorzulegen. In der entsprechenden Beschlussempfehlung heißt es, dass der Bericht eine umfangreiche Analyse der sozialen Verhältnisse einzelner Bevölkerungsgruppen enthalten soll, um auf dieser Grundlage »zielgerichtete Handlungsempfehlungen« erarbeiten zu können. Zudem soll die Landesregierung den Bericht in enger Kooperation mit einem Beirat erstellen (vgl. Drs.Nr 18/851). Einem solchen Beirat sollen Vertreterinnen und Vertreter der Liga der freien Wohlfahrtsverbände, der Kirchen, der Gewerkschaften, der Sozialverbände und der Flüchtlingsorganisationen, der Kommunalen Spitzenverbände und der Hessischen Unternehmerverbände angehören.

Aus heutiger Sicht erfüllte der erste Landessozialbericht, der 2012 eher klammheimlich veröffentlicht wurde, kaum eine der formulierten Erwartungen. In einer öffentlichen und wiederum äußerst kritischen Auseinandersetzung wurde die Landesregierung für die nächste Legislaturperiode ermahnt, einen aussagefähigeren Bericht vorzulegen und die Mitglieder des Beirates wirklich zu beteiligen. Das Bündnis für soziale Gerechtigkeit in Hessen hat seine Ansprüche an einen Landessozialbericht bekräftigt und verlangt, Armut und Reichtum zu beschreiben und deren Entwicklung zu analysieren. In einem offenen Brief an die Mitglieder des sozialpolitischen Ausschusses des Landtages verlangte das Bündnis eine veränderte Konzeption des Berichtes, um den »sozialpolitischen Ertrag« zu erhöhen.

Im Sommer 2017 erschien der zweite Hessische Sozialbericht, dessen Ergebnisse im Folgenden kurz referiert werden sollen. Soviel sei eingangs schon gesagt: Die Kritik am ersten Bericht wurde bei der Erstellung des zweiten Berichts berücksichtigt. Im Folgenden wird auf die wissenschaftliche Herangehensweise, den erweiterten Forschungsansatz, die wesentlichen Forschungsergebnisse und die sich daraus ergebenden Konsequenzen für die Politik eingegangen.

Wissenschaftliche Herangehensweise und Forschungsansatz im zweiten Landessozialbericht

Lieferte der erste Hessische Sozialbericht eine Art Gesamtschau auf Basis einer wenig aussagekräftigen Indikatoren-Liste, wurde mit dem zweiten Hessischen Landessozialbericht ein grundlegend neu konzipierter, thematisch fokussierender und in wesentlichen Details überarbeiteter Bericht geliefert. Tatsächlich ist es gelungen, Armutsrisiken im Zusammenhang von Lebenslagen unter dem Aspekt der Teilhabe an Lebensbereichen wie

Bildung, Erwerbstätigkeit, Gesundheit, Wohnen und Partizipation auszuwerten. Der zweite Sozialbericht erfüllt damit die Forderung, nicht nur eine übersichtliche Präsentation aussagefähiger Daten und Fakten zu liefern, sondern er ergänzt die Forschungsergebnisse insbesondere durch seine Handlungsempfehlungen und Kommentierungen des Expertenbeirats.

In der Einleitung heißt es dann auch: »Der Aufbau und die konzeptionelle Ausrichtung des zweiten Berichts sind demgegenüber analytischer, weniger in die Breite und dafür mehr in die Tiefe gehend angelegt« (vgl. Hessisches Ministerium für Soziales und Integration 2017: 14). Ein solcher Ansatz folge dem Stand der Debatte in der Sozial- beziehungsweise speziell der Armuts- und Reichtums-Berichterstattung. Da in der Ausschreibung die Darstellung von Multidimensionalität und die Multikausalität von Armut betont wurde, beschränkt sich der Bericht folgerichtig nicht nur auf das untere oder obere Ende des Verteilungsspektrums, sondern verknüpft vorhandene empirische Befunde mit subjektiven Sichtweisen und identifiziert eine Reihe von sozialpolitisch notwendigen Handlungsfeldern. Deshalb werden in diesem Bericht drei Ansätze verfolgt: der Ressourcenansatz, der Lebenslagenansatz und der Teilhabeansatz, wobei letzterer insbesondere den Themenschwerpunkt »Kinderarmut« prägt. Hierbei sollte zusätzlich eine Haushaltsbefragung die Datenlage verbessern.

Bemerkenswert sind die Ergebnisse bei der Armutsmessung, die sich an der Statistik der Mindestsicherungsleistungen orientiert. Das Problem ist jedoch, dass von einer sehr hohen Dunkelziffer ausgegangen werden muss. Denn nicht alle, die einen Anspruch auf zusätzliche Transferleistungen zur Mindestsicherung haben, nehmen diese auch in Anspruch. Scham, Unwissenheit oder zu hohe Anforderungen an die Mitwirkungspflichten sind hierfür ebenso ursächlich wie ein Mangel an Aufklärung, Zuständigkeitsprobleme oder Intransparenz der Leistungsgewährung.

Im ersten Bericht viel zu kurz gekommen war die soziodemografische Differenzierung. Dazu zählen Ressourcen, Bildung, Erwerbsleben, Gesundheit und Wohnen sowie Partizipation beziehungsweise Teilhabe von bestimmten Gruppen. Gewerkschaften weisen u.a. immer wieder auf einen Zusammenhang zwischen den fehlenden ökonomischen Ressourcen und prekären Lebenslagen von Erwerbstätigen hin. Auch dieses Defizit wurde im zweiten Landessozialbericht mit der Beschreibung bestimmter Lebenslagen unter Berücksichtigung vorhandener oder fehlender Ressourcen und einer Bewertung der Teilhabemöglichkeiten ansatzweise behoben.

Aufbau des zweiten Hessischen Landessozialberichts

Der zweite Hessische Landessozialbericht untergliedert sich in sechs Kapitel. Die sozioökonomischen und demografischen Gegebenheiten sowie die wesentlichen Informationen zur Verteilung von Armut und Reichtum werden im ersten Kapitel übersichtlich dargestellt. Im zweiten Kapitel werden Lebenslagen wie materielle Ressourcen, Bildung, Arbeit, Gesundheit, Wohnen und Partizipation beleuchtet. Im drittel Kapitel findet sich das Thema Kinderarmut nicht nur mit quantitativen Aussagen, sondern auch mit einer qualitativen Bewertung wieder.

Neu gegenüber dem ersten Hessischen Sozialbericht ist die eigens durchgeführte Primärerhebung zur Wahrnehmung und Bewertung von Armuts- und Teilhabeproblemen aus der Sicht der hessischen Bevölkerung – mit speziellem Blick auf das Thema Kinderarmut. Diese erfolgte im März 2016 auf Basis der jährlich laufenden IKT-Erhebung (IKT = Informations- und Kommunikations-Technologie) des Statistischen Landesamtes. Die Zusatzbefragung erfasst 859 Haushalte sowie 2.016 Personen (ebd.: 197). In seiner Stellungnahme setzt sich das Diakonische Werk Hessen-Nassau mit der Haushaltsbefragung zur Lebenssituation in Hessen kritisch auseinander und fragt berechtigterweise nach dem Erkenntnisgewinn durch die zusätzliche Erhebung. In der Kritik heißt es treffend:

» Zum einen wurde nur eine relativ geringe Zahl von Haushalten bzw. Personen befragt, wodurch die Repräsentativität der Erhebung gefährdet sein könnte. Zum anderen bleibt unklar, inwieweit eine (Quoten-)Stichprobe in der Lage ist, valide Aussagen über die 'Lebenslagen von Kindern in Familien im unteren Einkommensbereich' zu liefern – so wie es die Überschrift über dem entsprechenden Abschnitt, der die Ergebnisse der Haushaltsbefragung darstellt, vermuten lässt. Weiter heißt es dazu, dass es zielführender als eine derart breit gestreute Umfrage zur 'Lebenssituation in Hessen' gewesen wäre, genau die Haushalte zu befragen, deren Einkommen unterhalb der Armutsrisikogrenze lägen und in denen Kinder lebten.« (Diakonie Hessen 2017: 7)

Die wichtigsten Ergebnisse

Positive Bevölkerungsentwicklung

Bei einer positiven Entwicklung seit 1995 beträgt der Bevölkerungsstand am 31.12.2015 knapp 6,2 Millionen Menschen. Seit 1995 ist die Einwohner(innen)zahl um 2,8 Prozent und damit deutlich stärker als im Bundesdurchschnitt (+ 0,4 Prozent) gestiegen. Maßgeblich ist dabei die kontinuierliche Zuwanderung in den vergangenen fünf Jahren. Die Bevölkerung altert deutlich und die Zahl der Ein- und Zweipersonenhaushalte wird der Bevölkerungsprognose gemäß weiter zunehmen. Der Anteil der ausländischen Bevölkerung in Hessen liegt deutlich über dem westdeutschen und dem bundesdeutschen Durchschnitt, dabei ist die Zahl der Flüchtlinge und Asylbewerber(innen) zwischen 2005 und 2016 ebenfalls stetig gestiegen, wobei der Anstieg 2015, wie in anderen Bundesländern auch, im Vergleich zu übrigen Jahren größer war (vgl. Hessisches Ministerium für Soziales und Integration 2017: 32 ff.).

Zunehmende Ungleichheit der Einkommen am Arbeitsmarkt

Bereits die Indikatoren-Auswahl zur Beschreibung der sozial-ökonomischen Rahmenbedingungen stützt eine verallgemeinernde Aussage wie: »Hessen ist traditionell ein relativ reiches, wirtschaftlich starkes Bundesland« nicht mehr uneingeschränkt (vgl. Hessisches Sozialministerium 2012, S. 23).

Hessen hat im Vergleich zu den im Bericht untersuchten westdeutschen Bundesländern einen überdurchschnittlichen Anteil der Löhne am Volkseinkommen. Das lässt sich auch für die Bruttolöhne und -gehälter je Erwerbstätigen feststellen. Bei detaillierter Betrachtung fällt auf, dass bei den sogenannten Primäreinkommen die Löhne offensichtlich breiter streuen als in den zum Vergleich in diesem Bericht herangezogenen Nachbar-Bundesländern. Zudem sprechen die Wissenschaftler von einer »erheblichen regionalen Streuung« und damit einem starken Gefälle zwischen dem Südwesten und dem Nordosten Hessens. Die Forschergruppe bewertet dieses Ergebnis als »markante Rahmenbedingung für die Verteilungssituation und soziale Lage in Hessen«. Ebenso bedeutsam ist, dass die Ungleichheit der durchschnittlichen Bruttostundenverdienste in den letzten zehn Jahren noch stärker geworden ist (vgl. Hessisches Ministerium für Soziales und Integration 2017: 40 und 247).

Ungleiche Verteilung der Vermögen

Noch wesentlich ungleicher sind die Vermögen verteilt. Zusammenfassend heißt es, dass in Hessen 50 Prozent der Bevölkerung nur über etwas mehr als 10 Prozent der Gesamtvermögen verfügen, die unteren 20 Prozent haben überhaupt keine erwähnenswerten Vermögen (vgl. ebd.: 247).

Deutlich unzufrieden äußern sich die Wissenschaftler über die Datenlage in der Sozialberichterstattung und stufen diese als »unbefriedigend« ein. Die Kritik reicht soweit, dass u.a. von einer »weitgehenden (teils systematischen) Nichterfassung großer Teile der Einkommen und vor allem der Vermögen« gesprochen wird. Diese Daten-Lücken im Mikrozensus sowie in der Einkommensstichprobe entstünden, da etwa Haushalte mit einem monatlichen Haushaltsnettoeinkommen von mehr als 18.000 Euro nicht beziehungsweise nicht ausdrücklich ausgewiesen würden. Trotz des Mangels an verwertbaren Daten wird eine wichtige Aussage getroffen: Die wachsende Ungleichverteilung passiert genau dort, wo die gängigen Statistiken Lücken aufweisen. Dazu wird im aktuellen Hessischen

Landessozialbericht darauf hingewiesen, dass das Wirtschaftswachstum der letzten Dekade überwiegend bei den Unternehmens- und Vermögenseinkommen gelandet und ein großer Teil des Wirtschaftswachstums der letzten 10 Jahre bei den reichsten 10 Prozent der Bevölkerung angefallen sei (vgl. Hessisches Ministerium für Soziales und Integration 2017: 18).

Weiterer Anstieg der Armutsrisikoquote

Der Berechnung der Armutsrisikoquote haben sich die Wissenschaftler auf zwei Wegen genähert: Einmal legten sie den Bundesmedian der Haushaltsnettoäquivalenzeinkommen zugrunde, zum anderen den Landesmedian (14,4 versus 16,5 Prozent). Zusammenfassend wird ausgesagt, dass für beide Messkonzepte seit 2005 ein leichter Anstieg der Armutsrisikoquote feststellbar ist (vgl. ebd.: 248). Als besonders armutsgefährdet werden Alleinerziehende und ihre Kinder, Ausländer/innen und Menschen mit Migrationshintergrund, Geflüchtete und ältere Menschen genannt.

Bei dem auffällig gestiegenen Einkommensarmutsrisiko der über 80-Jährigen, speziell der Frauen, wird als Grund die Entwicklung bei den durchschnittlichen Zahlbeträgen der gesetzlichen Renten genannt. Es wird festgestellt, dass im Betrachtungsjahr 2015 die Werte der Neurenten deutlich unter dem Niveau der Bestandsrenten liegen. Die Forschergruppe bestätigt, dass selbst in einer einfachen Simulationsrechnung sichtbar wird, wie sich eine weitere Senkung des gesetzlichen Rentenniveaus massiv auf die Altersarmutsquoten im Land auswirken würde (vgl. Hessisches Ministerium für Soziales und Integration 2017: 248).

Reichtums-Verteilung in Hessen kaum messbar

In der Zusammenfassung des Berichts wird dann auch darauf hingewiesen, dass extremer Reichtum im Rahmen statistischer Erhebungen nicht erfasst werden kann. Grund dafür sei, dass als Reichtums-Schwelle in der Armuts- und Reichtums-Forschung eine auf den Median bezogene

200-Prozent-Grenze verwendet wird. Damit errechneten die Forscher ein Nettoäquivalenzeinkommen für einen Einpersonenhaushalt in Hessen von 3.293 Euro. Demnach würden 9,3 Prozent der Bevölkerung bereits als einkommensreich gelten. An dieser Stelle wurde sehr deutlich auf die unzureichende Erfassung der sehr hohen Einkommen durch die verschiedenen Statistiken hingewiesen (Hessisches Ministerium für Soziales und Integration 2017: 248). Ähnlich lautet dann auch die Feststellung in der Stellungnahme der Diakonie: »Die Sozialberichterstattung ist an den Rändern blind« (Diakonie Hessen 2017: 10). Der klare Hinweis auf fehlende Daten durch die Forschungsgruppe wird an gleicher Stelle als eine wesentliche Stärke des Berichts gewertet.

Ein Auftrag an die Sozialberichterstattung bestand darin, sich mit dem Zustand der sogenannten Mittelschicht auseinanderzusetzen. Die damit verbundene Frage nach Auflösungstendenzen bei der Mittelschicht musste nach Aussage der Wissenschaftler unbeantwortet bleiben. In der Begründung hierfür heißt es:

> »Eine solche Analyse ist angesichts der eigentlich viel komplexer anzugehenden Frage nach Schichten der Gesellschaft nur sehr verkürzt im Rahmen eines solchen Berichtes behandelbar: Das Konzept Schicht ist wesentlich umfassender als das im Bericht operationalisierte Konzept der mittleren Einkommen.« (Vgl. Hessisches Ministerium für Soziales und Integration 2017: 248)

Allerdings ist festgestellt worden, dass die mittleren Einkommen (zwischen 60 und 200 Prozent) in Hessen um zwei Prozent abgenommen haben und dies eher ein Hinweis auf eine Zunahme gesellschaftlicher Ungleichheit als auf eine Abnahme ist. Zugleich verbleibt ein Drittel derer, die weniger als 60 Prozent des Medians zur Verfügung haben, länger als vier Jahre in diesem Einkommenssegment. Die erhobenen Daten belegen nach Auffassung der Wissenschaftler, dass sich in Hessen – wie auch bundesweit – in der jüngsten Zeit die Einkommensaufstiege aus den unteren Einkommensbereichen weiter verringert haben. Dieses Ergebnis wird als ein Zeichen für eine stärkere Zementierung der Einkommenshierarchie bewertet (vgl. Hessisches Ministerium für Soziales und Integration 2017: 60).

Wohnsituation in Hessen

Wachsende Einwohner(innen)zahl durch Zuwanderung, weiterer Rückgang der durchschnittlichen Haushaltsgröße und nur mäßige Bautätigkeit führten zu einem deutlichen Anstieg der Mieten und der Kaufpreise bei Häusern und Wohnungen in Hessen. Insbesondere in Südhessen muss in den kommenden Jahren mit zunehmenden Engpässen auf dem Wohnungsmarkt gerechnet werden. Bis zum Jahr 2020 werden nach Berechnungen des Instituts für Wohnen und Umwelt (IWU) jährlich gut 37.000 Wohnungen pro Jahr benötigt; tatsächlich wurden aber in den vergangenen drei Jahren im Durchschnitt nur rund 16.000 Wohnungen hessenweit fertiggestellt. Nach wie vor ist das Einfamilienhaus die dominierende Wohnform. Stellt sich in den hessischen Ballungsräumen in den kommenden Jahren die Wohnungsknappheit als ein großes Problem dar, ist in den eher ländlichen Regionen Nord- und Mittelhessens mit einem Überangebot an Wohnraum und wachsenden Leerständen zu rechnen (vgl. Hessisches Ministerium für Soziales und Integration 2017: 134).

Zu den sozialpolitischen Herausforderungen zählt die Wohnungslosigkeit, die als extreme Armut gilt und zu der nach Einschätzung der Wissenschaftler nur unbefriedigende Informationen vorliegen. Ohne Erhebungen der Liga der freien Wohlfahrtspflege, die in diesen Bericht eingeflossen sind, hätten so gut wie keine Aussagen dazu getroffen werden können. Danach ist der Anteil der Wohnungslosen, die ohne jegliche Unterkunft oder Rückzugsort sind, sehr stark gestiegen und betrifft aktuell jeden sechsten Wohnungslosen. Gestiegen ist auch der Personenkreis, der ganz ohne Einkommen (Almosenempfänger) ist und zwar von 5,4 Prozent im Jahr 2008 kontinuierlich auf 8,3 Prozent im Jahr 2015 (vgl. Hessisches Ministerium für Soziales und Integration 2017: 136).

Den Ernst der Lage erkennen

Der zweite hessische Landessozialbericht zeichnet also ein wesentlich realistischeres Bild sozialer Lebenslagen in Hessen, als dies in der ersten Ausgabe der Fall ist. Er ist damit eine gute Grundlage, um mit den richtigen (wirksamen) sozialpolitischen Maßnahmen zu reagieren. Das gelingt allerdings nur, wenn die Ergebnisse entsprechend eingeordnet werden und die richtigen Schlüsse gezogen werden. In Kapitel 6 »Maßnahmen und Handlungsempfehlungen« äußert sich die Landesregierung zu den Forschungsergebnissen und erweckt damit leider den Eindruck, dass sie trotz zahlreicher Hinweise den Ernst der Lage nicht erkennt. Die Bewertung lässt sich in *fünf Punkten* zusammenfassen.

Erstens: Mit der Einschätzung »Starker Arbeitsmarkt« wird verkannt, dass eine hohe Erwerbsbeteiligung und niedrige Arbeitslosenquoten allein den Arbeitsmarkt und damit verbundene Erwerbschancen nur eingeschränkt beschreiben. Es muss dabei auch beurteilt werden, welche Zugänge besondere Zielgruppen (z. B. Langzeitarbeitslose, gesundheitlich eingeschränkte oder nicht deutschsprachige Menschen) auf den Arbeitsmarkt und zu Bildung haben und wie das Verhältnis der Qualifikationsansprüche der Unternehmen auf der einen und Qualifikationsprofile der Beschäftigten auf der anderen Seite ausfällt. Sich ankündigende und in bestimmten Branchen schon sichtbar werdende Fachkräfteengpässe sind Entwicklungen, die der gepriesenen Robustheit des Arbeitsmarktes durchaus entgegenstehen.

Zweitens: Dass ausgerechnet in Hessen der Mindestlohn eine untergeordnete Rolle spielen soll, geht vollständig an der Realität vorbei. Denn ausgerechnet der gesetzliche Mindestlohn hat auch in Hessen für viele Menschen mehr Lohn bedeutet. Sowohl die sozialversicherungspflichtige Beschäftigung als auch die Löhne haben sich seit Einführung des gesetzlichen Mindestlohns positiv entwickelt. Von Januar 2015 bis Ende August 2017 lag das Plus der sozialversicherungspflichtigen Beschäftigung in Hessen bei 6,7 Prozent. Mehr als doppelt so hoch war der Anstieg sozialversicherungspflichtiger Teilzeit- und Vollzeit-Beschäftigung (ohne Minijobber) beispielsweise im Gastgewerbe. Auch als Haltelinie nach unten erzielt der Mindestlohn eine Wirkung, die keinesfalls unterschätzt werden darf. Es ist ebenso keine Erfolgsmeldung, dass etwa jede/r sechste Erwerbstätige im sogenannten Mindestlohnbereich arbeitet, nur weil es in angrenzenden Bundesländern noch schlechter aussieht.

Drittens: Mit der Behauptung, Arbeit schaffe Wohlstand, fühlen sich sicher nicht alle Beschäftigten gleichermaßen angesprochen. Sehr deutlich weisen die Befunde des Landessozialberichts auch auf eine stärker werdende Einkommensspreizung und eine erhebliche regionale Streuung hin. Diese Unterschiede werden als markante Rahmenbedingung für die Verteilungssituation und die soziale Lage in Hessen gesehen. An einer anderen Stelle des Sozialberichts finden sich durchaus Hinweise auf eine Entkopplung von Arbeit und Wohlstand. Sowohl Frauen, Teilzeitbeschäftigte als auch geringfügig Beschäftigte haben deutlich geringere durchschnittliche (Brutto-)Erwerbseinkommen. Ernstgenommen werden muss auch die Beobachtung, dass sich die Einkommensmobilität, vor allem in Bezug auf Einkommensaufstiege aus den unteren Einkommensbereichen, auch in Hessen in jüngster Vergangenheit verringert hat. Solche Feststellungen belegen, dass die Landesregierung ihre Schlussfolgerung, die Deregulierung des Arbeitsmarktes habe in Hessen keine nennenswerten negativen Folgen, dringend überdenken muss.

Viertens: »Geld allein macht nicht glücklich«, lautet eine Schlussfolgerung. Für die Landesregierung heißt das offensichtlich nichts anderes als: Die Lebenszufriedenheit hängt nicht ausschließlich vom Einkommensniveau ab. Nach den Ergebnissen des Berichtes stimmt das zwar, damit aber ist es nicht getan. In Kapitel 4.2. des Berichts wird hierzu sehr gut herausgearbeitet, dass neben den individuellen Sorgen und Ängsten insbesondere die wachsende soziale Ungleichheit zu zunehmender Besorgnis und Kritik in der Gesellschaft führt. Die Ergebnisse aus der hessischen

Haushaltserhebung (HHB), die u.a. auch nach einer individuellen Einschätzung des Auseinanderdriftens von Arm und Reich fragt, zeigen sehr deutlich, dass der größte Teil der hessischen Bevölkerung den Gegensatz zwischen Arm und Reich als sehr starken Konflikt einstufen – unabhängig davon, ob es sich um einkommensschwache oder einkommensstarke Befragte handelt. Das decke sich nach Einschätzung der Sozialforscher im Ergebnis mit anderen Meinungsumfragen wie bspw. Infratest Sozialforschung oder der Umfrage des Instituts für Demoskopie Allensbach. Demnach blickten die meisten Befragten besorgt in die Zukunft, wenn sie an die Risiken von Arbeitslosigkeit, Pflegebedürftigkeit oder ihr Einkommen im Alter denken (vgl. Hessisches Ministerium für Soziales und Integration 2017: 236).

Fünftens: Die Hessische Landesregierung lobt sich mit der Überschrift »Geringe Armutslage in Hessen« und unterschlägt dabei, dass die Analyse der wissenschaftlichen Institute zu einem ganz anderen Ergebnis kommt. In der Darstellung auf Seite 48 des Hessischen Landessozialberichtes wird eine hessische Armutsrisikoquote von 14,4 Prozent (Bundesmedian) beziehungsweise 16,5 Prozent (Landesmedian) ausgewiesen. Im Begleittext heißt es dazu: »Sowohl die Bezugnahme auf den Bundes- als auch auf den Landesmedian macht für Hessen deutlich, dass die Armutsrisikoquote von 2005 auf 2015 gestiegen ist.« Eine solche Entwicklung müsse dennoch beunruhigen, auch wenn die Quoten in anderen Bundesländern noch schlechter ausfielen.

Empfehlungen an die Hessische Landesregierung

Der Deutsche Gewerkschaftsbund als Mitglied des Landesbeirats hat sich gemeinsam mit der Liga, den Kirchen, dem VdK und dem Ausländerbeirat im Sozialberichtsteil »Beiträge der Mitglieder des Beirats« gemeinsam zu Wort gemeldet und viele Vorschläge unterbreitet, wie Armut und soziale Ungleichheit in Hessen bekämpft und vermieden werden können. Sie nennen gemeinsam zentrale Ansatzpunkte für die zukünftige Sozialberichtserstattung in Hessen (vgl. Hessisches Ministerium für Soziales und Integration 2017: 273).

So sei die Einbeziehung der Betroffenenperspektive von sehr großer Bedeutung, denn fehle sie, bliebe jede Sozialberichterstattung unvollständig. Gleiches gelte für eine stärkere Wahrnehmung negativer struktureller beziehungsweise gesetzlicher Rahmenbedingungen, die Armut mitverursachten. Betont wurde, dass die Landesregierung regionale Unterschiede viel stärker zu berücksichtigen habe und hierfür die Datenlage auf Kreis-, Gemeinde- und Quartiersebene verbessern müsse. Generell fehle es bislang an einer sozialraumorientierten und sozialplangestützten Politik in Hessen. Dringend angeraten werden eine bessere Ausstattung und verlässliche Finanzierung bestehender Beratungsdienste, damit diese auch zielgruppenübergreifend handeln können. Nur dann gelingt auch eine sozialraumorientierte Integrationsarbeit, bei der mit Hilfe geeigneter Präventionsmaßnahmen dringend notwendige lokale Prozesse für eine gegenseitige Anerkennung und Akzeptanz zwischen Nachbarn angestoßen beziehungsweise gefördert werden.

Literatur

Diakonie Hessen (2017): Stellungnahme zum zweiten Hessischen Landessozialbericht, Frankfurt am Main.
Hessisches Ministerium für Soziales und Integration (2017): 2. Hessischer Sozialbericht, Wiesbaden.
Hessisches Sozialministerium (2012): Hessischer Landessozialbericht, Wiesbaden.
Klundt Michael (2008): Von der sozialen zur Generationengerechtigkeit? Polarisierte Lebenslagen und ihre Deutung in Wissenschaft, Politik und Medien, Wiesbaden.
Drs. Nr. 18/851; Beschlussempfehlung und Bericht des Ausschusses für Arbeit, Familie und Gesundheit zu dem Antrag der Fraktion der CDU und FDP über den Landessozialbericht der Hessischen Landesregierung am 26.06.2009; http://starweb.hessen.de/cache/DRS/18/1/00851.pdf , abgerufen am 22.5.2018.

Pflege in Hessen

Helena Müller

Pflegekrise – nicht nur in Hessen

Rund 223.600 Menschen waren 2015 laut Statistischem Bundesamt in Hessen pflegebedürftig. Bis 2060 könnte sich die Zahl der Pflegebedürftigen verdoppeln, dies prognostizieren Statistiken des Demografieportals des Bundes und der Länder (Hessenschau vom 28.01.18). Hintergrund ist die zunehmend alternde Gesellschaft. Um die Pflegebedürftigen kümmern sich derzeit rund 24.400 Pflegekräfte in ambulanten und rund 49.000 Pflegekräfte in stationären Einrichtungen in Hessen. In den hessischen Kliniken sind ca. 33.000 Pflegekräfte beschäftigt (Hessischer Pflegemonitor 2017).

Der Koalitionsvertrag von CDU/CSU und SPD auf der Bundesebene sieht vor, in der nächsten Legislaturperiode bundesweit 8.000 neue Stellen in der Pflege zu schaffen. An dem tatsächlichen Bedarf geht diese Forderung jedoch vorbei, schaut man sich die heutigen Bedingungen in der Pflege und die demografischen Veränderung genauer an. Und obwohl das Problem unter dem Stichwort der »Pflegekrise« längst bekannt ist, hat sich an den Arbeits- und Pflegebedingungen bisher kaum etwas geändert. Die 8.000 versprochenen Stellen werden nicht mehr als ein Tropfen auf dem heißen Stein sein.

Denn allein in Hessen ergibt sich nach Berechnungen des Hessischen Pflegemonitors ein Erweiterungsbedarf von Altenpflegern und Altenpflegerinnen – und das allein durch demografische Veränderungen – in Höhe von 3.512 Vollzeitstellen bis zum Jahr 2025. Hinzu kommt, dass in den nächsten Jahren ein beträchtlicher Teil der derzeit in ambulanten Pflegediensten und stationären Altenpflegeeinrichtungen beschäftigten Pflegefachkräfte altersbedingt aus dem Erwerbsleben ausscheiden wird. Die Addition von demografiebedingtem Erweiterungs- und altersbedingtem Ersatzbedarf ergibt für Hessen einen Neueinstellungsbedarf in den Einrichtungen der ambulanten und stationären Altenhilfe bis zum Jahr 2030 in Höhe von insgesamt 9.859 AltenpflegerInnen – und bis zum Jahr 2035 sogar in einer Größenordnung von 12.964 AltenpflegerInnen. Um den zukünftigen Bedarf für diese Berufsgruppe zu decken, ist eine Erweiterung um 79 Prozent bis zum Jahr 2030 und bis zum Jahr 2035 um 104 Prozent notwendig.

Hinzu kommt noch der zu deckende Bedarf an Gesundheits- und (Kinder-)KrankenpflegerInnen in der Altenhilfe, hier sind 6.372 Vollzeitäquivalente bis 2030 und 8.197 bis 2035 erforderlich. Bezogen auf den derzeitigen Beschäftigtenstand entspricht dies 96 beziehungsweise 123 Prozent (bis 2035). Das heißt, dass der zukünftige Fachkräftebedarf langfristig – und dies ist keineswegs überraschend – höher liegt als der derzeitige Beschäftigtenstand (ebd.).

Die schon jetzt erschreckenden Zahlen des Hessischen Pflegemonitors sagen jedoch nichts über das fatal schlechte Niveau der Pflegestruktur aus. Die Personalschlüssel in Einrichtungen der stationären Altenhilfe orientieren sich nicht am tatsächlichen Bedarf, sondern an willkürlich bestimmten Anhaltszahlen, die noch auf die Zeit vor der Einführung der Pflegeversicherung zurückgehen. Für das Pflege- und Betreuungspersonal wurde im Rahmenvertrag über die vollstationäre pflegerische Versorgung gemäß § 75 Abs. 1 SGB XI für das Land Hessen zwischen der AOK, der BKK Landesverband Hessen, der IKK Baden-Württemberg und Hessen, der Knappschaft und den Ersatzkassen ein Personalanhaltswert von bis zu einer Vollzeitkraft zu 3,40 BewohnerInnen bezogen auf die Pflegestufe I vereinbart. Laut AOK ergibt sich durch die unterschiedlichen Pflegestufen[1] ein Personalrichtwert für das Pflege- und Betreuungspersonal von bis zu 1:2,56. Die Pflegeheime können jedoch im Rahmen ihrer Schnittstellengestaltung bis zu 10 Prozent der Stellenanteile des Pflegepersonals dem Bereich Hauswirtschaft und bis zu 2 Prozent dem Bereich Leitung und Verwaltung zuordnen. Die Richtlinie wird häufig durch nicht besetzte Stellen zusätzlich unterschritten. Es ist nicht selten, dass vor allem nachts viele Pflegekräfte alleine arbeiten müssen.

Der hessische Rahmenvertrag über die vollstationäre pflegerische Versorgung gibt eine Rechnung vor, nach der – je nach Pflegegrad und Anzahl der BewohnerInnen eines Heims – ein individueller Personalschlüssel berechnet wird. Laut AOK sollte im Schnitt bereits im vergangenen Jahr die Personalmenge um sechs Prozent angehoben worden sein. Schlechte Arbeitsbedingungen und schlechte Bezahlung führen jedoch dazu, dass weniger junge Leute bereit sind, den Beruf zu erlernen. Zudem steigen viele nach einiger Zeit wieder aus dem Beruf aus. Es herrscht ein massives Stellenbesetzungsproblem in Hessen: Im Jahr 2016 wurden von ambulanten und stationären Pflegeeinrichtungen sowie von Krankenhäusern und Rehabilitationskliniken 17.652 Pflegekräfte gesucht, davon überwiegend AltenpflegerInnen (4.678), Gesundheits- und KrankenpflegerInnen (3.875) und angelernte und anzulernende Pflegehilfskräfte (2.629). Durch den Fachkräftemangel, der sich insbesondere in der Altenpflege zuspitzt, konnten jedoch nicht in allen Pflegeheimen neue Pflegekräfte eingestellt werden. Bei den länger ausgebildeten Pflegefachkräften blieben 2017 laut hessischem Pflegemonitor 14 Prozent der Stellen unbesetzt, bei den Pflegehelfern sogar jede fünfte Stelle. Auch der Lehrkräftemangel an hessischen Pflegeschulen nimmt immer stärkere Ausmaße an, da in den nächsten zehn Jahren 24–27 Prozent des Lehrkräftebestandes das Renteneintrittsalter erreicht haben wird (ebd.).

---

1 Die neuen Pflegestufen wurden in dieser Berechnung noch nicht berücksichtigt.

Im Pflegestärkungsgesetz III wurde zwar mit zwei neuen Pflegestufen Demenz als Pflegebedürfnis Rechnung getragen; dadurch haben in den ersten drei Monaten des Jahres 2017 bundesweit etwa 80.000 Menschen mehr als vorher erstmals Leistungen der gesetzlichen Pflegeversicherung bekommen (Becker/Ludwig 2017). Dennoch wird vom Deutschen Gewerkschaftsbund kritisiert, dass SomatikerInnen in stationären Einrichtungen im Vergleich zu kognitiv eingeschränkten Menschen weniger Leistungen erhalten (Buntenbach 2015). Dies bedeutet, dass Heimbewohner und Heimbewohnerinnen in den niedrigen Pflegegraden die Eigenanteile der HeimbewohnerInnen in den höheren Pflegegraden mit ihrem Eigenanteil kompensieren sollen. Niedrige Pflegegrade sollen also verstärkt zuhause versorgt werden. Doch wer soll diese Versorgung übernehmen? Und wenn Heime zukünftig nur noch von schwerkranken BewohnerInnen bewohnt werden, wer soll dann diese Intensivbetreuung übernehmen?

Wenn mehr Pflegebedürftige mehr Leistungen erhalten, muss auch mehr qualifiziertes Personal zur Verfügung stehen. Hier wird klar, dass das Konzept nicht durchdacht ist, ein neuer – obligatorischer – Betreuungsschlüssel wird vor diesem Hintergrund mehr denn je notwendig sein, um den gestiegenen Anforderungen Rechnung zu tragen. Rein rechnerisch stehen bundesweit derzeit für 100 über 65-Jährige nur 5,5 Plätze in Heimen und lediglich 0,7 Altenpfleger und Altenpflegerinnen in ambulanten Pflegediensten zur Verfügung (Auth 2017).

Die krasse Mangelversorgung sowohl im stationären als auch im ambulanten Bereich lässt sich außerdem daran aufzeigen, dass 62 Prozent der Pflegeeinrichtungen Wartelisten haben, es mangelt an Tages- und Kurzzeitpflegeplätzen – 18 Prozent der Pflegebedürftigen geben an, dass ihr Hilfebedarf im pflegerischen und/oder hauswirtschaftlichen Bereich nicht gedeckt sei (Leitner 2013). Vor diesem Hintergrund wird vom sogenannten Pflegenotstand gesprochen. Diese Lage wird sich durch den demografischen Wandel noch mehr zuspitzen.

Privatisierungen, niedrige Löhne, mangelnde Versorgung

Zwischen 30 und 40 Prozent der hessischen Kliniken sind defizitär (DIE LINKE 2017). Es fehlen nach Berechnung der hessischen Krankenhausgesellschaft jährlich bis 150 Millionen Euro an investiven Mitteln. Durch die Fallpauschalen sind die Krankenhäuser einem massiven Wettbewerb ausgesetzt – mit der Folge, dass vor allem auf lukrative Behandlungen gesetzt wird und Einsparungen beim Personal stattfinden. Mit der Ver- und Umsorgung menschlicher Bedürfnisse hat dieses Geschäft nichts mehr zu tun!

Bei der stationären und ambulanten Pflege haben sich die Auswirkungen der Privatisierungen längst zugespitzt. Infolge der direkten Konkurrenz mit den privaten Anbietern nahm die Orientierung der Bezahlung in der Pflege am Öffentlichen Dienst nach und nach ab, da die Löhne für die Angestellten in den privaten Pflegediensten und -heimen deutlich niedriger lagen (und liegen) als im Öffentlichen Dienst und in kirchlichen Einrichtungen. Im Schnitt verdienten hessische Pflegefachkräfte 2014 in privaten und kommunalen Pflegeheimen laut einer Studie des Statistischen Landesamts 2.822 Euro brutto im Monat (Hessenschau vom 28.01.2018). Damit werden die Altenpfleger und Altenpflegerinnen in privaten Einrichtungen im Durchschnitt schlechter als im Tarifvertrag öffentlicher Dienste (TVöD) und in den Arbeitsvertragslinien der Caritas bezahlt. Dies ist wohl auf die niedrigen Einkommen bei den privaten Trägern zurückführen. In tarifgebundenen Betrieben verdienen sie deutlich mehr, allerdings machen diese mittlerweile bundesweit nur noch 40 Prozent der Pflegeinfrastruktur aus. In Hessen sind dem Statistischen Landesamt zufolge sogar etwa die Hälfte der Pflegeheime in privater Trägerschaft, 46 Prozent werden von gemeinnützigen Organisationen betrieben. 35 Einrichtungen in Hessen befinden sich in kommunaler Trägerschaft.

Seit Mitte 2010 gibt es in der Pflegebranche einen Branchenmindestlohn, der durch eine Rechtsverordnung nach dem Arbeitnehmerentsendegesetz für allgemeinverbindlich erklärt worden ist. Seit Anfang 2015 hat er im Westen 9,40 Euro und im Osten 8,65 Euro betragen, und ist seitdem auf 10,20 Euro beziehungsweise 9,50 Euro angestiegen (Deutsches Medizinrechenzentrum 2017). Der Pflegemindestlohn ist vor allem für die Hilfskräfte in der Pflege relevant. Aktuell ist die Qualifikationsstruktur in Pflegeeinrichtungen von 40 Prozent Hilfskräften geprägt (Heintze 2013). Die Gewerkschaft ver.di fordert dagegen nicht nur die Festlegung von Mindeststundenlöhnen für Pflegehilfskräfte in Höhe von mindestens 12,50 Euro pro Stunde, sondern auch für examinierte AltenpflegerInnen einen Stundenlohn von mindestens 15,50 Euro. Bei einer Zusatzqualifikation, zum Beispiel für Palliativpflege, sollen mindestens 16,50 Euro bezahlt werden. Die Forderung eines allgemein verbindlichen Tarifvertrags scheiterte bislang durch die fehlende Unterstützung der kirchlichen Arbeitgeber.

Steigende Privatisierungen innerhalb der Pflegelandschaft und damit einhergehende Managementmethoden haben zu einer Verschlechterung für die beruflich Pflegenden und der Versorgung der Pflegebedürftigen geführt. Vor allem private Anbieter unterschreiten häufig die gesetzlich vorgeschriebene Fachkraftquote von mindestens 50 Prozent und stellen unterqualifiziertes oder ungeschultes Personal ein, um Kosten zu sparen. So verschärft sich die Arbeitsbelastung der verbliebenen Pflegefachkräfte weiter. In Alten- und Pflegeheimen ist das Arbeitsaufkommen und damit die zeitliche Belastung der Beschäftigten im internationalen Vergleich extrem hoch. Das Problem herrscht auch in der Krankenpflege: Deutschland ist mit einer Pflegekraft zu 10,3 PatientInnen europäisches Schlusslicht, Norwegen hat beispielsweise eine um das Dreieinhalbfache höhere Personalbesetzung (ver.di 2015). Unter dem Stichwort der ‚Minutenpflege' wird dieses Thema auch in der Öffentlichkeit skandalisiert. Folge der Minutenpflege sind ein Bedeutungsverlust persönlicher Zuwendung und Mängel in der elementaren Versorgung, die sich etwa in fehlenden Zeiten für Gespräche und sogar im Wundliegen der Pflegebedürftigen zeigen. Durch die Zeitmanagement-Methoden, die vor allem durch Privatisierungen und deren Kostenkalküle bedingt sind, entsteht eine Skandalisierung der öffentlichen Pflege, während die häusliche, informelle Pflege als einzig »gute Pflege« aufgewertet wird. Unter diesen Umständen ist ein Altern im Altersheim für viele ein Schreckensszenario. Dagegen sind die Pflegenoten meist sehr gut.[2] Auch deswegen steigt das Misstrauen der Bevölkerung gegen die stationäre Pflege.

Pflegeberufe – weiblich und prekär

Im Jahr 2014 hat die Landesregierung in Hessen selbst eine Untersuchung in Auftrag gegebenen, die ergab, dass

> »Pflegefehler die zentralen, negativen Konsequenzen aus nicht mehr kompensierbaren Arbeitsspitzen sind. Hygienemängel, mangelnde Zuwendung zu den Patientinnen und Patienten, fehlende Beratung und Mobilisierung sind Folgen des Personalmangels« (Schott 2017).

Hier müssten endlich die dringend notwendigen Konsequenzen gezogen werden.

Pflegende haben eine höhere Wahrscheinlichkeit an psychischen Leiden zu erkranken als andere Berufsgruppen. Wie beschrieben liegt der Lohnspiegel etwas unter dem Durchschnittswert aller Beschäftigten in Deutschland und ist mit der hohen Stressbelastung, die deutlich über dem Durchschnitt aller Beschäftigten liegt, ein zentraler Grund für die Unzufriedenheit im Beruf. Bei der schon angesprochenen Minutenpflege kalkulieren Arbeitgeber regelrecht die Entstehung unbezahlter Schattenpflege mit ein. Auch Beschäftigte in ambulanten Pflegediensten kommen in einen Konflikt zwischen Fürsorge und Autonomie und Gerechtigkeit, da sie häufig die einzigen regelmäßigen sozialen Kontakte alleinlebender Menschen sind und als Bezugsperson fungieren. Die Grenze zwischen

---

2   Grund für diesen Missstand ist, dass 66 Kriterien abgefragt werden, darunter zur Heimatmosphäre, Freizeitangeboten und der Anbindung an den Nahverkehr. Schlechte Noten bei »harten« Pflegekriterien wie der Versorgung können so durch diese »weichen« Kriterien ausgeglichen werden.

professioneller und emotionaler Zuwendung verschwimmt schnell. Dieser Konflikt wird häufig ‚gelöst', indem die Pflegenden außerhalb ihrer Arbeitszeit Leistungen für Pflegebedürftige erbringen. Auch in den Kliniken gehen die Pflegekräfte täglich an den Rand ihrer Belastungsgrenzen, um Schlimmstes zu verhindern. Fürsorge kollidiert so zunehmend mit der Selbstsorge der Pflegenden. Burnout und Berufsflucht verstärken sich. Die neuen Managementkonzepte im Pflegebereich sind auf Rationalisierung und Kostensenkung ausgelegt. Die Pflege wird durch das Rekurrieren auf den stark körper- und tätigkeitsbezogenen Pflegebegriff aus ihrem sozialen Kontext geradezu herausgerissen. In der Umsetzung bedeutet dies für die professionell Pflegenden eine Intensivierung ihrer Arbeit durch eine viel zu knappe Personalbemessung.

Dies deckt sich mit den Ergebnissen der ver.di-Sonderauswertung der Repräsentativumfrage zum DGB-Index »Gute Arbeit« 2012 für die Pflegeberufe. Dabei eingeschlossen wurden Alten-, Gesundheits- und Krankenpflege sowie Geburtshilfe. In den Augen der Beschäftigten in Pflegeberufen resultiert die Härte des Berufes weniger aus der Arbeitsaufgabe als aus den Bedingungen, unter denen sie derzeit erfüllt werden muss: 87 Prozent der Pflegekräfte müssen seit Jahren immer mehr in der gleichen Zeit leisten, 47 Prozent des Pflegepersonals haben ein so hohes Arbeitsvolumen zu bewältigen, dass sie häufig Abstriche bei der Qualität der Arbeitsausführung machen müssen. In der Pflege wird insgesamt unter Bedingungen gearbeitet, die mit einem Indexwert von 52 Punkten hart an der Grenze zu »Schlechter Arbeit«[3] liegen. Dabei liegen die emotionalen und körperlichen Anforderungen, die Arbeitsintensität, das Einkommen, sowie die betrieblichen Sozialleistungen mit 31–44 Indexpunkten sogar unterhalb der Grenze zur schlechten Arbeit. Im Gegensatz dazu haben 95 Prozent der Beschäftigten in Pflegeberufen den Eindruck, dass sie mit ihrer Arbeit einen wichtigen Beitrag für die Gesellschaft leisten – doch nur 21 Prozent sind der Meinung, dass ihre Leistung auch angemessen ho-

---

3 Indexwerte zwischen 80 und 100 Punkten bedeuten ‚Gute Arbeit', weniger als 50 Punkte ‚Schlechte Arbeit'. Die Arbeitsqualität im Bereich dazwischen ist in ein unteres (50–64 Punkte) und ein oberes Mittelfeld (65–79 Punkte) unterteilt.

noriert wird. Außerdem geht aus der Studie hervor, dass PflegerInnen in beträchtlichem Umfang auch dann arbeiten, wenn sie sich krank fühlen; 39 Prozent taten das sogar an mehr als zehn Tagen im Jahr. Dementsprechend befürchten 74 Prozent der Beschäftigten, dass sie bis zur Rente nicht mehr arbeitsfähig bleiben werden (ver.di 2013). Auch deswegen entscheiden sich viele Pflegekräfte früh für die Teilzeit. Der Rückgang von Vollzeitbeschäftigten von 1999 bis 2013 betrug bundesweit von 31 Prozent auf 27 Prozent in den ambulanten Diensten und von 48 Prozent auf knapp 30 Prozent in den Pflegeheimen. Zugenommen haben vor allem Teilzeitbeschäftigungen mit einer Arbeitszeit von über 50 Prozent, zwischen 1999 bis 2013 um über 130 Prozent in den ambulanten Diensten und über 150 Prozent in den Pflegeheimen (Auth 2017). Auch der Anteil der Mini-Jobs hat sich in dieser Zeit in Pflegeheimen um über die Hälfte erhöht, in ambulanten Pflegediensten sogar um zwei Drittel. In Hessen variierte bei allen Berufsgruppen – mit Ausnahme der akademischen Pflegekräfte – die Teilzeitquote zwischen 59 Prozent und 80 Prozent. Je niedriger das Qualifikationsniveau der Beschäftigten, desto höher ist tendenziell auch die Teilzeitquote. Die höchste Teilzeitquote wiesen in ambulanten Pflegediensten die KrankenpflegehelferInnen mit 80 Prozent auf. Die Teilzeitquote in stationären Einrichtungen lag in Hessen im Jahr 2015 für staatlich geprüfte Pflegefachkräfte bei durchschnittlich 52 Prozent. Alten- und KrankenpflegehelferInnen waren sogar zu fast zwei Drittel in Teilzeit beschäftigt (66 bzw. 64 Prozent). Die Teilzeitquote für an- und ungelernte Pflegehilfskräfte lag mit 75 Prozent leicht niedriger als im ambulanten Bereich (Hessischer Pflegemonitor 2017). Die Teilzeitquoten des Pflegepersonals sind in Krankenhäusern mit 51 Prozent etwas niedriger – aber immer noch vergleichsweise hoch – als in den Einrichtungen der Altenhilfe und in den Rehabilitationskliniken.

PflegerInnen in Deutschland sind, dies zeigt ein europäischer Vergleich, mit über 50 Prozent besonders unzufrieden in ihren Arbeitsverhältnissen (Auth 2017). Pflege in Hetze ist »von der Arbeitsaufgabe her ein Widersinn« (ver.di 2013) – aber leider Realität. Die Paradoxien aus einem ambivalenten Gefüge von Liebe und Fürsorge sowie dem Spannungsverhältnis zwischen den Bedürfnissen der Pflegebedürftigen und den ökonomischen Anforderungen des Sozial- und Gesundheitssystems werden im Pflegeberuf ganz besonders deutlich.

Die heutige Form der Pflegeberufe entstammt in Deutschland der christlichen Tradition beziehungsweise einer religiös motivierten Armenfürsorge. Aus dieser und den diakonischen Einrichtungen ging die stationäre Pflege Ende des 19. Jahrhunderts hervor. Die Pflegearbeit wurde meist ehrenamtlich und von Frauen verrichtet und war somit keine Erwerbsarbeit. Mit der Entlohnung ab den 1960er Jahren wurden ebenfalls Frauen eingestellt, die nach der Familienphase aufgrund angeblicher weiblicher Veranlagung zur Fürsorge und ihrer Erfahrungen als Mütter und Hausfrauen alte Menschen pflegen »können« (Wahl 2014). Damit war Pflegearbeit eigentlich schon immer prekär.

Der Frauenanteil in ambulanten Diensten liegt bei knapp 88 Prozent, in den Pflegeheimen bei 85 Prozent und in den Kliniken bei zirka 70 Prozent. In der Pflegebranche ist nicht nur der Anteil der Teilzeitbeschäftigten, sondern auch der Anteil der Befristungen hoch. Es zeigt sich: Ein Viertel der AltenpflegerInnen und knapp ein Drittel der AltenpflegehelferInnen sind befristet beschäftigt. Mit der geringen Entlohnung und den hohen Teilzeitquoten sind die Beschäftigten – also vor allem Frauen – besonders häufig einem Armutsrisiko ausgesetzt. Auch Leiharbeit ist ein Thema, das zwar mit 19.000 Beschäftigten von Leiharbeitsfirmen (noch) auf niedrigem Niveau stattfindet, im Vergleich zu anderen Branchen aber dramatisch steigt. Der Trägerwettbewerb, die Anpassung der Strategien der freigemeinnützigen an die privaten Träger und die rigiden Versorgungs- und Vergütungsverträge mit den Pflegekassen haben nicht nur zu niedrigeren Löhnen geführt, sondern auch zu zunehmend schlechteren Arbeitsbedingungen. Die Abwerbung qualifizierter Pflegekräfte durch das Ausland verstärkt den Personalmangel, da professionelle Pflegekräfte fast überall besser bezahlt werden als in Deutschland.

Es zeigt sich, dass die gewünschte Zuwanderung in die Pflegeberufe nicht oder wenn nur prekär erfolgt: Die Zuwanderungsrate in den Pflegeberufen ist mit 2.000 Arbeitsmigranten und -migrantinnen zwischen 2005 und 2009 niedriger als die gesamtwirtschaftliche Zuwanderungsrate (Krawietz/Visel 2014). Zudem zeigt sich, dass die Migration häufig von einem Bildungsabstieg im Ankunftsland geprägt ist und hochqualifizierte Kräfte zu examinierten Praktikanten und Praktikantinnen abgewertet werden. Ein häufig herangezogenes Begründungsmuster für die Nichtanerkennung von im Ausland erworbenen Berufsabschlüssen auf dem Feld der Pflege ist dabei die Differenz zwischen Grund- und Behandlungspflege. Dabei ist an diesem Begründungsmuster besonders irritierend, dass den Migrantinnen dabei nicht nur ein »Zuwenig« an pflegerischer Kompetenz zum Verhängnis wird, sondern auch ein »Zuviel« an medizinischen Kenntnissen. Speziell für den Beruf der Altenpflegerin, die noch eine spezifische Form der schulischen Ausbildung darstellt und in der Grundpflege eine besonders hohe Wertschätzung erfährt, wird die Anerkennung ausländischer Abschlüsse erschwert (Auth 2017). Nicht selten finden sich die ausgebildeten Pflegekräfte dann in Knebelverträgen mit Konventionalstrafen wieder. Dazu äußerte sich ver.di schon 2014: »Es gebe Unternehmen mit Kündigungsgebühren von 10.000 Euro [...]. Hier werden Migrationskosten genutzt, um Pflegekräfte an das Unternehmen zu binden« (Münch 2014).

Wohin mit unseren Pflegebedürftigen: Migrantinnen in deutschen Privathaushalten als »Lösung« der Pflegekrise?

Mit dem Pflegestärkungsgesetz III sollte vor allem der Leitsatz »ambulant vor stationär« gestärkt werden. Die große Bedeutung, die eine teilweise ambulante Pflege mit Hilfe von Angehörigen im deutschen System hat, wird gern mit den Präferenzen der Bevölkerung erklärt. Dies ist aber nur die halbe Wahrheit. Wohl gibt es in Deutschland eine Präferenz für Pflege durch Familienangehörige. Diese Präferenz ist jedoch nicht unabhängig von den Rahmenbedingungen (Heintze 2013). So sehen laut Heintze 55

Prozent die ambulante Pflege in Deutschland als zu teuer an, 75 Prozent bewerten Altenheime als unbezahlbar. Außerdem werden die stationären Leistungen von 35 Prozent der Ostdeutschen und 42 Prozent der Westdeutschen als »ziemlich schlecht« oder »sehr schlecht« eingeschätzt.

Mit der Förderung der häuslichen Pflege verstärkt sich der moralische Druck für Angehörige, eine Pflege-Lösung zuhause zu finden. Dies spiegelt sich auch in den Zahlen der Versorgung wieder: Drei Viertel der Pflegebedürftigen in Hessen werden zuhause versorgt, das ist etwas mehr als der bundesweite Durchschnitt von 71 Prozent (Hessisches Sozialministerium 2013). Obwohl im Heim eine professionelle medizinische Umsorgung gewährleistet wäre und neue Kontakte entstehen könnten, ist bei vielen Pflegebedürftigen und ihren Angehörigen der Wunsch groß, eine Einweisung in ein Pflegeheim zu verhindern. Eine 24-Stunden Versorgung durch ambulante Dienste wird oder kann durch den häufigen Schichtwechsel der Personen und der hohen Kosten meist nicht gewählt werden. Auch spiegelt diese Zahl die hessische Mangelversorgung in der stationären Pflege wieder.

Für die häusliche Pflege werden Frauen noch immer als die Hauptverantwortlichen gesehen. Doch diese sind vermehrt in Erwerbstätigkeit tätig. Die Europäische Union verfolgt diese Linie der Förderung der Erwerbstätigkeit von Frauen als primäre Gleichstellungsstrategie. Übersehen wird bei der Förderung des Zweiverdiener-Modells, dass die Integration von Frauen in den Arbeitsmarkt nur dann realisiert werden kann, wenn die Übernahme häuslicher Fürsorgearbeit organisiert ist. Die Logik des Pflegegeldes steht im Gegensatz zu dieser Gleichstellungsförderung. Denn statt Frauen zu entlasten, impliziert das frei verfügbare Pflegegeld, dass die Pflegende anderweitig abgesichert ist, etwa durch einen versorgenden Ehemann. Pflegende Angehörige sind zwar, wenn sie mindestens 14 Stunden pro Woche pflegen, unfall- und rentenversichert, nicht jedoch arbeitslosen-, kranken- oder pflegeversichert. Unterstellt wird hiernach, dass die Pflegeperson verheiratet und über einen

Ehepartner kranken- und pflegeversicherungsrechtlich abgesichert ist. Mit der Pflegeversicherung soll demnach vor allem auf die

> »mittleren und älteren Müttergenerationen zurückgegriffen werden, die verheiratet sind und ihre Erwerbskarriere ohnehin schon durch Kindererziehung unterbrochen haben, nur noch Teilzeit arbeiten, wenn überhaupt« (Leitner 2013: 131).

Da Frauen also noch immer als die Verantwortlichen für Sorgearbeit gesehen werden, ist es nicht verwunderlich, dass sie dadurch häufiger in atypischen Beschäftigungsfeldern zu finden sind als Männer und noch immer durch strukturelle Ungleichheiten auf dem Arbeitsmarkt betroffen sind. Besonders in der intensiven Altenbetreuung über 14 Stunden in der Woche wird dies mit einem Frauenanteil in Höhe von 69,3 Prozent deutlich. Vor allem Frauen aus niedrigeren Einkommensschichten sind betroffen. Zunehmend wird dieses Unterstützungspotential jedoch wegbrechen. Nicht nur durch den wachsenden Anteil von erwerbstätigen Frauen, sondern auch durch demografische Entwicklungen und der Singularisierung von Haushalten. Während heute rein rechnerisch noch knapp neun 40- bis 64-Jährige für eine alte Person ab 80 zur Verfügung stehen, werden es im Jahr 2050 nur noch rund drei Personen sein. Laut Hörl/Schimany (2004) müssen ab 2030 die Älteren mit einem deutlich geringeren Unterstützungspotenzial rechnen. Berücksichtigt man nur 40- bis 64-jährige Frauen, die ganz überwiegend Pflege leisten, dann liegt ein stabiles Unterstützungspotenzial sogar nur noch bis etwa 2020 vor.

Diese Entwicklungen haben bereits jetzt zu einer Versorgungslücke geführt. Als Möglichkeit, das bevorzugte häusliche Pflegearrangement aufrechtzuerhalten, hat sich mittlerweile ein großes informelles Netzwerk von Transmigrantinnen, die häufig aus Osteuropa stammen und als sogenannte ‚Live-Ins' zeitweise im gleichen Haushalt leben wie die zu betreuende Person, gebildet. Gefördert wird dies durch die freie Verfügbarkeit des Pflegegeldes wie auch durch das nominale Lohngefälle in Europa.

So ist der (irreguläre) Zukauf von migrantischer Care[4]-Arbeit in der Altenpflege mittlerweile als ein wesentlicher Bestandteil wohlfahrtstaatlicher Politik zu bewerten (vgl. Lutz 2009). Migrantische Pflegerinnen in deutschen Privathaushalten sind das Ergebnis des Zusammenwirkens des subsidiären Pflegemodells, des modernisierten Versorgermodells und des familialistischen Pflegeregimes. Auch das restriktive Inkorporationsregime, das die Integration von Migranten und Migrantinnen in den beruflichen Pflegesektor erschwert, trägt zur Etablierung dieser Variante der Entsendung migrantischer Pflegerinnen als gängige Praxis bei.

Die Kommodifizierung von Pflegearbeit ist zwar kein neuer Fakt, hat sich jedoch zu einem ethnisch und national differenzierten Phänomen entwickelt. Rassistischen Stereotypen folgend wird »die Polin« in den Dienstleistungssektor eingeordnet und »zum überprüfbaren Produkt« (vgl. Satola 2015). Früher wurden die Netzwerke informell hergestellt, mittlerweile geschieht dies zunehmend über Vermittlungsagenturen. Die Vermittlungsagenturen offerieren ein Angebot, das im Vergleich zu herkömmlichen ambulanten Anbietern günstige Konditionen enthält. Eine 24-Stunden Betreuung durch einen ambulanten Pflegedienst würde 4.788 Euro monatlich kosten, die Betreuung durch eine Migrantin dagegen zirka 1.000 bis 3.000 Euro – wobei die Preise je nach Sprachkenntnissen stark variieren. Zudem stellen diese Agenturen für die Pflegebedürftigen mit einem »»24-Stunden- und Rundum-sorglos-Betreuungsversprechen« oftmals eine konkurrenzlose Alternative dar (Rossow/Leiber 2017).

---

4   Der Begriff »Care« soll der Komplexität von Pflege-, Betreuungs- und Erziehungsarbeit gerecht werden und gleichzeitig Kritik an der geschlechterspezifischen Arbeitsteilung transportieren. »Neben emotionalen Aspekten (,caring about') und einem eher physisch-körperlichen Anteil (,taking care of') beinhaltet er auch Formen der Selbstsorge (,take care of yourself')« (Krawietz 2014: 24). In der Auseinandersetzung um die transnationale Care-Arbeit im Privathaushalt umfasst Lutz (2007: 21) den Care Begriff mit den drei C's, also ,cooking, caring, cleaning'. Gleichzeitig soll die (künstliche) Trennung zwischen personenbezogenen Arbeiten und sachbezogenen Haushaltsarbeiten aufheben und ist damit als Kritik dieser Trennung zu verstehen. Das deutsche Synonym der ,Fürsorge' ist dagegen mit der Konnotation der Caritas belastet und wird im wissenschaftlichen Kontext daher selten gebraucht.

Ein hoher Anteil der Migrantinnen im Privathaushalt arbeitet informell und ungeschützt, das heißt ohne einen schriftlichen Arbeitsvertrag und eine offizielle Anmeldung des Arbeitsverhältnisses. Der Privathaushalt, so wird geschätzt, ist der zweitgrößte Grauzonenmarkt in Deutschland und es wird vermutet, dass jede zweite erwerbslose Migrantin in privaten Haushalten arbeitet (Döhner et. al 2008). Während wissenschaftliche Studien wie von Helma Lutz von etwa 200.000 Migrantinnen in Privathaushalten ausgehen, zählte die Studie des Deutschen Instituts für angewandte Pflegeforschung e.V. 2009 ‚nur' etwa 100.000 Haushaltshilfen aus Mittel- und Osteuropa in Privathaushalten; interessant an dieser Studie ist aber, dass davon nur rund 2.000 – also gerade einmal zwei Prozent der Beschäftigten – in einem regulären beziehungsweise sozialversicherungspflichtigem Arbeitsverhältnis angestellt waren.

Durch die isolierte Arbeitssituation und der Absenz eines juristischen Reglements, also von Arbeitsverträgen und Versicherungsschutz, herrschen Gefahren von Lohnprellerei, nicht bezahlten Überstunden und nicht zuletzt physischer oder psychischer Gewalt. So sind diese Arbeitsverhältnisse als ausbeuterisch zu bezeichnen: Die Einhaltung von Mindestlöhnen sowie die Beachtung von Arbeitszeitvorschriften sind die absolute Ausnahme, 24-Stunden-Pflege ist die Regel, Scheinselbständigkeit ist weit verbreitet. Insbesondere der fehlende Kündigungsschutz birgt die permanente Gefahr einer sofortigen Auflösung des Arbeitsverhältnisses. Der Staat toleriert die prekären Arbeitsverhältnisse wissentlich – denn ohne die Migrantinnen wäre das Pflegesystem schon längst in sich zusammengebrochen.

Im Jahr 2013 hat Deutschland die ILO (International Labour Organisation)-Konvention 189 »Menschenwürdige Arbeit für Hausangestellte« ratifiziert. In der Konvention ist unter anderem geregelt, dass die im Haushalt Angestellten mit anderen Beschäftigten hinsichtlich der Entlohnung sowie der Arbeitszeitregelungen wie Höchstarbeits- und Mindestruhezeiten gleichgestellt werden. Deutschland hat jedoch von der Ausnahmemöglichkeit in Art. 2 Absatz 2 der Konvention Gebrauch gemacht.

Dies erlaubt es, die Live-in-Arbeiterinnen aus dem Geltungsbereich von Artikel 10 auszunehmen, der die Gleichbehandlung von Arbeits- und Mindestruhezeiten artikuliert. So heißt es im Ratifizierungstext, dass das Arbeitsgesetz keine Anwendung auf »Arbeitnehmer [findet], die in häuslicher Gemeinschaft mit den ihnen anvertrauten Personen zusammenleben und sie eigenverantwortlich erziehen, pflegen oder betreuen« (BT Drucksache 17/12951). Hiermit macht Deutschland von der Möglichkeit der Ausnahme für die in § 18 Absatz 1 Nummer 3 des Arbeitszeitgesetzes (ArbZG) aufgeführte Personengruppe Gebrauch. An dieser Ausnahmeregelung lässt sich die staatliche Verantwortung Deutschlands an den prekären Arbeits- und Lebensbedingungen der in der häuslichen Pflege in Deutschland arbeitenden Migrantinnen erkennen.

Versorgungsqualität verbessern, Personalschlüssel einführen

Nur eine gut ausgebaute Pflegeinfrastruktur kann gegen die momentanen Entwicklungen ankommen. Deshalb sollte das Land Hessen die bestehenden Personalrichtwerte an den gestiegenen Bedarf anpassen. Konkret fordert etwa ver.di als Sofortmaßnahme zur Verbesserung der Pflege einen verbindlichen Schlüssel von 2 zu 1 (Verhältnis zu pflegender Personen je Pflegekraft). Nachts sollte keine Pflegekraft mehr allein arbeiten müssen. Weiteren Privatisierungen sollte ein Riegel vorgeschoben werden. Grundsätzlich gilt bei den Kliniken eine Investitionsquote von 9 Prozent vom Umsatz als zwingend erforderlich, um die Mindestanforderungen an Innovation, Qualität und Sicherheit zu erfüllen. Die hessische Krankenhausgesellschaft hat einen um 150 Millionen Euro höheren Bedarf pro Jahr errechnet, als aktuell im Landeshaushalt vorgesehen ist. Als ersten Schritt könnte die Hessische Landesregierung dem Beispiel des Saarlandes folgen und in den neuen Landeskrankenhausplan der Uniklinik Frankfurt Vorgaben für eine Mindestausstattung von Pflegefachpersonen, Ärztinnen und Ärzten sowie anderen Berufsgruppen aufnehmen (vgl. Antrag Fraktion die LINKE 2017).

Pflege sollte natürlich für die Bedürftigen und Angehörigen bezahlbar sein: Laut ver.di müsste der Beitragssatz zur Pflegeversicherung nur um etwa einen Prozentpunkt angehoben werden, um eine Vollversicherung zu finanzieren – jeweils zur Hälfte bezahlt von Arbeitgebern und Beschäftigten. Mit diesen vergleichsweise geringen Aufwendungen könnte den Menschen die große Sorge vor der Finanzierung notwendiger Pflege im Alter genommen werden.

Bislang werden jedoch statt eines echten Systemwechsels nur kleine Stellschrauben im System verändert. Hessen will in Zukunft den Einstieg in die Altenpflege erleichtern: So sollen angehende Altenpflegehelfer und -helferinnen in einem Modellprojekt Ausbildungen auch dann beginnen dürfen, wenn sie noch keinen Hauptschulabschluss haben. Der Abschluss wird dann parallel zur Ausbildung erworben. Damit will die Politik vor allem Geflüchteten den Weg in die Pflege ebnen und somit dem Fachkräftemangel entgegentreten. Das Problem des Fachkräftemangels ist jedoch größer als diese kleine Lösung. Eine Entlastung der Pflege durch einen vernünftigen vorgeschriebenen Personalschlüssel sowie eine angemessene Bezahlung sind zentrale Voraussetzungen, um zu einer umfassenden und damit nachhaltigen Lösung zu kommen.

Es darf zudem nicht vergessen werden, dass nur gute Pflege echte Gleichstellung bringen kann: Das heißt Entlastung für die häusliche Pflege bei gleichzeitig guten Arbeitsbedingungen und Entlohnung in der weiblich geprägten beruflichen Pflege. Mehr Pflegepersonal verbessert die Versorgung – wenn es sich um qualifiziertes und vor allem zufriedenes, gut bezahltes Personal handelt. Pflege in Hetze ist in sich schon ein Widerspruch. Personalmangel gefährdet letztlich Menschenleben. Zugleich werden die Pflegenden selbst krank. Die Politik muss hier entschlossen handeln, gerade auch angesichts der angesprochenen zukünftig steigenden Zahl der zu pflegenden Menschen.

Literatur

Auth, Diana (2017): Pflegearbeit in Zeiten von Ökonomisierung. Wandel von Care-Regimen in Großbritannien, Schweden und Deutschland. Münster: Westfälisches Dampfboot.

Becker, Kim Björn/Ludwig, Kristiana (2017): Pflege – 80 000 Pflegebedürftige mehr. In: Süddeutsche Zeitung Online. URL: http://www.sueddeutsche.de/gesundheit/pflege-pflegebeduerftige-mehr-1.3473414 (zuletzt abgerufen am: 30.06.17).

Buntenbach, Annelie (2015): Gewerkschaftliche Perspektiven für eine gute pflegerische Versorgung. Berlin: DGB Bundesvorstand.

BT Drucksache 17/12951: Entwurf eines Gesetzes zu dem Übereinkommen Nr. 189 der Internationalen Arbeitsorganisation vom 16. Juni 2011 über menschenwürdige Arbeit für Hausangestellte. URL: http://dip21.bundestag.de/dip21/btd/17/129/1712951.pdf (zuletzt abgerufen am: 01.12.2017).

Deutsches Medizinrechenzentrum (2017): Anhebung von Pflegemindestlohn und Mindestlohn in 2015, 2016, 2017. Mindestlohn in der Pflege ist nicht gleich Pflegemindestlohn. URL: https://www.dmrz.de/pflege-mindestlohn-2015-2016-2017.html (zuletzt abgerufen am: 17.06.2017).

Döhner, Hanneli/Kofahl, Christopher/Lüdecke, Daniel/Mnich, Eva (Hg.) (2008): Family Care for older People in Germany. Results from the European Project EUROFAMCARE. Wien/Berlin: Lit Verlag.

Fraktion DIE LINKE (2017): Antrag der Fraktion DIE LINKE betreffend gute Arbeit in hessischen Krankenhäusern. Hessischer Landtag; Drucksache 19/4527. URL: http://starweb.hessen.de/cache/DRS/19/7/04527.pdf (zuletzt abgerufen am: 01.04.2018).

Heintze, Cornelia (2013): Auf der Highroad – der skandinavische Weg zu einem zeitgemäßen Pflegesystem. Ein Vergleich zwischen fünf nordischen Ländern und Deutschland. WISO-Diskurs Nov. 2013. Wiesbaden: F.-E.-Stiftung.

Hessenschau vom 28.01.2018: Zu wenig Personal, steigende Patientenzahlen. URL: http://www.hessenschau.de/gesellschaft/5-fragen-und-antworten-zur-altenpflege-in-hessen,fragen-antworten-100.html (zuletzt abgerufen am: 01.04.2018).

Hessischer Pflegemonitor 2017: Zentrale Ergebnisse. URL: http://www.hessischer-pflegemonitor.de/2017/index.php?id=16 (zuletzt abgerufen am: 01.04.2018).

Hessisches Sozialministerium 2013: Immer mehr Pflegebedürftige in Hessen. URL: https://soziales.hessen.de/pressearchiv/pressemitteilung/immer-mehr-pflegebeduerftige-hessen (zuletzt abgerufen am: 01.04.2018).

Hörl, Josef/Schimany, Peter (2004): Gewalt gegen pflegebedürftige alte Menschen in der Familie: ein Zukunftsthema für die Generationenbeziehungen? In: Zeitschrift für Familienforschung 16, 2, 194–215.

Krawietz, Johanna (2014): Pflege grenzüberschreitend organisieren. Eine Studie zur transnationalen Vermittlung von Care-Arbeit. Frankfurt am Main. Mabuse.

Krawietz, Johanna/Visel, Stefanie (2014): »Die examinierten Praktikanten« – Differenzkonstruktionen in der Anerkennung von ausländischen Pflegequalifikationen. In: Ebd. (Hg.): Prekarisierung transnationaler Care-Arbeit – Ambivalente Anerkennung. Münster: Westfälisches Dampfboot, 82–95.

Leitner, Sigrid (2013): Varianten von Familialismus. Eine historisch vergleichende Analyse der Kinderbetreuungs- und Altenpflegepolitiken in kontinentaleuropäischen Wohlfahrtsstaaten. Berlin: Duncker & Humblot.

Lutz, Helma (2007): »Die 24-Stunden-Polin« – Eine intersektionelle Analyse transnationaler Dienstleistungen. In: Klinger, Cornelia/Knapp, Gudrun-Alexi/Sauer, Birgit (Hg.): Achsen der Ungleichheit. Zum Verhältnis von Klasse, Geschlecht und Ethnizität. Frankfurt/New York: Campus, 210–234.

Lutz, Helma (2009): Who Cares? Migrantinnen in der Pflege in deutschen Privathaushalten. In: Larsen, Christa/Joost, Angela/Heid, Sabine (Hg.): Illegale Beschäftigung in Europa. Die Situation in Privathaushalten älterer Personen. München: Rainer Hampp Verlag, 41–51.

Münch, Theresa (2014): Spanische Pfleger in Deutschland. Wer zurück will, muss zahlen. In: Spiegel Online. URL: http://www.spiegel.de/karriere/spanische-pfleger-in-deutschland-beklagen-knebelvertrag-a-983489.html (zuletzt abgerufen am: 10.07.2017).

Rahmenvertrag über die vollstationäre pflegerische Versorgung gemäß § 75 Abs. 1 SGB XI für das Land Hessen. URL: http://www.aok-gesundheitspartner.de/imperia/md/gpp/he/pflege/stationaer/he_vollstationär_rahmenvertrag_75_sgb_xi__01.05.09.pdf (zuletzt abgerufen am: 01.03.2018).

Rossow, Verena/Leiber, Simone (2017): Zwischen Vermarktlichung und Europäisierung. Die wachsende Bedeutung transnational agierender Vermittlungsagenturen in der häuslichen Pflege in Deutschland. Sozialer Fortschritt, 66 (2017), 285–302.

Satola, Agnieszka (2015): Migration und irreguläre Pflegearbeit in Deutschland. Eine biographische Studie. Stuttgart: ibidem-Verlag.

Schott, Marjana (2017): Arbeitsbedingungen in hessischen Krankenhäusern müssen verbessert werden. URL: https://linksfraktion-hessen.de/site/fraktion/abgeordnete/marjana-schott/pressemitteilungen/3366-arbeitsbedingungen-in-hessischen-krankenhäusern-müssen-verbessert-werden.html. (zuletzt abgerufen am: 04.04.2018).

Wahl, Stefanie A. (2014): Auf der Suche nach Anerkennung – Prekarität und Missachtungserfahrungen in der Pflegearbeit. In: Krawietz, Johanna/Visel, Stefanie (Hg.): Prekarisierung transnationaler Care-Arbeit – Ambivalente Anerkennung. Münster: Westfälisches Dampfboot, 20–36.

ver.di (2013): Arbeitsethos hoch, Arbeitshetze massiv, Bezahlung völlig unangemessen. Beschäftigte in Pflegeberufen – So beurteilen sie ihre Arbeitsbedingungen. Ergebnisse einer Sonderauswertung der bundesweiten Repräsentativumfrage zum DGB-Index Gute Arbeit 2012. Berlin. URL: https://innovation-gute-arbeit.verdi.de/++file++5375ec7e6f68447d67000094/download/Arbeitsbedingungen%20in%20Pflegeberufen%20Nr.%207.pdf (zuletzt abgerufen am: 17.06.2017).

ver.di (2015): Flugblatt Für Gute Arbeit und mehr Personal in den Krankenhäusern 11/2015. URL: https://gesundheit-soziales.verdi.de/themen/mehr-personal (zuletzt abgerufen am: 16.04.2018).

Gutes Wohnen und gute Arbeit vor Rendite

Guido Jurock

Wohnen ist ein Grundrecht (Art. 16, Europäische Sozialcharta). Bezahlbarer Wohnraum wird allerdings gerade in den hessischen Ballungszentren knapp. Einst gab es vier Millionen Sozialwohnungen in Deutschland, heute sind davon gerade noch 1,5 Millionen übrig. Die Bautätigkeit wurde viele Jahre sträflich vernachlässigt. Die Bauwirtschaft kann aktuell den Nachholbedarf nicht abdecken. Bezahlbarer Wohnraum ist durch die Debatte um die Unterbringung von Geflüchteten verstärkt in den politischen Fokus gerückt. Der Bedarf an bezahlbarem Wohnraum ist allerdings nicht neu: Auszubildende, Studierende, ältere Menschen, Geringverdiener*innen bis hin zu Normalverdiener*innen finden zunehmend keine bezahlbaren Wohnungen in den Innenstädten mehr. Die eingeführte Mietpreisbremse bremst nur unzureichend beziehungsweise wird zum Teil umgangen.

Bezahlbarer Wohnraum für alle – Rückbesinnung auf das »Recht auf Wohnen«

In der aktuellen Debatte um bezahlbaren Wohnraum rächen sich die Versäumnisse auf dem Feld der Wohnungspolitik der letzten 20 Jahre. Bis 2013 wurde kaum in den Neubau von Wohnungen investiert. Öffentliches Eigentum wurde massenhaft privatisiert. Ehemals kommunale, landeseigene, bundeseigene und industriegebundene Wohnungen wurden den Marktmechanismen preisgegeben. Besondere Bedarfe nach bezahlbarem Wohnraum vor allem für Auszubildende, Studierende, große Familien, ältere Menschen, Geringverdienende und Geflüchtete sind kaum noch zu decken. Immer mehr Haushalte müssen mittlerweile einen steigenden Anteil ihres Haushaltseinkommens für Miete aufwenden. Hiervon sind zunehmend auch Menschen mit mittleren Einkommen betroffen.

Nach einer langen Zeit der Privatisierung von öffentlichem Eigentum wird nun den öffentlichen Wohnungsunternehmen wieder eine besondere Aufmerksamkeit zuteil. Sie sollen dafür sorgen, dass genügend bezahlbarer Wohnraum vor allem in den angespannten Wohnungsmärkten entsteht.

Die Bundesregierung geht davon aus, dass jährlich 400.000 neue Wohnungen gebaut werden müssten (Die Bundesregierung 2017: 27). Der Deutsche Mieterbund schätzt, dass der jährliche Bedarf bei mindestens 80.000 neuen Sozialwohnungen liegt (Deutscher Mieterbund 2017). Auch in Hessen gibt es immer weniger Sozialwohnungen. 2016 betrug der Bestand in Hessen nur noch 93.207 Sozialwohnungen. Das sind über 7.000 weniger als noch ein Jahr zuvor. Die Landesregierung erklärte den starken Rückgang 2017 damit, dass derzeit mehr Wohnungen aus der zeitlich befristeten Sozialbindung herausfallen als neue gebaut würden. Die Wohnungen verlieren damit ihre Preisbindung. Die bisher erfolgte Ausweitung der Fördermittel kann diesen Effekt nicht kompensieren. Und die niedrigere Zahl von Sozialwohnungen führt dazu, dass immer mehr Menschen mit Anspruch auf eine solche Wohnung trotzdem keine beziehen können. Gab es im November 2015 hessenweit noch 44.261 Personen, die keine entsprechende Wohnung erhalten hatten, waren es ein Jahr später schon 46.195, wie die kleine Anfrage des Abgeordneten Schaus (Die Linke) aufzeigte (LT-Drs. 19/4667).

Regulierende Eingriffe in den Markt

Zukünftig sollte vor allem in der Frage nach Wohnraum für alle wieder der Grundsatz gelten: »Bezahlbares Wohnen vor Rendite«. Dazu sind aber eine Reihe von Weichenstellungen vonnöten:

Das fängt beim Verkauf von Grundstücken an und geht bis hin zur Gewinnerwartung, die Kommunen und Länder an ihre Wohnungsunternehmen stellen. Auch private Wohnungsunternehmen müssen Beschränkungen erhalten, damit Luxussanierung oder energetische Gebäudesanierungen nicht zur Gewinnmaximierung genutzt werden können.

Eines der größten wohnungspolitischen Probleme im Ballungsraum ist, dass nicht genügend Bauland im Verdichtungsgebiet beziehungsweise in der Agglomeration zur Verfügung steht. Daher sollten öffentliche Grundstücke nicht mehr an den Meistbietenden verkauft werden, sondern an Unternehmen und Initiativen gehen, die sich verpflichten, bezahlbaren Wohnraum zu schaffen. Die Übertragung durch Erbpacht sollte dabei im Vordergrund stehen. Der Verkauf des ehemaligen Frankfurter Polizeipräsidiums durch das Land Hessen ist ein Beispiel dafür, wie es gerade nicht laufen sollte. Das Gelände war Anfang 2018 hochpreisig an einen privaten Investor verkauft worden. Dieser plant, nur 40 Prozent der Fläche für Wohnraum zu nutzen, davon weniger als ein Drittel für öffentlich geförderten Wohnraum (Hessisches Finanzministerium 2018).

Um Fälle wie diesen in Zukunft zu vermeiden, muss der Verkauf öffentlicher Liegenschaften neu geregelt werden und es darf keine weitere Privatisierung von öffentlichen Wohnungsbeständen stattfinden.

Ein weiteres wohnungspolitisches Problem sind die zu geringen öffentlichen Investitionen in bezahlbaren Wohnraum. Kommunen, Land und Bund müssen ausreichend Fördermittel für die Schaffung von sozialem Wohnraum zur Verfügung stellen. Diese Fördermittel müssen eine eindeutige Zweckbindung für soziale Wohnraumförderung erhalten und sollten den nicht profitorientierten Sektor, wie etwa öffentliche Wohnungsunternehmen und Genossenschaften, stärken.

Es ist zu begrüßen, dass einzelne Kommunen zunehmend Sozialwohnungen durch städtebauliche Verträge bei Stadtentwicklungsprojekten per Quote absichern. Dies sollte von allen anderen Kommunen mit erhöhtem Wohnungsbedarf ebenfalls umgesetzt werden. Außerdem muss versucht werden, ehemals privatisiertes Wohneigentum der Kommunen, der Länder und des Bundes zurück zu erwerben, um sie der Profitlogik des Marktes wieder zu entziehen. Kommunale und landeseigene Wohnungsunternehmen sind vielfach in der Pflicht, Gewinne an die Haushalte der Kommune oder des Landes abzuführen. Dadurch fehlt ihnen aber Geld, das für die Sanierung des Bestands sowie für den Neubau oder Ankauf von Sozialwohnungen verwendet werden könnte. Nicht nur Studierende, sondern auch Auszubildende haben erhebliche Probleme, im Ballungsraum eine bezahlbare Wohnung zu finden. Das Land Hessen sollte daher Auszubildendenwerke (analog zu Studierendenwerken) gründen, die Auszubildenden bezahlbaren Wohnraum zur Verfügung stellen. Die Finanzierung dieser Auszubildendenwerke kann durch das Land und durch Beiträge der Arbeitgeber sichergestellt werden.

Stärkung von Quartieren und Infrastruktur

Eine gut funktionierende Infrastruktur und ein Wohnumfeld, das ein gutes Wohngefühl vermittelt, sind ebenso wichtig wie Angebote für alle Bevölkerungsschichten. Eine gut funktionierende Infrastruktur umfasst dabei beispielsweise Einkaufsmöglichkeiten, eine gute Verkehrsanbindung, eine Grundversorgung mit Ärzten und Pflegeeinrichtungen sowie attraktive Bildungs- und Freizeitangebote. Gemeinsames Wohnen von Jung und Alt, Gut- und Geringverdienenden, neu hinzugezogenen oder bereits gut integrierten Menschen muss gefördert werden. Es darf keine Ghettoisierung von Reichen oder von Armen geben.

Mieterinnen und Mieter müssen – die Vermieterseite verpflichtend – die Möglichkeit erhalten, an der Gestaltung ihrer Quartiere mitzuwirken. Diese Beteiligung muss transparent kommuniziert und gelebt werden. Zur Förderung dieser Beteiligung müssen Begegnungsorte geschaffen werden. Die Beteiligung muss auf Nachhaltigkeit angelegt sein. Dies trägt zum sozialen Frieden in den Stadtteilen bei.

Stadtentwicklungspolitik ist Gemeinschaftsaufgabe der Kommunen und der anderen Akteure vor Ort inklusive der Wohnungsunternehmen und privater Wohnungsanbieter. Das Programm *Soziale Stadt* und das Kommunalinvestitionsprogramm (KIP) müssen dauerhaft angelegt und mit ausreichend finanziellen Mitteln ausgestattet werden. Die bisherigen wohnungspolitischen Aktivitäten der hessischen Landesregierung bleiben in diesem Bereich weit hinter den Bedürfnissen der Bevölkerung zurück.

Die Quartiersentwicklung der Wohnungsunternehmen sollte nicht nur auf die Modernisierung der Gebäude abzielen, sondern den sozialen Aspekten der Bewohner*innen Rechnung tragen, um einer Gentrifizierung vorzubeugen, die eine Verdrängung traditioneller Mieterinnen und Mieter aus ihren angestammten Vierteln bedeutet. Eine ausgewogene Bewohner*innenstruktur trägt zum sozialen Frieden in dem Quartier bei. Hierzu kann auch die Förderung neuer solidarischer Wohnformen beitragen.

Neue Gemeinnützigkeit

Der Markt deckt den Wohnbedarf nicht ab. Das Prinzip »Privat vor Staat« hat hier seine Fehlbarkeit bewiesen. Wohnen muss auch deshalb viel stärker wieder am Gemeinwohl statt an der Rendite ausgerichtet werden. Vor allem Menschen mit geringem Einkommen dürfen nicht die Verlierer der mehr und mehr angespannten Wohnraumsituation sein. Die Abschaffung der Gemeinnützigkeit im Zuge der Steuerreform 1990 hat vor allem der Profitorientierung auf dem Wohnungsmarkt genützt und die Spielräume der sozialen Wohnungsversorgung eingeschränkt. Unterschiedliche Studien sowie Mieteninitiativen haben die Diskussion um eine neue Gemeinnützigkeit angestoßen, die auch von Gewerkschaftsseite explizit unterstützt wird. Es braucht eine wohlfahrtstaatlich ausgerichtete Wohnungspolitik, die die Wohnraumversorgung als zentralen Bestandteil der öffentlichen Daseinsvorsorge und wichtigen Beitrag der Stadtentwicklung begreift. Das Konzept der neuen Gemeinnützigkeit verspricht ein effektives Instrument dafür zu sein. Neue Gemeinnützigkeit umfasst demzufolge

»alle Aktivitäten der Erstellung, Bewirtschaftung und Erneuerung von Wohnungen zu leistbaren Mieten sowie die Erbringung von wohnungsnahen Dienstleistungen, die durch die Zweckbindung der Einnahmen und eine Gewinnbeschränkung einen gesellschaftlichen Mehrwert erfüllen und insbesondere einen nachhaltigen Beitrag zur Lösung von sozialen, räumlichen und ökologischen Herausforderungen leisten« (Holm 2015: 6).

Sie ist gekennzeichnet durch eine »strikte non-profit-Orientierung in der Bewirtschaftung, eine klar definierte Zweckbindung der unternehmerischen Ziele sowie durch eine effektive gesellschaftliche Kontrolle« (ebd.).

Damit sich das Konzept der neuen Gemeinnützigkeit weiter verbreitet, müsste dieses von den wohnungspolitischen Akteuren diskutiert werden. Mieteninitiativen und -verbände, Gewerkschaften und Wissenschaft sollten dabei miteinbezogen werden. Bund und Länder sollten anschließend die Einführung einer neuen Gemeinnützigkeit im Wohnungssektor prüfen. Das Land Hessen sollte hierzu eine Bundesratsinitiative initiieren.

Wohnungswirtschaft und Beschäftigte

Die 400.000 Beschäftigten der Wohnungswirtschaft in Deutschland arbeiten in sehr unterschiedlichen Betrieben: Das reicht vom Amateurvermieter mit ein oder zwei Angestellten, über die vielen kleinen Wohnungsunternehmen mit ca. 1.000 oder weniger Wohnungen, über die kommunalen Unternehmen und die Genossenschaften mit einigen Tausend bis 10.000 Wohnungen, bis hin zu den großen, zum Teil börsennotierten Unternehmen mit mehreren 100.000 Wohnungen (Vonovia, Deutsche Wohnen, LEG Immobilien oder VIVAWEST).

In dieser differenzierten Branchenstruktur haben sich viele der privatisierten Wohnungsunternehmen – von der Öffentlichkeit weitgehend unbemerkt – aus dem Tarifvertrag verabschiedet. Neben der Verschlechterung der Arbeitsbedingungen besteht die Gefahr, dass dies Auswirkungen auf die mittleren und kleinen Unternehmen hat. Viele Unternehmensbereiche wurden in eigene Tochterunternehmen ausgegliedert oder fremdvergeben. Beides hatte auch den Zweck, mitbestimmungs- und betriebsratsfreie, vor allem aber tariffreie Unternehmen zu bilden.

Beispielhaft dafür ist das Vorgehen des Branchenprimus Vonovia (vormals Deutsche Annington/GAGFAH): »Zunächst wurden etwa 500 Beschäftigte entlassen, dadurch sank die Zahl der Beschäftigten von 1.889 (Dezember 2005) auf 1.385 Mitarbeiter und Mitarbeiterinnen (Dezember 2006). Bis Ende 2009 wurde die Belegschaft weiter reduziert – um 20 Prozent auf nur noch 1.097 Beschäftigte. Danach setzte ein erneuter Personalaufbau ein. Die für Ende 2013 angekündigte Verdoppelung der Beschäftigtenzahl auf 2.200 ist umgesetzt worden, im Jahr 2014 sind es rund 2.800 Beschäftigte. Allerdings handelt es sich um neu gegründete Gesellschaften beziehungsweise Joint Ventures, die nicht dem Branchentarifvertrag der Wohnungs- und Immobilienwirtschaft unterliegen.« Dies wird von der Gewerkschaft ver.di stark kritisiert. Sie appelliert an die politisch Verantwortlichen, diesen Weg nicht zu beschreiten – dies gilt in Hessen insbesondere für die teilweise in Landeseigentum befindlichen Gesellschaften wie etwa die Unternehmensgruppe Nassauische Heimstätte/Wohnstadt und die GWH Wohnungsgesellschaft mbH Hessen.

Aktuell ist die Wohnungswirtschaft von neuen technologischen Entwicklungen betroffen, die unter dem Stichwort »Wohnungswirtschaft 4.0« zusammengefasst werden. Die Beschäftigten werden sich deshalb auf Neuerungen einstellen müssen. Die Rationalisierungsmöglichkeiten im Bereich der Wohnungsverwaltung, der Buchhaltung, des Rechnungswesens und der Instandhaltung sind noch nicht abzusehen. In einer Publikation des Gesamtverbandes der Deutschen Wohnungswirtschaft von 2013 wird der »Arbeitnehmer der Zukunft« beschrieben: Dieser sei ein Mensch, der 25 Stunden im Einsatz, sehr flexibel, immer auf dem Sprung, total vernetzt und pausenlos im Netz unterwegs sei. Arbeit nach Feierabend und am Wochenende finde dieser neue Typus wunderbar (GdW 2013).

In allen Unternehmen der Wohnungswirtschaft kämpfen Beschäftigte mit Arbeitsverdichtung, den Auswirkungen von Digitalisierung und Schwierigkeiten in der Vereinbarkeit von Familie, Beruf und Pflege. Die Belegschaften sind zum Teil überaltert, Fachkräfte werden dringend benötigt, um beispielsweise auch den erhöhten Arbeitsaufwand für den dringend benötigten Wohnungsneubau überhaupt stemmen zu können (Heinze u. a. 2018). Die Aufgabe von Betriebsräten und Gewerkschaften wird es sein, Schutzrechte vor der weiteren Entgrenzung der Arbeit auszubauen und die betriebliche Mitbestimmung entsprechend der sich neu entwickelnden Arbeitsverhältnisse anzupassen. Die Chancen, die mit dem Stichwort 4.0 für die Beschäftigten und deren betrieblicher Vertretung dabei verbunden sein können, sollten genutzt werden – hierzu gehören etwa eine bessere Vereinbarkeit von Familie und Beruf durch eine größere Souveränität bei der Gestaltung der Arbeitszeit und des -ortes.

Die Politik muss Tarifflucht auch politisch bekämpfen. Die Vergabe von Fördermitteln für den Wohnungsbau sollte an die Tarifbindung der Unternehmen sowie das Vorhandensein von Mitbestimmungsstrukturen geknüpft sein. Insbesondere in öffentlichen Wohnungsunternehmen darf keine Ausgliederung stattfinden. Bereits ausgegliederte Bereiche müssen wieder in die öffentlichen Wohnungsunternehmen integriert werden. Gute Arbeit, Tarifbindung und Mitbestimmungsstrukturen müssen auch hier umgesetzt werden.

Darüber hinaus sollte von den Unternehmen der Wohnungswirtschaft die unbefristete Übernahme aller Auszubildenden verlangt werden, um dem zukünftigen Fachkräftebedarf Rechnung zu tragen. Befristungen von Arbeitsverhältnissen müssen auch in der Wohnungswirtschaft zurückgedrängt werden. Dort wo in der Vergangenheit Tarifflucht begangen wurde, muss die Rückkehr in die Flächentarifbindung erfolgen. Darüber hinaus müssen die bestehenden Tarifverträge weiterentwickelt werden, hin zu einem Rahmen, der alters- und alternsgerechtes Arbeiten ermöglicht.

Fazit

Wohnen ist ein Grundrecht und die Durchsetzung dieses Grundrechts, das heißt die Versorgung mit menschenwürdigem Wohnraum, ist staatliche Aufgabe und kann nicht allein dem Markt überlassen werden. Nur wer diese Erkenntnis akzeptiert, wird Wege aus der aktuellen Wohnungsnot finden. Eine Not, die sich teils schon seit längerem abzeichnet und die sich durch die große Zahl an Zuwander*innen in den letzten Jahren lediglich weiter verschärft hat. Ohne Wohnung gibt es keinen Arbeitsplatz. Damit ist das »Recht auf Wohnen« eine unabdingbare Voraussetzung für das Funktionieren unserer Gesellschaft.

Anspruch der wohnungspolitischen Akteure muss es sein, dass Jung und Alt, gut und weniger gut Verdienende multikulturell und in Frieden miteinander wohnen und leben können. Integration statt Segregation sollte hier der handlungsleitende Gedanke sein. Nur dadurch ist eine soziale Stadt erreichbar, in der sich Menschen an der Gestaltung ihres Quartiers und ihres Lebensumfelds beteiligen. Damit die Beschäftigten in der Wohnungswirtschaft faire, gute und sichere Arbeitsbedingungen haben, ist die Politik gefordert, sich für mehr Mitbestimmung und Tarifbindung einzusetzen. Voraussetzung dafür ist, dass Politik aktiv den Wohnungsmarkt gestaltet und ihn nicht den Akteuren der Finanzindustrie überlässt.

Literatur

Die Bundesregierung 2017: Jahresbericht der Bundesregierung 2016/2017: Deutschland kommt voran, Berlin.

Deutscher Mieterbund (2017): 1 Million Wohnungen fehlen – Mieten steigen ungebremst, Pressemitteilung vom 05.07.2017.

GdW Bundesverband deutscher Wohnungs- und Immobilienunternehmen e.V. 2013: Wohntrends 2030, Studie – Kurzfassung, in: Branchenbericht 6, Brüssel.

Heinze, Rolf u.a. 2018: Branchenanalyse Wohnungs- und Immobilienwirtschaft, in: Hans-Böckler-Stiftung (Hg.), Working Paper Forschungsförderung, 72. Band, Düsseldorf.

Hessisches Finanzministerium (2018): Land verkauft Altes Polizeipräsidium für über 200 Mio. € an Düsseldorfer GERCHGROUP, Pressemitteilung vom 01.03.2018.

Holm, Andrej 2015: Neue Gemeinnützigkeit, Gemeinwohlorientierung in der Wohnungsversorgung, Kurzfassung, Arbeitsstudie im Auftrag der Fraktion DIE LINKE im deutschen Bundestag, Berlin.

Kleine Anfrage des Abgeordneten Schaus (Die Linke) vom 14.03.2017 betreffend aktuelle Entwicklungen des sozialen Wohnungsbaus in Hessen und Antwort der Ministerin für Umwelt, Klimaschutz, Landwirtschaft und Verbraucherschutz, LT-Drs.: 19/4667.

Digitalisierung – Herausforderung für gestaltende Wirtschafts- und Arbeitspolitik

Klaus Dieckhoff

Die digitale Welt, in der wir leben

Die Digitalisierung setzt sich immer stärker in der Arbeitswelt und dem privaten Lebensbereich der Menschen durch. Sie beruht auf dem wissenschaftlich-technischen Fortschritt der Transformation von analogen Informationen in digitale Formate. Die fortschreitenden technologischen Innovationen ermöglichen es, dass heute nicht nur Menschen untereinander sekundenschnell Informationen austauschen können (etwa über das Internet), sondern auch Menschen mit Dingen und selbst die Dinge untereinander (Internet der Dinge, Industrial Internet, Industrie 4.0).

Ständig und überall greifen wir auf die Ergebnisse der Digitalisierung zurück. Sie gehören inzwischen selbstverständlich zum Leben der meisten Menschen. Hemmnisse ihrer Nutzung zeigen die schleichend entstandene Abhängigkeit von ihnen: Das verlegte Smartphone, der unterbrochene Zugang zum Internet, die Käuferschlange vor der Kaufhauskasse aufgrund eines Computerausfalls, Wartezeitverlängerung in Ämtern wegen Softwareproblemen, Maschinenstillstand in der Werkhalle und Ausschussproduktion wegen einer Störung der digitalisierten Steuerungseinheit sind einige beispielhafte Belege dafür.

Veröffentlichungen zum Thema Digitalisierung gibt es von der politischen Verlautbarung über mehr oder weniger seriöse Medienberichte bis zu Fachveröffentlichungen in kaum mehr übersehbarer Anzahl. Und tendenziell erwecken sie den Anschein, sie entstammten einer automatischen (digitalisierten) Texterzeugung, die je nach Interessenlage des Veröffentlichenden die Textbausteine dementsprechend zusammensetzt. Sehr häufig werden optimistisch die Möglichkeiten der Digitalisierung für eine zunehmende »Leichtigkeit des Seins« für die Menschen beschrieben. In der vermeintlich schönen neuen Welt bewegen sich z.B. die Menschen in Transportmitteln, die sich selbst aktivieren und steuern. Bürobeschäftigte können in der Firma im Büro arbeiten, müssen es aber nicht. Sie können ihre Arbeit mit dem Computer oder Laptop von zuhause aus erledigen oder von irgendeinem anderen Ort, an dem sie sich gerade aufhalten.

Grundsätzlich ist es möglich, Tätigkeiten von dem klassischen Betriebsort zu entkoppeln und weltweit zu verteilen und über sieben Tage in der Woche rund um die Uhr zu erledigen.

In den Leistungsprozessen der materiellen Güterproduktion und der Erbringung von Dienstleistungen wird wegen der fortschreitenden Digitalisierung von vielen eine Verringerung der Beschäftigtenzahl befürchtet und eine Verschiebung im Beschäftigungsgefüge in den Betrieben und zwischen den Wirtschaftszweigen erwartet.

Das Veränderungspotenzial der Produktivkraft Digitalisierung nimmt tatsächlich erheblichen Einfluss auf die Standortstruktur und die Arbeitsprozesse, den »locus standi« und den »Wirkungsraum (field of employment)«, wie Karl Marx es in seiner Analyse »Arbeits- und Verwertungsprozess« in seinem Werk »Das Kapital« genannt hat (Marx 1969: 195).

Zu der sich verändernden Arbeitswelt zitiert das RKW Kompetenzzentrum (RKW – Rationalisierungs- und Innovationszentrum der Wirtschaft e.V.) in einem seiner Infos »Fachkräftesicherung« (vom Februar 2018) die naive optimistische Vorstellung des Populärphilosophen Richard David Precht über die neue Arbeitswelt. Auf einer Veranstaltung zum Thema »New Work« gab er zum Besten, dass es in der Natur des Menschen liege, »etwas zu gestalten, aber nicht von 9 bis 17 Uhr auf der Arbeit zu sitzen« (Sausele 2018). Es ist bemerkenswert, wie die »schöne neue Arbeitswelt«, mitgeschaffen durch die Digitalisierung, ohne Rücksichtnahme auf gesetzlich und tarifvertraglich festgelegte Arbeitszeiten in der Öffentlichkeit angepriesen wird. Und in Hinblick auf die Möglichkeit der Veränderung des locus standi der Beschäftigten legte Chief Human Resources Officer bei Siemens, Janina Kugel, auf derselben Veranstaltung nach: Wo die Arbeit geleistet werde, sei nicht so wichtig. »Die Ergebnisse müssen stimmen. Das ist wichtig, nicht die Anwesenheit im Büro. Ja für flexibles Arbeiten«! (ebd.) Welche Folgen diese Art der entgrenzten Arbeit für die Beschäftigten hat, wird nicht weiter thematisiert. Dem Anschein nach können sie nur positiv sein. Aber: Wie werden die Ergebnisziele festgelegt? Können die Beschäftigten und ihre Belegschaftsvertretungen mitbestimmen? Wer definiert die Flexibilität des Arbeitens? Und wo liegen die Grenzen für flexibles Arbeiten?

Angesichts der Beschäftigungsauswirkungen der Digitalisierung gibt es hin und wieder auch Zwischentöne in der medialen Darstellung. Die Medien thematisieren zuweilen mögliche Arbeitsplatzverluste als negative Auswirkungen. Allerdings erzeugen sie dabei eher Unsicherheit in der Gesellschaft als wirkliche Aufklärung. Sie zitieren aus Fachpublikationen, die Beschäftigungsabbau als Folge der Digitalisierung in großem Umfange vorhersagen. Dabei wird besonders erwähnt, dass es nicht nur die Berufe mit geringen, sondern auch mit höheren Qualifikationsanforderungen treffen wird. Darstellungen, die die Beschäftigungsfolgen differenzierter thematisieren, gibt es in kleinerer Anzahl. In einer Veröffentlichung zum Thema »Arbeit transformieren!« heißt es:

> »In den Medien kursieren Szenarien über drohende digitalisierungsbedingte Massenarbeitslosigkeit. Andere – wahrscheinlichere – Szenarien beschreiben zumindest mittlere bis große Verwerfungen auf dem Arbeitsmarkt und seine zunehmende Polarisierung.« (Jürgens u.a. 2017: 9)

Ebenso finden auch die negativen Folgen der Digitalisierung für die betrieblichen Arbeitsbedingungen in den Medien wenig Berücksichtigung. Beanspruchung und Belastung sind selten ein Thema. Höchstens, wenn der DGB entsprechende Ergebnisse aus seinem Index für »Gute Arbeit« präsentiert, oder die Krankenkassen über die wachsende Zahl psychischer Erkrankungen ihrer Versicherten berichten, die mit veränderten Arbeitsbedingungen in einen Zusammenhang gebracht werden können, greifen die Medien diesen Problemkomplex der Arbeitswelt auf.

In Anbetracht der gegenwärtigen und zu erwartenden Veränderungen in der Arbeitswelt werfen Jürgens und ihre Mitherausgeber die Frage auf, »was vom deutschen System der sozialen Marktwirtschaft insgesamt noch übrig bleibt, falls die Disruptionen der Digitalisierung bislang tragfähige Strukturen und Institutionen ins Wanken bringen« (ebd.: 9).

Für die breite Öffentlichkeit scheint es interessanter zu sein, über die Vielfalt der Möglichkeiten der Digitalisierung zu berichten, auch wenn sich etliches davon noch in den Entwicklungslaboren befindet. Es scheint also faszinierender zu sein, über das selbstfahrende Auto oder das von Land gesteuerte Schiff mit seiner nachlaufenden digitalisierten Warendistribution zu spekulieren oder die Herstellung von Produkten im additiven Produktionsverfahren (3-D-Druck), dem Smart Home, die beschäftigtenlose Fabrik, die grenzenlose Kommunikation in sogenannten sozialen Netzwerken, Roboter in der Personenpflege u.a.m. zu informieren.

Einen interessanten Beitrag, der sich kritisch und mahnend mit der Digitalisierung auseinandersetzt, und der nicht von den Gewerkschaften oder ihnen nahestehenden Wissenschaftlern stammt, wurde unlängst in der Frankfurter Allgemeinen Zeitung veröffentlicht (23.1.2018). So schreibt der Autor Patrick Bernau in der FAZ:

> »Die Zukunft ist nicht mehr das, was sie einmal war. Freundlich, optimistisch, ein bisschen utopisch – das galt vor zwei Jahren vielleicht. Damals war der Ruf der Zukunft noch viel besser als heute… Langsam kam die

Künstliche Intelligenz ins Bewusstsein der Menschheit, und die staunte. Bald würden Autos von selbst fahren, versprach Silicon-Valley-Wunderkind Elon Musk – sogar Blinde könnten sich dann vom Computer an ihr Ziel chauffieren lassen. […] Smartphones, Google und Wikipedia machten das Wissen der Welt binnen Minuten überall verfügbar. […] Viele dieser Hoffnungen bestehen noch heute. Dass künstliche Intelligenz helfen kann, Krankheiten zu heilen, davon sind immer noch viele Menschen überzeugt. Das selbstfahrende Auto wird kommen. […] Und das Wissen der Welt ist immer noch jederzeit auf Knopfdruck abrufbar.«

Nach Meinung von Bernau verbessert das alles aber nicht »unbedingt« die Welt. Für ihn wurde im Gegenteil deutlich: »Wo die digitale Technik menschliche Schwächen verstärkt, da entstehen ganz neue Probleme. So kam die Zukunft in Verruf.« Er glaubt, dass »die Zeit der Utopien vorbei [ist]«. Denn »zuletzt hat die Digitalisierung der Welt auch ihre Schattenseiten gezeigt«. Dazu passt ein Ergebnis aus einer Befragung, die im Auftrag der Initiative D21 e.V. ein »Lagebild zur Digitalen Gesellschaft in Deutschland« aufzeigen soll und Anfang Januar 2018 im Bundesministerium für Wirtschaft vorgestellt wurde. Danach fühlen sich fast ein Drittel der Befragten in der digitalen Welt unsicher. Es sind vor allem die Älteren (Initiative D21 2018a: 27).

»Wir beobachten zwar eine positive Entwicklung: Immer mehr Menschen bewegen sich souveräner, kompetenter und aufgeschlossener in der digitalen Lebenswelt«, so Hannes Schwaderer, Präsident der Initiative D21 e.V.: »Doch nach wie vor fühlen sich viele nicht für die digitale Welt gewappnet. 32 Prozent der Befragten gaben an, dass sie die Dynamik und Komplexität der Digitalisierung überfordere. Um nicht große Teile der Bevölkerung dauerhaft von der digitalen Teilhabe auszuschließen, sind deutlichere Anstrengungen in allen Bereichen der Bildung notwendig, sei es in der Schule, Berufsausbildung oder auch der Erwachsenenbildung« (Initiative D21 e.V.: Pressemitteilung vom 23.01.2018: 1f.).

Matthias Machnig, seinerzeit Staatssekretär im Bundesministerium für Wirtschaft und Energie, kommentiert die Ergebnisse des D21-Digital-Index:

»Digitalisierung wird Wirtschaft, Arbeit und Gesellschaft grundlegend ändern. Wir müssen dafür sorgen, dass alle Menschen kompetent und souverän an der Digitalisierung teilhaben können – auch in Hinblick auf die Zukunftsfähigkeit unseres Landes«. (ebd.: 2f.)

Um die »Schattenseiten«, für die Zukunft zu vermeiden und »Technik und Gesellschaft wieder zusammenzuführen«, fordert Bernau »die Technik einzuhegen, aber nicht einzuklemmen« (FAZ 23.1.2018).

Digitalisierung, Gewerkschaften und Politik

Mit seinem Hinweis, Technik und Gesellschaft wieder zusammenzubringen und dabei »die Technik einzuhegen«, bewegt sich Bernau in die aktuelle sowohl in den Sozialwissenschaften als auch in der Politik geführte Debatte über den Zusammenhang von Technologie, Gesellschaft und Politik. Sie wurde in der jüngeren Vergangenheit besonders intensiv im Zusammenhang mit dem Programm »Humanisierung der Arbeit« und seinem ‚Nachfolger' »Arbeit und Technik« sowie ähnlichen Programmen in einigen Bundesländern geführt, z.B. in Nordrhein-Westfalen und Bremen. Im Zentrum stand damals wie heute die Frage, ob sich also die gesellschaftliche der technologischen Entwicklung anpassen muss oder umgekehrt. Und damit zusammenhängend muss ebenso auf die Frage eingegangen werden, wer die technologische Entwicklung gestaltet: Der Staat oder die Unternehmen durch ihr einzelwirtschaftliches Gewinninteresse? Diese Frage kann jedoch ohne Berücksichtigung der gesellschaftlichen Verhältnisse nicht ernsthaft beantwortet werden.

Gewerkschafter, arbeitsorientierte Wissenschaftler und einige Politikvertreter haben einen kritisch wohlwollenden Blick auf die Digitalisierung und ihre gesellschaftlichen Folgen. Sie würdigen die Innovationspotenziale für die Verbesserung der Lebens- und Arbeitsbedingungen, weisen aber zugleich daraufhin, dass sie sich bei den gegebenen gesellschaftlichen Bedingungen und Produktionsverhältnissen nicht automatisch ergibt. Sie fordern deshalb eine Gestaltung der Digitalisierung durch den Staat, die zu einem Interessenausgleich zwischen einzelwirtschaftlichen Zielen, der weiteren Entfaltung der Digitalisierung sowie dem Streben nach Verbesserungen der Lebens- und Arbeitsbedingungen führen soll. Stellvertretend für viele entsprechende Verlautbarungen der Gewerkschaften soll hier aus Stellungnahmen des DGB-Bundesvorstandes zum Weißbuch *Digitale Plattformen* des Bundesministeriums für Wirtschaft und Energie (BMWi) und dem Positionspapier des DGB Hessen-Thüringen zu gestaltenden Maßnahmen der Digitalisierung in den beiden Ländern zitiert werden. In der Stellungnahme des DGB-Bundesvorstandes heißt es: »Auch wir fordern, dass Digitalisierung bewusst gestaltet und durch einen klaren Ordnungsrahmen darauf ausgerichtet werden muss, dem Wohl der Gesellschaft zu dienen. Wir unterstützen eine regulierte Transformation gegenüber einer ungeordneten Disruption.« (DGB-Bundesvorstand 2017: 1) Und in dem Positionspapier des DGB Hessen-Thüringen, das auf die »digitalisierte Arbeitswelt« fokussiert, wird wegen des »fundamentalen Wandel(s) für die Beschäftigten und deren Arbeitswelt« eine aktive Gestaltung der Digitalisierung durch die (Landes-)Politik gefordert, die sich an einer Strategie für »Gute Arbeit« ausrichtet und zum Ziel haben muss, »die Möglichkeiten des technischen Fortschritts für eine human gestaltete Arbeitswelt zu nutzen.« (DGB Hessen-Thüringen 2017: 3)

Die ehemalige Bundesministerin für Arbeit, Andrea Nahles, forderte ebenfalls eine aktive Gestaltung des Digitalisierungsprozesses durch den Staat. Sie geht von der zentralen gesellschaftlichen Bedeutung der (Erwerbs-)Arbeit aus und formuliert in ihrem Vorwort zum Grünbuch Arbeiten 4.0, dass sie als Arbeitsministerin eine »Zukunftsdebatte als Fortschrittsdebatte führen [möchte], in der die Menschen und ihre Bedürfnisse im Mittelpunkt stehen« (Bundesministerium für Arbeit und Soziales 2016: 7). Und zwar konkret. Als gesellschaftliche »zentrale Schnittstelle der Veränderung erweist sich die Arbeit. Wenn wir über Arbeiten 4.0 sprechen, reden wir nicht nur über die neuen Technikwelten der Industrie 4.0. Wir reden über die Arbeit der Zukunft in ihrer ganzen Breite und Vielfalt« (ebd.: 6,7). Nahles will unter Berücksichtigung der wirtschaftlichen Machtverhältnisse zugunsten des Kapitals in unserer marktwirtschaftlich verfassten Arbeitsgesellschaft, dass der Staat »einen neuen sozialen Kompromiss« entwickelt, »der Arbeitgebern wie Arbeitnehmern nützt« (ebd.: 9). Damit knüpft auch sie an die intensiv geführte technologie-, wirtschafts- und sozialpolitische Diskussion an, die in den 1970er Jahren im Zusammenhang mit dem Programm »Humanisierung der Arbeit« über den technisch-ökonomischen Wandel und seine Folgen für das Wirtschafts- und Arbeitssystem initiiert wurde.

Eine besonders klare Position für eine staatliche gestaltende Technologiepolitik hat einst das Land Nordrhein-Westfalen im Rahmen seines Programms »Mensch und Technik – Sozialverträgliche Technikgestaltung« vertreten. Es hob deutlich die Aufgabe des Staates für eine gestaltende Technologiepolitik hervor. So formulierte der seinerzeit für das Programm verantwortliche Arbeitsminister Hermann Heinemann Ende der 1980er Jahre:

> Erstens ist der Staat aufgerufen, durch eine aktive Technologiepolitik Einfluss auf den Prozeß des technologischen Wandels zu nehmen, zumal ihm – besonders die negativen – Effekte häufig zugeschrieben werden; zweitens ist dieser Einfluß auf die technologische Entwicklung mit klaren politischen Zielsetzungen zu verbinden.
> Die Förderung der technologischen Entwicklung um ihrer selbst willen kann also gerade nicht Gegenstand staatlichen Handelns sein.« (Heinemann 1988. zit. nach Alemann u.a. 1989: 198)

Sowohl Heinemann als auch Nahles stehen beispielhaft für die Befürworter einer gestaltenden Technologiepolitik. Sie sind weit davon entfernt zu glauben, dass »die Politik oder die Technologiepolitik die Technik dahin steuern kann, wohin sie will.« (ebd.: 5) Da »Technik, Gesellschaft und Politik sich in einem komplizierten gegenseitigen Abhängigkeitsverhältnis [befinden]«, kann eine staatliche sozialverträgliche Technikgestaltung nur in einem Dialogprozess stattfinden, der das bestehende Abhängigkeitsverhältnis von Technik (hier Digitalisierung), Wirtschaft, Arbeit und Gesellschaft beachtet und auf dieser Basis einen Ausgleich zwischen den verschiedenen Interessen und Bedürfnissen schafft – oder wie Nahles es ausdrückt – soziale Kompromisse entwickelt.

Kapitalorientierte Digitalisierung

Die Digitalisierung im Arbeitsprozess und im privaten Bereich ist das Ergebnis eines kapitalorientierten Prozesses. Sie ist das Ergebnis des wissenschaftlich-technischen Fortschritts und der Produktivkraftentwicklung in der Informations- und Kommunikationsindustrie unter kapitalistischen Produktionsverhältnissen (auch umschrieben als Wettbewerbsgesellschaft). Zugleich ist die Digitalisierung selbst Produktivkraft, die die Produktionsmittel und Leistungsprozesse in anderen Wirtschaftsbereichen gravierend beeinflusst.

Die Produkt- und Prozessinnovationen, die in wechselseitiger Abhängigkeit zur Digitalisierung stehen, erstrecken sich nicht nur auf das Wirtschafts- und Arbeitssystem, sondern auch auf private Lebensbereiche.

Die Digitalisierung hat ökonomisch betrachtet einen doppelten Nutzencharakter. Zum einen hat sie in vielerlei Hinsicht einen praktischen Anwendungsnutzen (Gebrauchswertcharakter), wie z. B. Arbeitserleichterungen. Zum anderen soll und muss sie als marktfähiges und -gängiges Produkt Gewinn erzielen. Und nur in Hinblick hierauf wird sie unter den gegebenen Produktionsverhältnissen entwickelt und verbreitet. Weder Google noch Microsoft noch das Maschinenbauunternehmen XY noch ein anderes Unternehmen des Produktions- und privaten Dienstleistungssektors entwickeln Produkte und Leistungen, die nicht über die Warenmärkte verkauft werden können und Gewinne einbringen. Bereits der Garagenbastler und Startup-Gründer muss auf der Suche nach Kapital in einem Businessplan die Möglichkeit der Gewinnerzielung mit seinem Produkt beziehungsweise seiner Leistung konkret nachweisen.

Mit dem an der gesellschaftlichen Oberfläche nicht immer direkt erkennbaren doppelten Nutzencharakter verbreitet sich ‚die' Digitalisierung. Und so führt sie nicht von sich aus in eine »schöne neue Welt«. Ganz im Gegenteil. Sie stellt heute in der Arbeitswelt eine neue Stufe der Entwicklung der Produktivkraft der Arbeit dar und treibt Automation und

Rationalisierung voran. Sie verändert die Produktions- und Leistungsprozesse, in dem sie die einzel- und gesamtwirtschaftliche nationale und internationale Arbeitsteilung umorganisiert (Wandel von Geschäftsmodellen und Wertschöpfungsketten). Sie verändert das innerbetriebliche Organisationsgefüge. Bisherige Arbeitsaufgaben verschwinden, neue entstehen. Im gleichen Prozess verändert sich quantitativ und qualitativ das inner- und überbetriebliche Beschäftigungsgefüge. Bisherige Arbeitskräfte mit ihren Qualifikationen und ihrem körperlichen Leistungsvermögen werden ‚überflüssig' (Ältere, Geringqualifizierte, Fachkräfte mit ‚veralteten' Qualifikationen). Neue Fachkräfte werden benötigt. Traditionelle Arbeitsanforderungen werden obsolet, neue entwickeln sich. Auch Arbeitssysteme verändern sich. Es wird in neue Betriebs- beziehungsweise Arbeitsmittel investiert. Traditionelle Beziehungen zwischen Mensch, Arbeitsmittel und -gegenstand werden aufgelöst und völlig neu gestaltet. Ebenso werden die arbeitsteiligen funktionalen Beziehungen der Arbeitskräfte umgestaltet. Damit wandeln sich Arbeits- und Unternehmensorganisation. In Hinblick auf die körperliche und psychische Belastung und Beanspruchung der Beschäftigten verschieben die digitalisierten Arbeitsmittel die entsprechenden Profile. Körperliche Belastungen können reduziert oder sogar vermieden werden. Dafür nehmen aber die psychischen Belastungen und Beanspruchungen zu. Oder es entstehen neue. Diese Veränderungen sind in der Fachliteratur beschrieben und in wissenschaftlichen Untersuchungen erforscht worden. Eine besondere Stellung nimmt der DGB Index »Gute Arbeit« ein, der in umfassender Weise über die Arbeitssituation der Beschäftigten berichtet und positive und negative Veränderungen nach Einschätzung der Arbeitenden darstellt. Ein wesentliches Erhebungsergebnis ist die Feststellung, dass die Digitalisierung nicht nur die Produktivität der Arbeit, sondern zugleich die Arbeitsintensität erheblich gesteigert hat. Arbeitstempo, -komplexität, -verantwortung und -verdichtung haben sich erhöht und zu gesteigerten Arbeitsbelastungen geführt. Hinzu kommt für viele Beschäftigte eine enorm unsichere Beschäftigungsperspektive (Institut DGB Index »Gute Arbeit«: 32f.).

Zur Zukunft von Beschäftigung und Arbeit in Hessen

Leider liegt für Hessen keine regionale Auswertung des DGB-Index vor. Jedoch dürften die Index-Ergebnisse zum Beispiel im Bereich Belastung und Beanspruchung der Beschäftigten ebenfalls für Hessen aussagekräftig sein. Einen Einblick in mögliche Veränderungen der Beschäftigungslage in Hessen unter Einfluss der Digitalisierung bietet eine Untersuchung des Instituts für Arbeitsmarkt- und Berufsforschung »Digitalisierung der Arbeitswelt. Auswirkungen auf den Arbeitsmarkt in Hessen« (Bennewitz u.a. 2016). Die Autoren reihen sich nicht in den Chor der Stimmen ein, die die Digitalisierung als Vernichter von Arbeitsverhältnissen in großem Umfange sehen. Zu Recht wird auf die nicht mögliche Vorhersehbarkeit der Wirkung des technologischen Fortschritts auf das Beschäftigungsvolumen hingewiesen: »Welche Auswirkungen die Digitalisierung der Arbeitswelt tatsächlich auf den Arbeitsmarkt hat, wird wahrscheinlich nur retrospektiv zu beantworten sein« (ebd.: 11). Gleichwohl liefern sie wichtige Informationen für gestaltende Maßnahmen auf betrieblicher sowie wirtschafts- und arbeitspolitischer Ebene. Die Untersuchung gibt Hinweise darauf, wie viele Arbeitsplätze in welchen Wirtschaftszweigen und in welchen hessischen Teilregionen betroffen werden könnten. Sie zeigt darüber hinaus auf, welche Berufsgruppen und welche Arbeitstätigkeiten sich bei welchen Berufsausübungen verändern könnten. Welche allgemeinen quantitativen Auswirkungen diese Veränderungen im Beschäftigungsgefüge haben werden, ist nur schwer vorherzusagen, da die entsprechenden Prozesse sich erst entfalten und durch positive konjunkturelle Einflüsse überlagert sind, die zu erhöhtem Beschäftigungsbedarf geführt haben und noch führen können.

Ein feststehendes Ergebnis liefern die Daten der Untersuchung aber schon heute: Die Notwendigkeit permanenter beruflicher Fortbildung (Lebenslanges Lernen) und beruflicher Ausbildungskonzepte, die das Arbeits- und Leistungsvermögen der nachwachsenden Beschäftigten so herausbilden, dass es mit dem Entwicklungsstand der entfalteten Produktivkräfte kompatibel ist.

Es würde den Umfang dieses Beitrages sprengen, detaillierte Ergebnisse der IAB-Studie zu referieren. Unter dem Gesichtspunkt der Herausforderung, die sich für eine gestaltende Wirtschafts- und Arbeitspolitik durch die Digitalisierung auch in Hessen stellt, soll zusammenfassend auf einige wenige Ergebnisse hingewiesen werden. Die Autoren haben errechnet, dass 13 Prozent aller Beschäftigungsverhältnisse in Hessen eine Tätigkeitsstruktur aufweisen, die durch Digitalisierung ersetzt werden könnte. Produktionsberufe werden deutlich stärker betroffen als Dienstleistungsberufe. Das führt auch zu einer unterschiedlichen regionalen Betroffenheit. Allgemein sind die Städte im Rhein-Main Gebiet weniger betroffen als in Mittel- und Nordhessen. Ein wichtiger Erklärungsfaktor für diesen Unterschied ist der höhere Anteil der Dienstleistungsberufe an der gesamten Beschäftigung. Das niedrigste Substitutionspotenzial sehen die Forscher mit acht Prozent der Beschäftigungsverhältnisse in Frankfurt und das höchste mit 23 Prozent im Lahn-Dill-Kreis. Danach folgen die Landkreise Kassel und Marburg-Biedenkopf mit rund 22 und 21 Prozent (ebd.: 29). Am meisten durch die Digitalisierung sind vom beruflichen Anforderungsniveau Helfer, Fachkräfte aber auch Spezialisten betroffen. Ihre Tätigkeiten können in hohem Maße (über 70 Prozent) durch Digitalisierung substituiert werden. Während im hessischen Durchschnitt gut 15 Prozent der Fachkräfte von der Substituierbarkeit betroffen sind, sind es in den Landkreisen Lahn-Dill und Kassel jede fünfte und im Landkreis Marburg-Biedenkopf sogar jede vierte Fachkraft (ebd.: 32f.).

Die hier zusammenfassend dargestellten Folgen der Digitalisierung, die für die Beschäftigung erwartet werden, liefern hinreichend Argumente für eine gestaltende Wirtschafts-, Arbeits- und Technologiepolitik.

»Strategie digitales Hessen«

Das ist der Titel einer Broschüre der Hessischen Landesregierung, in der sie ihr Herangehen und ihre Handlungsoptionen zur Gestaltung der Digitalisierung der Öffentlichkeit präsentiert (Hessisches Ministerium für Wirtschaft, Energie und Landesentwicklung 2016). Im Untertitel heißt es: »Intelligent. Vernetzt. Für Alle.« Schon die Kenntnisnahme der Inhalte der Broschüre führt zu einer skeptischen Haltung gegenüber der Digitalisierungspolitik der hessischen Landesregierung. Obwohl es im Untertitel heißt »Für Alle«, ist unter den Handlungsfeldern der Bereich Arbeit als gesellschaftlicher Kernbereich unserer Erwerbsgesellschaft nicht ausdrücklich erwähnt. Das zeigt bereits an, welche Bedeutung der Bereich für die Gestaltungspolitik der Landesregierung hat. Und besonders bemerkenswert ist, dass der Wirtschaftsminister es schafft, in seinem zweiseitigen Vorwort zur Broschüre, auf den Zusammenhang von Digitalisierung und Arbeit nicht ausdrücklich einzugehen. Vermutlich hat er diesen mitgedacht, wenn er z.B. die »vierte industrielle Revolution«, und ihre »Triebfedern«, die maschinelle Intelligenz und das Internet erwähnt. Immerhin vertritt er die Auffassung »Wir müssen die Digitalisierung gestalten. Denn die technisch-ökonomischen Revolutionen sind nicht von Natur aus sanft und segensreich« (ebd.).

Die weitere Suche nach Hinweisen, Informationen, Projekten, Maßnahmen Förderprogrammen, die explizit den Zusammenhang von Digitalisierung und Arbeit beinhalten, um »Gute Arbeit« zu befördern, bleibt ergebnislos. Sieben Ministerien sollen an der Digitalisierungsstrategie beteiligt sein. Es liegt demzufolge nahe, auch beim Sozialministerium nach Antworten auf die Herausforderungen der Digitalisierung für die staatliche Arbeitspolitik zu suchen. In einzelnen Maßnahmen wird zwar auf den Zusammenhang von Digitalisierung und Arbeit eingegangen, eher aber nebenbei und weniger gezielt im Rahmen von Vorhaben zur Zukunft der Arbeit unter den Bedingungen fortschreitender Digitalisierung. Tatsächlich ist der hessenspezifische Informations- und Wissensstand über Auswirkungen der Digitalisierung auf die Arbeitswelt unzureichend (vgl. hierzu auch DGB Hessen-Thüringen 2017). Dabei liefern z.B. der DGB Index »Gute Arbeit« und die Studien und Reports des Instituts für Arbeitsmarkt- und Berufsforschung (IAB) geeignete inhaltliche Vorlagen für arbeitsorientierte Untersuchungen, die in sozialpartnerschaftlicher Abstimmung Perspektiven und Probleme der Zukunft der Arbeit für beschäftigungspolitische und arbeitswissenschaftliche Gestaltungsempfehlungen untersuchen können.

Die »Kartierung« der hessischen Politik zur Gestaltung der Digitalisierung zeigt klar, dass der Schwerpunkt der staatlichen Aktivitäten die Technologieförderung ist. Das hessische Wirtschaftsministerium verantwortet die investiven Maßnahmen zum Ausbau der infrastrukturellen Voraussetzungen der Digitalisierung, wie z.B. den flächendeckenden Ausbau schneller Netze. Die Hessen Agentur und die WIBank als »Landestöchter« kehren in erheblichem Umfange Fördermittel für unternehmens- und technologiebezogene Forschungs- und Entwicklungsprojekte aus. Eine Projektrecherche zeigt, dass keine innovativen Vorhaben gefördert wurden beziehungsweise werden, die sich mit der Zukunft der Arbeit in Hessen beschäftigen. Es ist möglich, dass sich hierin auch ein strukturelles Defizit arbeitsorientierter Forschung widerspiegelt, weil wegen fehlender Bereitschaft von Wissenschaftlern keine Kooperationen zwischen ihnen, Gewerkschaften, Betriebsräten und Unternehmensvertretern zustande kommen, um gemeinsam Projekte durchzuführen.

Zusätzlich zu den zwei erwähnten Einrichtungen bekommt das RKW Hessen Fördermittel zur Unterstützung für Digitalisierungsvorhaben in kleinen und mittleren Unternehmen. Da im RKW Sozialpartner und Staat kooperieren, könnten die Vorhaben so ausgerichtet werden, dass sie verpflichtend einen Interessenausgleich zwischen betriebswirtschaftlichen Zielen und den Interessen der Beschäftigten an ‚Guter Arbeit' anstreben.

Die Herausforderung der Digitalisierung für eine gestaltende Wirtschafts-, Arbeits- und Technologiepolitik, die gleichermaßen die wirtschaftlichen Interessen der Arbeitgeber und die der Beschäftigten an guten Arbeitsbedingungen berücksichtigt, geht über die Forderung nach arbeitsorientierten Projekten im Rahmen der bestehenden Förderstruktur hinaus. Es ist zusätzlich notwendig, eine institutionelle Plattform zu schaffen, auf der sich Staat, Gewerkschaften und Arbeitgeber gleichberechtigt über Inhalt und Organisation der aktiven Gestaltung der Digitalisierung verständigen. Das Land Nordrhein-Westfalen verfügt beispielsweise über eine solche Plattform. Und Hessen hat in diesem Zusammenhang auch eine eigene sozialinnovative Tradition. Es gab schon in den 1970er Jahren eine »Hessische Kommission zur Erforschung der sozialen und ökonomischen Folgen des technischen Wandels«, die in der Tradition der Sozialpartnerschaft als Plattform gegründet wurde.

Einen weiteren Beitrag der Landesregierung für eine arbeitsorientierte aktive Gestaltung der Digitalisierung könnte die institutionelle Förderung einer Einrichtung (Innovationsberatungsagentur) leisten, die von den Gewerkschaften gemanagt wird und die der Informationserarbeitung und -verbreitung zur Beratung und Unterstützung von Betriebs- und Personalräten dient. Sie dient auch dem Nachteilsausgleich für Betriebs- und Personalräte bei der Suche und Beschaffung von Informationen über die Digitalisierung und ihre Auswirkungen auf die Arbeit. Mit der entsprechenden Unterstützung könnten Betriebs- und Personalräte als betriebliche Sozialpartner kompetent Maßnahmen für »Gute Arbeit« und Bestgestaltung initiieren und begleiten. Dies könnte die Teilhabe der Beschäftigten an dem Produktivitätsfortschritt durch Digitalisierung wesentlich verbessern.

Literatur

Alemann, Ulrich von u.a. (1989), Gesellschaft, Technik, Politik, Opladen.
Bennewitz, Emanuel u.a. (2016): Digitalisierung der Arbeitswelt: Auswirkungen auf den Arbeitsmarkt in Hessen, in: IAB-Regional Hessen 3/2016.
Bernau, Patrick (23.1.2018), Jetzt retten wir die Zukunft, in: Frankfurter Allgemeine Zeitung.
Bundesministerium für Arbeit und Soziales (2016). Grünbuch Arbeiten 4.0.

DGB-Bundesvorstand (2017): Stellungnahme zum Weißbuch Digitale Plattformen des Bundesministeriums für Wirtschaft und Energie.

DGB Hessen-Thüringen (2017), Position Digitalisierung der Arbeitswelt: Für »Gute Arbeit 4.0« in Hessen und Thüringen.

Hessisches Ministerium für Wirtschaft, Energie und Landesentwicklung (2016): Strategie Digitales Hessen.

Initiative D21 (2018a): Digital – Index 2017/2018. Jährliches Lagebild zur digitalen Gesellschaft, Berlin.

Initiative D21 (2018b), Pressemitteilung vom 23. Januar.

Jürgens, Kerstin u.a. (2017), Arbeit Transformieren!, Forschung aus der Hans-Böckler-Stiftung, Bd.189, Bielefeld.

Marx, Karl (1969), Das Kapital. Erster Band, Berlin.

Sausele; Stefanie (2018), New Work: Schöne neue Arbeitswelt, in: RKW Info Fachkräftesicherung, Februar 2018.

Wirtschaftsförderung – Tariftreue und Vergabe

Liv Dizinger/Kai Eicker-Wolf/Uwe Hildebrandt

1. Das Problem

In Deutschland hat sich eine zunehmende Ungleichverteilung bei den Einkommen herausgebildet.[1] Dabei ist insbesondere der Niedriglohnsektor in Deutschland sehr groß – trotz Einführung des Mindestlohns ist kein Rückgang bei der Niedriglohnbeschäftigung auszumachen (Kalina/Weinkopf 2017). Der wichtigste Grund für die Ausdifferenzierung der Markteinkommen und der Ausweitung des Niedriglohnsektors ist nach der Analyse von Gerhard Bosch und Thorsten Kalina (2017) die abnehmende Tarifbindung: Liegt Tarifbindung vor, dann muss die Anwendung des einschlägigen Tarifvertrags auf das Arbeitsverhältnis der beziehungsweise des jeweiligen Beschäftigten erfolgen. Wie Abbildung 1 zeigt, ist die Tarifbindung der Beschäftigten sowohl in West- als auch in Ostdeutschland seit 1998 stark rückläufig – dies gilt auch für Hessen,

---
1 Vgl. dazu z. B. Bosch/Kalina (2017), Horn u. a. (2017) und die Beiträge in Eicker-Wolf/Truger (2017). Eine sehr starke Ungleichverteilung ist auch bei den Vermögen auszumachen. Nach der neuesten Schätzung von Bach u.a. (2018) auf Basis des Household and Consumption Survey (HFCS) für 2014 verfügen die reichsten zehn Prozent aller Haushalte in Deutschland über 63,8 % des Nettovermögens. Das oberste Prozent aller Haushalte besitzt 33,1 Prozent des Nettovermögens und das reichste Promille über 17,4 Prozent. Die untere Hälfte aller privaten Haushalte verfügte hingegen lediglich über 2,3 Prozent! Längere vergleichbare Zeitreihen stehen für die Vermögensverteilung nicht zur Verfügung, aber immerhin hat sich die Disparität im Vergleich mit der letzten HFCS für den Berichtszeitraum 2010/2011 drastisch erhöht.

wobei im letzten Jahr (2016) eine leichte Zunahme zu verzeichnen war (Abbildung 2). Allerdings wird diese Entwicklung ein wenig dadurch relativiert, dass sich auch viele nicht-tarifgebundene Betriebe an Tarifverträgen orientieren (vgl. Abbildung 3 und 4).

Abbildung 1: Die Entwicklung der Tarifbindung (Branchen- und Firmentarifverträge) in West- und Ostdeutschland 1998–2016.

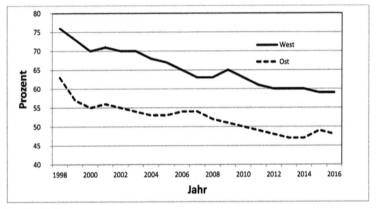

Quelle: IAB.

Abbildung 2: Die Entwicklung der Tarifbindung in Hessen 2002–2016.

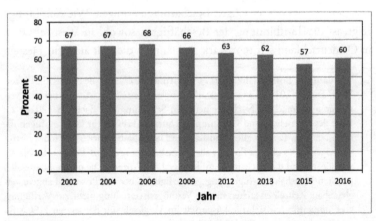

Quelle: IAB.

Ursächlich verantwortlich für diese Entwicklung sind unter anderem eine abnehmende Verhandlungsmacht der Gewerkschaften, die rückläufige Mitgliedschaft von Unternehmen in den Arbeitgeberverbänden, die Zunahme von sogenannten OT-Mitgliedschaften (Mitgliedschaft eines Unternehmens im Arbeitgeberverband ohne Tarifbindung), Outsourcing-Strategien und die (Teil-)Privatisierung von ursprünglich durch die öffentliche Hand erbrachten Leistungen.[2]

Abbildung 3: Die Tarifbindung in Westdeutschland im Jahr 2016.

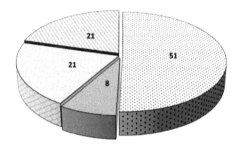

▧ Branchen-TV ▪ Firmen-TV ☐ mit Tariforientierung ☐ ohne Tariforientierung
Quelle: IAB.

Abbildung 4: Die Tarifbindung in Hessen im Jahr 2016

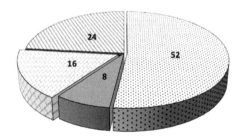

▧ Branchen-TV ▪ Firmen-TV ☐ mit Tariforientierung ☐ ohne Tariforientierung
Quelle: IAB.

---
2   Vgl. hierzu auch Eicker-Wolf/Schulten (2013: 187 ff.). Neue Zahlen zur Tarifbindung enthalten Amlinger/Bispinck (2015) und Ellguth/Kohaut (2016).

Mögliche Maßnahmen, um dieser Entwicklung entgegenzuwirken, sind Tariftreue- und Vergabegesetze sowie die Allgemeinverbindlicherklärung von Tarifverträgen. Darüber hinaus kann die Wirtschaftsförderung an soziale Kriterien geknüpft werden. Auf diese drei Instrumente wollen wir – mit Blick auf Hessen – im Folgenden eingehen.

2. Allgemeinverbindlicherklärungen

Die Tarifbindung hat unter anderem auch deshalb abgenommen, weil die Zahl der Allgemeinverbindlicherklärungen (AVE) von Tarifverträgen gesunken ist. Ein für allgemeinverbindlich erklärter Tarifvertrag gilt für alle Arbeitsverhältnisse des betreffenden fachlichen und räumlichen Tarifbereichs – es werden also auch Arbeitgeber gebunden, die nicht Verbandsmitglieder sind. Die AVE eines Tarifvertrags, die vom Bundesarbeitsminister oder – bei entsprechend eingeschränkter räumlicher Geltung – vom jeweils zuständigen Landesarbeitsminister im Einvernehmen mit Gewerkschaften und Arbeitgebern in den Tarifausschüssen ausgesprochen wird, ist nach Paragraph 5 Tarifvertragsgesetz an verschiedene Bedingungen gebunden.

Aufgrund der zunehmend ablehnenden Haltung der Arbeitgeberseite ist die Zahl der Allgemeinverbindlicherklärungen kontinuierlich zurückgegangen (vgl. Abbildung 5).[3] Um aber eine Steigerung der Tarifbindung zu erreichen, wäre eine Zunahme von allgemeinverbindlich erklärten Tarifverträgen sinnvoll. Für letzteres ist allerdings eine Änderung des entsprechenden Verfahrens notwendig, da die Arbeitgeberverbände in Deutschland aufgrund der Stimmverhältnisse in den Tarifausschüssen aktuell eine Blockadepolitik betreiben: Trotz der im Jahr 2014 durch das Tarifautonomiestärkungsgesetz erfolgten Änderungen, die auf eine Erhöhung der Zahl von allgemeinverbindlich erklärten Tarifverträgen

---

3 Ein Überblick über die allgemeinverbindlichen Tarifverträge nach Wirtschaftsgruppen und Arten ist im aktuellen Statistischen Taschenbuch Tarifpolitik unter 1.5 zu finden (WSI-Tarifarchiv 2017).

abzielten, ist keine Steigerung von Allgemeinverbindlicherklärungen festzustellen.[4]

Abbildung 5: Die Entwicklung der allgemeinverbindlich erklärten Tarifverträge 2001 bis 2017 in Deutschland.

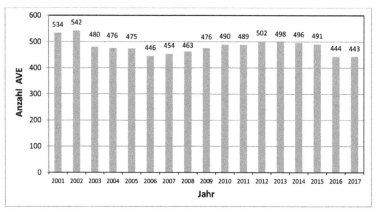

Quelle: Bundesministerium für Arbeit und Soziales.

Auch in Hessen sind die geschilderten Probleme auszumachen. So wendet das Sozialministerium das eigentlich durch das Tarifautonomiestärkungsgesetz abgeschaffte 50-Prozent-Quorum weiterhin an, wonach Tarifverträge nur dann allgemeinverbindlich erklärt werden dürfen, wenn mehr als 50 Prozent der Beschäftigten des jeweiligen Wirtschaftszweiges in tarifgebundenen Betrieben arbeiten. Außerdem werden – trotz entsprechender Anträge durch die beiden einschlägigen Tarifparteien – Allgemeinverbindlicherklärungen zumindest nicht vollständig ausgesprochen. Zuletzt ist dies Ende August 2017 bei den Entgelttarifverträgen für Sicherheitsdienstleistungen in Hessen geschehen, als nicht alle beantragten Entgeltgruppen Berücksichtigung fanden. Hinzu kommt, dass das Sozialministerium ohne nachvollziehbaren Grund ausgesprochen langsam auf entsprechende Anträge reagiert: Der Antrag für die

---

4 Vgl. zum Thema Allgemeinverbindlicherklärungen ausführlich Körzell/Nassibi (2017).

Allgemeinverbindlicherklärung im Bereich der Sicherheitsdienstleistungen war bereits im März gestellt worden.

3. Das Hessische Vergabe- und Tariftreuegesetz (HVTG)

Ein wichtiges Instrument, um die Tarifbindung zu erhöhen, sind Tariftreueregelungen. Diese verpflichten Unternehmen zur Zahlung von Tariflöhnen, wenn sie sich um öffentliche Aufträge bewerben. Zahlen Unternehmen keine Tariflöhne, werden sie von vornherein von der Auftragsvergabe ausgeschlossen. Im Jahr 2013 beläuft sich das gesamte öffentliche Auftragswesen in Deutschland auf etwa 400 Milliarden Euro, das entspricht knapp 15 Prozent des Bruttoinlandsprodukts (Sack u.a. 2016: 14 f.). Die öffentliche Hand verfügt damit über eine erhebliche Marktmacht, die sie im Rahmen von Tariftreueregelungen auch zur Stabilisierung des Flächentarifvertrages einsetzen kann. Ein Tariftreuegesetz auf Bundesebene gibt es in Deutschland nicht. Nachdem erste Vergabegesetze Ende der 1990er Jahre auf der Ebene der Bundesländer eingeführt wurden, scheiterte im Juli 2002 der Versuch eine entsprechende Regelung auf der Bundesebene durchzusetzen im Bundesrat an der Mehrheit der unionsgeführten Länder. Danach sind allerdings – neben den bereits bestehenden – weitere landesgesetzliche Regelungen auf den Weg gebracht worden. So waren zu Beginn des Jahres 2008 in acht Bundesländern Tariftreueregelungen in Kraft.[5]

Einen schweren Rückschlag für die Reichweite von Tariftreueregelungen erfolgte durch das Anfang April 2008 ergangene Rüffert-Urteil – eine Entscheidung des Europäischen Gerichtshofs (EuGH), die sich auf das Niedersächsische Vergabegesetz bezieht. Der EuGH argumentiert in seinem Urteil, dass zum Schutze der Beschäftigten die europäische Dienstleistungsfreiheit nur durch gesetzliche Mindestlöhne oder allgemeinverbindliche Tarifverträge, nicht jedoch Tariftreuevorgaben, die sich auf

---

5 Zur Entwicklung des deutschen und des europäischen Vergaberechts vgl. Sack u.a. (2016: 23 ff.).

nicht-allgemeinverbindliche Tarifverträge beziehen, eingeschränkt werden dürfen. Im Gegensatz dazu bezogen sich die Tariftreuevorgaben des niedersächsischen Vergabegesetzes auf ortsübliche Tarifverträge, die allerdings nicht notwendig allgemeinverbindlich waren. Da die Tariftreuevorgaben in Deutschland überall ähnlich wie in Niedersachsen geregelt gewesen sind, haben sämtliche Bundesländer nach dem EuGH-Urteil ihre Tariftreue- und Vergabegesetze aus Angst vor möglichen Regressforderungen zunächst außer Kraft gesetzt. Für kurze Zeit sah es danach so aus, als ob die Debatte über soziale Kriterien im Rahmen der öffentlichen Auftragsvergabe von der Tagesordnung verschwinden würde. Nur wenige Jahre nach dem EuGH-Urteil haben landesspezifische Vergabegesetze jedoch in Deutschland eine breite Renaissance erlebt, bei der immer mehr Bundesländer im Lichte der Rüffert-Entscheidung ihre bestehenden Vergabegesetze in europarechtskonformer Weise revidiert oder überhaupt zum ersten Mal neue Vergabegesetze eingeführt haben Aktuell existieren in 14 Bundesländern landespezifische Vergabegesetze mit sozialen und ökologischen Vorgaben bei der öffentlichen Auftragsvergabe. Lediglich in Bayern und Sachsen gibt es aktuell keine Tariftreuebestimmungen.

Gegenüber den älteren Vergabegesetzen der 2000er Jahre haben die neuen Vergabegesetze in der Zeit nach dem Rüffert-Urteil eine merklich inhaltliche Ausweitung erfahren. Bei allen Unterschieden im Detail enthalten die meisten landesspezifischen Vergabegesetze eine Reihe von gemeinsamen Regelungen über soziale und ökologische Anforderungen an die öffentliche Auftragsvergabe.

Das letzte Vergabegesetz unter den Bundesländern wurde im Jahr 2014 in Hessen verabschiedet. Zwar hatte Hessen kurz vor dem Rüffert-Urteil Ende des Jahres 2007 ein Vergabegesetz verabschiedet, dieses war durch das EuGH-Urteil aus dem Jahr 2008 jedoch nicht zur Anwendung gekommen. Daraufhin haben die Gewerkschaften – auch gestützt auf profunde empirische Befunde[6] – immer wieder ein Tariftreue- und Vergabegesetz für Hessen gefordert. Die neu gewählte schwarz-grüne Landesregierung legte im Jahr 2014 einen Gesetzentwurf für ein Hessisches Vergabe- und Tariftreuegesetz (HVTG) vor, dass den bestehenden Spielraum zur sozialen Gestaltung der öffentlichen Auftragsvergabe längst nicht ausschöpft und deshalb aus Sicht der Gewerkschaften – ganz im Gegensatz zu den gleichzeitig von SPD und den LINKEN vorgelegten Gesetzentwürfen – als insgesamt enttäuschend bewertet wurde.[7]

So findet sich im HVTG kein vergabespezifischer Mindestlohn. Sinnvoll wäre etwa die Koppelung eines solchen Mindestlohns an die unterste Tarifgruppe des TV-H – dies entspräche aktuell 10,13 Euro Stundenlohn. Für die Einführung eines vergabespezifischen Mindestlohns neben dem allgemein in Deutschland geltenden Mindestlohn in Höhe von aktuell 8,84 Euro spricht, dass damit der Wettbewerb zwischen öffentlicher Eigenleistung und Fremdvergabe im öffentlichen Sektor auch in Hessen eingeschränkt würde (vgl. Sack u.a.: 37 f.).

Angesichts der Tatsache, dass die GRÜNEN mit Tarek Al-Wazir den Wirtschaftsminister stellen, ist insbesondere das Fehlen der ILO-Kernarbeitsnormen im HVTG verwunderlich – handelt es sich hierbei doch um eine Forderung, die neben den Gewerkschaften auch von entwicklungspolitisch engagierten Organisationen erhoben wird. Die ILO-Kernarbeitsnormen stellen Sozialstandards dar, die menschenwürdige Arbeitsbedingungen und einen hinreichenden Schutz der abhängig Beschäftigten gewährleisten sollen. Konkret geht es dabei um das Recht auf Vereinigungsfreiheit und auf Kollektivverhandlungen, die Beseitigung von Zwangsarbeit, die Abschaffung von Kinderarbeit und Diskriminierung in Beschäftigung und Beruf. Deutschland hat die acht ein-

---

6 Vgl. dazu insbesondere das Schwarzbuch Vergabe von Axnick u.a. (2013). Generell zur Debatte in Hessen bis zur Landtagswahl im Herbst des Jahres 2013 Eicker-Wolf/Schulten (2013: 204 ff.).
7 Vgl. dazu die ausführliche Stellungnahme des hessischen DGB (2014).

schlägigen Übereinkommen ratifiziert. Durch die Nicht-Verankerung der ILO-Kernarbeitsnormen muss man den Eindruck gewinnen, dass die Regierungsfraktionen fundamentale (Grund-)Rechte der abhängig Beschäftigten keine Bedeutung beimessen. Die ILO-Kernarbeitsnormen sind in den Vergabegesetzen der meisten Bundesländer verankert.[8]

Ein weiterer Punkt, der insbesondere von den Gewerkschaften kritisch gesehen wird, sind zahlreiche Kann-Vorschriften im HVTG. So können soziale, ökologische und sonstige Anforderungen zwar gestellt werden, allerdings drohen Vorgaben zur Förderung von Frauen und von Menschen mit Behinderung zur beruflichen Erstausbildung usw. ins Leere zu laufen, da sie nicht verbindlich vorgeschrieben worden sind.

Ein weiterer problematischer Aspekt im HVTG ist der grundsätzliche Ausschluss der Generalunternehmerhaftung. So ist geregelt, dass die Nachunternehmer und Verleihunternehmen die für sie geltenden Pflichten in »eigener Verantwortung« zu erfüllen hätten. Dies bedeutet im Klartext: Das Generalunternehmen, das den öffentlichen Auftrag erhält und dann in Teilen an Subunternehmen weiter vergibt, ist nicht verantwortlich für eventuelle Verstöße gegen die Vergabebedingungen. Ohne eine entsprechende Haftungsregelung hat ein Generalunternehmen keinen wirtschaftlichen Anreiz, bei der Auswahl der Subunternehmer sorgfältig vorzugehen. Der größte Mangel des HVTG ist allerdings die Weigerung von Union und GRÜNEN, die Einrichtung einer eigenen Prüfbehörde zu ermöglichen. Ohne Prüfungen durch zusätzliches Personal drohen Tariftreuebestimmungen generell ins Leere zu laufen. Dabei zeigen Evaluierungen von Vergabegesetzen, dass es unternehmensseitig durchaus ein erhebliches Interesse an der effektiven Kontrolle der lohnseitigen Vorgaben des Vergaberechts gibt. Bei den Kontrollen der Vergabegesetze besteht – trotz guter Ansätze etwa in Bremen – generell in den meisten Bundesländern ein erhebliches Defizit (vgl. ebd.: 66 ff.). Zu beachten ist

---

8   Zur Möglichkeit, die ILO-Kernarbeitsnormen zur Geltung zu bringen, vgl. Sack u.a. (53 f.).

in diesem Zusammenhang, dass die Vergabestellen aufgrund eines drohenden Rollenkonflikts als Prüfinstitutionen denkbar ungeeignet sind:

> »[D]ie Vergabestellen vor Ort [sind] daran interessiert, eine möglichst reibungslose Vergabe und Durchführung öffentlicher Aufträge zu verwirklichen. Dafür kann ein gutes und kooperatives Verhältnis zu den Unternehmen ausschlaggebend sein. Dieses droht aber durch Kontrollen beeinträchtigt zu werden. Diese sind insofern von den Vergabestellen nicht zwingend erwünscht. Stellt man diese Eigenlogik der Kooperation zwischen Auftraggeber und -nehmer in Rechnung, bedarf es einer externen Kontrolle der Umsetzung sozialer Standards in der Vergabe.« (ebd. 70)[9]

Wie wichtig Kontrollen sind, hat die Hessische Landesregierung im Rahmen des Projektes »Arbeitszeit im Hotel- und Gaststättengewerbe« im Zeitraum von Mai bis September 2011 selbst erhoben (Hessisches Sozialministerium 2013): In 53 von 64 überprüften und auswertbaren Betriebsstätten wurden sage und schreibe 3.467 arbeitszeitrechtliche Regelverstöße festgestellt.

Mit Blick auf Hessen ist die fehlende Kontrollinstanz insbesondere für das Baugewerbe von hoher Relevanz.[10] So liefern die von der SOKA-BAU (Sozialkassen der Bauwirtschaft) zusammengestellten Zahlen zur Höhe und zur Entwicklung des durchschnittlichen Lohns in den westdeutschen Bundesländern einen empirischen Hinweis, dass in Hessen ein besonderes Lohndumping-Problem im Baubereich besteht. So zeigen die Zahlen in Tabelle 1, dass der durchschnittliche Stundenlohn in Hessen im Jahr 2016 rund 4,5 Prozent unter dem Durchschnittswert aller westdeutschen Bundesländer liegt. Im Jahr 1997 hingegen erreichte Hessen noch ziemlich genau den damaligen Durchschnittswert. Dieser Tatbestand ist auffällig, weil für Westdeutschland ein einheitliches

---

9 Auch in den aktuellen Evaluierungsberichten aus Niedersachsen (Niedersächsisches Ministerium für Wirtschaft, Arbeit und Verkehr 2016) und Schleswig-Holstein (Ministerium für Wirtschaft, Arbeit, Verkehr und Technologie des Landes Schleswig-Holstein 2016) findet sich dieser Kritikpunkt.
10 Vgl. dazu die entsprechenden Beispiele und Ausführungen in Axnick u.a. (2013).

Lohngefüge besteht, und weil Hessen unter den westdeutschen Bundesländern das höchste Sozialprodukt je Einwohner[11] und den höchsten durchschnittlichen Stundenlohn je Arbeitnehmer/-in[12] aufweist.

Tabelle 1: Durchschnittlicher Stundenlohn der gewerblichen Arbeitnehmer/-innen 1997 bis 2016 (West).

Bundesland	Lohn 1997	Lohn 2016	Abweichung vom Durchschnitt 2016	Veränderung 1997 bis 2016
Schleswig-Holstein	12,83 Euro	16,61 Euro	0,7 %	29,4 %
Bremen	13,10 Euro	17,16 Euro	4,1 %	31,1 %
Hamburg	13,77 Euro	17,32 Euro	5,0 %	25,9 %
Niedersachsen	12,59 Euro	16,57 Euro	0,5 %	31,6 %
Nordrhein-Westfalen	12,68 Euro	16,48 Euro	-0,1 %	30,0 %
Rheinland-Pfalz	12,34 Euro	16,33 Euro	-1,0 %	32,3 %
Hessen	12,54 Euro	15,74 Euro	-4,5 %	25,5 %
Baden-Württemberg	12,25 Euro	16,35 Euro	1,4 %	33,5 %
Bayern	12,54 Euro	16,72 Euro	1,4 %	33,3 %
Saarland	12,16 Euro	16,37 Euro	-0,7 %	36,7 %
Durchschnitt West	12,56 Euro	16,49 Euro	0,0 %	31,4 %

Quelle: SOKA BAU.

4. Wirtschaftsförderung an soziale Kriterien binden

Als drittes Instrument kann die Landesregierung die Wirtschaftsförderung an soziale Kriterien binden. Dies würde dazu führen, dass nur noch solche Unternehmen öffentlich gefördert werden, die tarifvertraglich vereinbar-

---

11 Vgl. https://www.statistik-bw.de/VGRdL/tbls/tab.jsp?rev=RV2014&tbl=tab01&lang=de-DE.
12 https://www.statistik-bw.de/VGRdL/tbls/tab.jsp?rev=RV2014&tbl=tab11&lang=de-DE.

te Löhne zahlen, gute Arbeitsbedingungen gewährleisten, prekäre Arbeit wie etwa Leiharbeit, Mini-Jobs und Befristungen reduzieren sowie Mitbestimmung durch Betriebsräte ermöglichen. Weil in Hessen bislang solche Vorgaben fehlen, sind Lohnunterbietung und menschenunwürdige Arbeitsbedingungen in den subventionierten Unternehmen nicht auszuschließen.

Unter Wirtschaftsförderung werden sämtliche Anstrengungen verstanden, »durch die wirtschaftliche Akteure in einer bestimmten Region finanziell oder materiell unterstützt werden« (Kohte 2012: 7). Dies kann beispielsweise in Form von zinslosen oder zinsvergünstigten Krediten, Zuschüssen, Bürgschaften oder auch Beteiligungen erfolgen.

Einen Schwerpunkt im Rahmen der Wirtschaftsförderung bildet die regionale Strukturpolitik. Diese zielt darauf, Unterschiede in der wirtschaftlichen Leistungsfähigkeit zwischen den Regionen zu reduzieren. Hierfür stehen dem Land Hessen verschiedene Förderprogramme der Europäischen Union, des Bundes und des Landes zur Verfügung. Zu den wichtigsten Programmen, die durch das hessische Wirtschaftsministerium verwaltet werden, zählen die Bund-Länder-Gemeinschaftsaufgabe zur »Verbesserung der regionalen Wirtschaftsstruktur« (GRW) und der Europäische Fonds für regionale Entwicklung (EFRE). Im Jahr 2014 hat eine neue EU-Förderperiode begonnen, die noch bis 2020 dauert.

Ziel der GRW-Förderung ist es, Wachstum und Beschäftigung in Hessen zu steigern und dabei insbesondere strukturschwache Regionen bei der Bewältigung des Strukturwandels zu unterstützen. Hierzu subventioniert das Land gezielt Investitionen von Unternehmen und investiert in kommunale wirtschaftsnahe Infrastruktur. Außerdem werden regionale Entwicklungskonzepte, Regionalmanagements und Regionalbudgets sowie Clusternetzwerke gefördert. Aus der GRW stehen dem Land von 2014 bis 2020 etwa 100 Millionen Euro zur Verfügung. Bund und Land finanzieren jeweils die Hälfte. Die GRW setzt auch den Rahmen für die Förderung aus dem EFRE und dient der Ko-Finanzierung.

Die Förderung aus dem EFRE konzentriert sich in der EU-Förderperiode 2014–2020 auf die folgenden vier Schwerpunkte: Stärkung von Forschung, technischer Entwicklung und Innovation; Steigerung der Wettbewerbsfähigkeit von kleinen und mittleren Unternehmen sowie Gründungsförderung; Förderung der Bestrebungen zur Verringerung der CO_2-Emissionen in allen Branchen der Wirtschaft sowie nachhaltige Stadtentwicklung. Querschnittsziele sind Nachhaltigkeit und Chancengleichheit. Mit dem EFRE soll die Strategie Europa 2020 zur Förderung eines intelligenten, nachhaltigen und integrativen Wachstums unterstützt werden. Aus dem EFRE stehen dem Land 240,7 Millionen Euro von 2014 bis 2020 zur Verfügung.

Vorrangig werden Vorhaben in strukturschwachen Regionen unterstützt. Der Werra-Meißner-Kreis ist in Hessen das einzige Gebiet, in dem aufgrund der Strukturprobleme auch Großunternehmen gefördert werden können. In allen anderen strukturschwachen Regionen sind aus Gründen des europäischen Beihilferechts nur kleine und mittlere Unternehmen antragsberechtigt. Allerdings gibt es hiervon Ausnahmen. Die Förderung erfolgt als Zuschuss. Die finanzielle Abwicklung erledigt die WIBank.

In Hessen regelt die »Richtlinie des Landes Hessen zur Förderung der regionalen Entwicklung« (8.12.2016), welche Voraussetzungen Unternehmen also erfüllen müssen, um GRW- und/oder EFRE-Mittel zu beantragen. Zur Förderung betrieblicher Investitionen heißt es darin: »Mit den Investitionsvorhaben müssen neue Dauerarbeitsplätze geschaffen werden oder vorhandene gesichert werden.« Ausbildungsplätze können wie Dauerarbeitsplätze gefördert werden. Für das Vorliegen eines Dauerarbeitsplatzes gilt eine Überwachungszeit von mindestens fünf Jahren, die durch die Agentur für Arbeit zu prüfen ist. Zur Qualität der Arbeit gibt es jedoch keine Vorgaben. Daher kann in Hessen nicht sichergestellt werden, dass die subventionierten Unternehmen faire Löhne zahlen und gute Arbeitsbedingungen anbieten.

Aus einer Befragung, die der DGB-Bezirk Hessen-Thüringen im Jahr 2016 bei den in Hessen geförderten Unternehmen durchgeführt hat, geht hervor, dass die Mehrheit der Begünstigten nicht einmal Tariflöhne zahlt und/oder einen Betriebsrat aufweist. Interviewt wurden die hessischen Unternehmen, die im Zeitraum 2007 bis 2013 Fördermittel aus der GRW und dem EFRE erhalten haben (DGB-Bezirk Hessen-Thüringen 2016).

Rechtlich ist die Bindung der Wirtschaftsförderung an soziale Kriterien problemlos möglich, wie der Jurist und Arbeitsrechtler Wolfhard Kohte (2012) in einem rechtswissenschaftlichen Gutachten aufzeigt. Dieses behandelt die Umsetzung sozialer Wirtschaftsförderung auf der Landesebene am Beispiel von Niedersachsen und Sachsen-Anhalt. Als Ergebnis zeigt das Gutachten auf, dass die Vergabe von Fördermitteln rechtlich problemlos von folgenden sozialen Kriterien abhängig gemacht werden kann:

1. Vorgegeben werden kann ein gesetzlich festgelegter Mindestlohn – und zwar auch in Branchen, für die es keine allgemeinverbindlich erklärten Tarifverträge gibt. Ziel wäre hier die Existenzsicherung der Beschäftigten.
2. Es kann außerdem ein bestimmter jährlicher Mindestbruttolohn (z.B. 25.000 Euro) vorgegeben werden. Ziel wäre hier die Förderung qualifizierter Arbeitsplätze.
3. Eine Bindung des geförderten Unternehmens an bestehende Branchen-Tarifverträge ist auf jeden Fall möglich, wenn diese allgemeinverbindlich sind. Zusätzlich kann die Vergabe von Fördermitteln davon abhängig gemacht werden, dass bestimmte tarifvertragliche Regelungen eingehalten werden, sofern dies dazu beiträgt, den Zweck der Förderung zu erreichen.
4. Möglich ist eine Vorgabe von Höchstquoten für Leiharbeit, Mini-Jobs und Befristungen mit dem Ziel, prekäre Beschäftigung zu vermeiden.
5. Wirtschaftsförderung kann zudem darauf abzielen, am Arbeitsmarkt benachteiligte Gruppen zu integrieren. Dies kann beispielsweise durch die Vorgabe von Mindestquoten für Langzeitarbeitslose, Be-

hinderte, Migrant/innen und Auszubildende erfolgen. Darüber hinaus können gleichstellungspolitische Auflagen vorgegeben werden.

Werden die sozialen Kriterien nicht erfüllt, können Unternehmen von der Vergabe öffentlicher Fördermittel ausgeschlossen werden. Alternativ können die sozialen Kriterien in ein Bonussystem eingebettet werden, das eine Basisförderung gewährleistet und zusätzlich die Förderung bei Erfüllung eines bestimmten Kriteriums erhöht. In diesem Fall wäre es möglich, weitere soziale Kriterien vorzugeben, wie etwa eine umfangreiche Tarifbindung oder Mitbestimmung durch einen Betriebsrat. Damit die Vorgaben eingehalten werden, müsste deren Einhaltung kontrolliert und Verstöße geahndet werden.

Andere Bundesländer haben bereits soziale Kriterien in ihren Förderprogrammen und Richtlinien verankert. In Thüringen etwa wurde die GRW-Richtlinie im Jahr 2011 neu ausgerichtet mit dem Ziel, Leiharbeit zu reduzieren. Die damalige Regelung sah vor, dass Betriebe mit mehr als 30 Prozent Leiharbeit keine Förderung mehr erhalten. Unternehmen mit mehr als 10 Prozent werden nur mit einem Basisfördersatz unterstützt.

Die Aktualisierung von 2018 sieht eine Absenkung der Leiharbeitsquote, die zum Ausschluss von der Förderung führt, auf 20 Prozent vor. Ab 2020 wird die regionale Strukturpolitik europaweit neu aufgestellt. Wichtig ist, dass das Budget für die Europäischen Struktur- und Investitionsfonds in Zukunft zumindest auf gleicher Höhe erhalten bleibt. Thematisch sollten die Fonds dahingehend ausgerichtet werden, dass Beschäftigte im Strukturwandel stärker unterstützt werden, Arbeitsplätze gesichert und »Gute Arbeit« gefördert wird.

Eine soziales Europa, das mehr Tarifbindung, Mitbestimmung und eine hohe Qualität der Arbeit gewährleistet, ist hierfür unabdingbar. Hierzu gehört aber auch, dass die Vergabe von öffentlichen Fördermitteln davon abhängig gemacht wird, dass soziale Kriterien eingehalten werden.

Literatur

Amelinger, Marc/Bispinck, Reinhard (2015): Tarifbindung in Deutschland. Ergebnisse der Verdienststrukturerhebung, WSI Report 25/2015.

Axnick, Christian/Dizinger, Liv/Eicker-Wolf, Kai (2013): Schwarzbuch Vergabe. Wie die öffentliche Hand in Hessen Lohndumping betreibt, Darmstadt.

Bach, Stefan/Thiemann, Andreas/Zucco, Aline (2018): Looking for the Missing Rich: Tracing the Top Tail of the Wealth Distribution, DIW Discussion Paper 1717, Berlin.

Bartels, Charlotte (2018): Einkommensverteilung in Deutschland, in: DIW Wochenbericht 3/2018.

Bosch, Gerhard/Kalina, Thorsten (2017): Wachsende Ungleichheit in der Prosperität. Einkommensentwicklung 1984 bis 2015 in Deutschland, IAQ-Forschung 03-2017.

Deutscher Gewerkschaftsbund (2014): Stellungnahme zu den folgenden Gesetzentwürfen: Gesetzentwurf der Fraktion DIE LINKE für ein Gesetz zur Änderung des Hessischen Gesetzes über die Vergabe öffentlicher Aufträge – Drucksache 19/134 – ;Gesetzentwurf der Fraktion der SPD für ein Gesetz zur Sicherung von Tariftreue und Sozialstandards sowie fairem Wettbewerb bei der Vergabe öffentlicher Aufträge (Hessisches Tariftreue- und Vergabegesetz) – Drucksache 19/349 –; Gesetzentwurf der Fraktionen der CDU und BÜNDNIS 90/DIE GRÜNEN für ein Hessisches Vergabe- und Tariftreuegesetz – Drucksache 19/401 –, Frankfurt.

Eicker-Wolf, Kai/Schulten, Thorsten (2013): Niedriglohn als politisches Programm? Zur Entwicklung des Niedriglohnsektors und zur Debatte um ein Tariftreuegesetz in Hessen, in: Eicker-Wolf, Kai/Körzell, Stefan (Hg.), Hessen vorne? Zu den Herausforderungen der Landespolitik in Hessen, Darmstadt.

Eicker-Wolf, Kai/Truger, Achim (Hg.) (2017): Ungleichheit – ein »gehyptes Problem«? Zur Entwicklung von Einkommens- und Vermögensverteilung in Deutschland, Marburg.

Ellguth, Peter/Kohaut, Susanne (2016): Tarifbindung und betriebliche Interessenvertretung: Ergebnisse aus dem IAB-Betriebspanel 2015, in: WSI Mitteilungen 4/2016.

Hessisches Ministerium für Wirtschaft, Verkehr und Landesentwicklung (2014): Operationelles Programm für die Förderung von Investitionen in Wachstum und Beschäftigung in Hessen aus Mitteln des Europäischen Fonds für regionale Entwicklung (EFRE) 2014–2020, Wiesbaden.

Hessisches Ministerium für Wirtschaft, Energie, Verkehr und Landesentwicklung (2016): Richtlinie des Landes Hessen zur Förderung der regionalen Entwicklung, Wiesbaden.

Hessisches Sozialministerium (2013): Arbeitszeit im Hotel- und Gaststättengewerbe (Abschlussbericht), Wiesbaden.

Horn, Gustav/Behringer, Jan/Gechert, Sebastian/Rietzler, Katja/Stein, Ulrike (2017): Was tun gegen Ungleichheit? Wirtschaftspolitische Vorschläge für eine reduzierte Ungleichheit, IMK Report 129, September 2017.

Kalina, Thorsten/Weinkopf, Claudia (2017): Niedriglohnbeschäftigung 2015 – bislang kein Rückgang im Zuge der Mindestlohneinführung, IAQ-Report 06-2017.

Kohte, Wolfhard (2012): Die Umsetzung nachhaltiger und sozialer Wirtschaftsförderung auf Landesebene am Beispiel Niedersachsen und Sachsen-Anhalt, Friedrich-Ebert-Stiftung (Hg.), Hannover.

Körzell, Stefan/Nassibi, Ghazaleh (2017): Zukunftsfragen der Tarifpolitik, in: Schulten, Thorsten/Dribbusch, Heiner/Bäcker, Gerhard/Klenner, Christina (Hg.), Tarifpolitik als Gesellschaftspolitik. Strategische Herausforderungen im 21. Jahrhundert, Hamburg.

Niedersächsisches Ministerium für Wirtschaft, Arbeit und Verkehr (2016): Bericht zur Evaluation gemäß § 17 des Niedersächsischen Gesetzes zur Sicherung von Tariftreue und Wettbewerb bei der Vergabe Öffentlicher Aufträge (Niedersächsisches Tariftreue- und Vergabegesetz – NTVergG), Hannover.

Ministerium für Wirtschaft, Arbeit, Verkehr und Technologie des Landes Schleswig-Holstein (2016): Bericht zur Evaluierung des Gesetzes über die Sicherung von Tariftreue und Sozialstandards sowie fairen Wettbewerb bei der Vergabe öffentlicher Aufträge (TTG), Kiel (Schleswig-Holsteinischer Landtag; Drucksache 18/4800).

Sack, Detlef/Schulten, Thorsten/Sarter, Eva-Katharina/Böhlke, Nils (2016): Öffentliche Auftragsvergabe in Deutschland. Sozial und nachhaltig?, Baden-Baden.

WSI-Tarifarchiv (2017): Statistisches Taschenbuch Tarifpolitik, Düsseldorf.

Strukturwandel in der Industrie – Herausforderungen in der Automobil- und Zulieferindustrie

Jörg Köhlinger/Maik Grundmann

Für die hessische Wirtschaft und auch für die hessischen Arbeitnehmerinnen und Arbeitnehmer steht viel auf dem Spiel: Derzeit erleben wir eine der volatilsten Phasen in der Wirtschafts- und Technikgeschichte. In der Automobil- und Zulieferindustrie und in den vorgelagerten Branchen kann dies tiefgreifende Umbrüche in verschiedensten Formen nach sich ziehen. Experten und Branchenkenner sind sich noch uneins in der Frage, ob die Veränderungsprozesse disruptiv oder kontinuierlich verlaufen werden. Klar ist, dass die verantwortlichen Megatrends beziehungsweise Triebkräfte technologische Entwicklungen forcieren. Dadurch wird bislang branchenfremden Unternehmen mit neuen innovativen Geschäftsideen ein zügiger Markteintritt möglich, bestehende Technologien und Unternehmen können ersetzt und etablierte Marktstrukturen aufgebrochen, nachhaltig verändert oder vollständig verdrängt werden (vgl. Bower und Christensen 1995). Die Treiber *Nachhaltigkeit*, *Digitalisierung*, *Urbanisierung* und *Globalisierung* wirken gleichzeitig und einander verstärkend, sodass sich die gesamte Branche im kommenden Jahrzehnt grundlegend verändern kann.

Daraus lassen sich branchenspezifische, aber auch gesamtgesellschaftliche Fragestellungen ableiten, die aus verschiedenen Perspektiven diskutiert und bewertet werden müssen: Wie sollen sich die traditionellen Hersteller und Zulieferer positionieren und ausrichten? Wie viele Arbeitsplätze wird es künftig in der heimischen Wertschöpfungskette geben? Unter welchen Bedingungen wird zukünftig gearbeitet?

Aus Sicht der Verbraucher stellt sich die grundsätzliche Frage, wie die Mobilität der Zukunft aussehen wird. Dem übergeordnet sind die Fragen einer lebenswerten Umwelt und wie zukünftig eine hohe Umweltqualität für alle gewährleistet werden kann. Darüber hinaus gibt es eine Vielzahl weiterer Fragestellungen, die zum Teil erst im weiteren Prozess auftreten werden. Es gilt, die technologische und betriebswirtschaftliche Entwicklung den gesellschaftlichen Erfordernissen anzupassen und nicht umgekehrt. Dazu sind neue regulative Konzepte und neue Formen der Interessenaggregation und -artikulation in einem erweiterten mobilitätspolitischen Handlungsfeld sowie einer aktiven Gestaltung durch die Politik unumgänglich. Andernfalls besteht die Gefahr, dass die Veränderungsprozesse nahezu ungeplant den globalen Kräften und der profitorientierten Verwertungslogik des freien Marktes überlassen werden und somit nur dem Vorteil Einzelner dienen.

Die Automobilbranche in Hessen

Die Automobil- und Zulieferindustrie ist nicht nur eine der wichtigsten Branchen im Organisationsbereich der IG Metall und anderer DGB-Gewerkschaften, sondern auch eine zentrale Säule der hessischen und deutschen Industrie überhaupt. Laut amtlicher Statistik waren im Jahr 2016 rund 53.000 Menschen direkt in der Herstellung von Kraftwagen und Kraftwagenteilen (Wirtschaftszweig 29) in Betrieben mit 20 und mehr Beschäftigten tätig, also mit über 13 Prozent der größte Anteil aller im verarbeitenden Gewerbe Beschäftigten (Hessisches Statistisches Landesamt 2017). Damit hatte der Wirtschaftszweig mit knapp über 15 Prozent Umsatz den größten Anteil am Gesamtumsatz des verarbeitenden Gewerbes in Hessen. Beide Zahlen zeigen, welch große Bedeutung der Industriezweig für die hessische Wirtschaft hat. Dabei ist zu beachten, dass die tatsächliche Bedeutung der Branche weit größer ist, als es die aufgeführten Zahlen vermuten lassen: Hinzugerechnet werden müssen eine Vielzahl von Betrieben und Beschäftigen aus vorgelagerten Wirtschaftszweigen, deren Produkte hauptsächlich für die Automobilherstellung benötigt werden. Dies gilt zum Beispiel für die Metallerzeugung und -bearbeitung, die Herstellung von Metallerzeugnissen, die Herstellung von elektrischen Ausrüstungen, den Maschinenbau oder die Gummi- und Kunststoffindustrie. Auch im Dienstleistungsbereich gibt es eine hohe Zahl von Unternehmen, die nahezu vollständig vom Automobil abhängig sind. Die genaue Zahl lässt sich mit der verfügbaren Datenbasis der amtlichen Statistik nicht exakt beziffern. Mit den Daten der IG Metall lässt sich aber ableiten, dass die Beschäftigtenanzahl sowie die Umsatzanteile weit über den oben genannten Werten liegen. Allein in den von der IG Metall erfassten Betrieben, die der Automobil- und Zulieferindustrie zugeordnet werden können, sind mehr als 64.000 Personen beschäftigt.

Zudem muss beachtet werden, dass in den vorliegenden Analysen die indirekt abhängigen Branchen zumeist vernachlässigt werden, wie zum Beispiel unternehmensnahe Dienstleistungen. Für die Entscheidungsträgerinnen und -träger in Politik und Wirtschaft ist ein genaueres Wissen über diese Zahlen von erheblicher Tragweite, um realistische Folgenabschätzungen vornehmen zu können.

Die Treiber der Transformation im Fahrzeugbau

Nachhaltigkeit, Klima- und Umweltregulation

Die Zielsetzung der europäischen und deutschen Klimaschutzpolitik, Umweltbelastungen durch die Reduzierung von CO_2-Emissionen insbesondere im Verkehrssektor zu minimieren sowie der Abgasskandal im Jahr 2015 haben die Notwendigkeit emissionsärmerer beziehungsweise -freier Mobilität ins Zentrum der öffentlichen Diskussion gerückt. Der im November 2017 von der Europäischen Kommission vorgelegte Vorschlag zur CO_2-Reduktion bei Pkw und leichten Nutzfahrzeugen hat den Handlungsdruck auf die Automobilhersteller massiv erhöht. Die Diskussionen über Zulassungsverbote ab dem Jahr 2030 im Vorfeld der Bundestagswahl 2017 oder die Möglichkeit kommunaler Einfahrverbote für Dieselfahrzeuge mit unzulässig hoher Stickoxidbelastung zeigen, dass »Markt« und Branche nicht mehr allein entscheiden, welche Technologien angeboten werden (vgl. Bündnis 90/Die Grünen 2017).

Daneben gibt es in einigen Staaten (Frankreich, Großbritannien und Indien) Bestrebungen, zwischen den Jahren 2025 und 2040 ausschließlich emissionsfreie Fahrzeuge zuzulassen. In China wird es ab 2019 eine Quotenregelung für Elektrofahrzeuge geben. Mindestens zehn Prozent der produzierten Fahrzeuge je Hersteller müssen dann einen Elektro- oder Hybridantrieb haben, ab 2020 wird die Quote auf zwölf Prozent erhöht.

Zudem drängen neue Akteure auf den Markt, die im klassischen Automobilsegment bisher nicht zu finden waren und die traditionellen Endhersteller im Bereich emissionsfreier Fahrzeuge zusätzlich unter Druck setzen, serienreife Alternativen zu konventionell angetriebenen Fahrzeugen mit Verbrennungsmotor anzubieten.

Digitalisierung und neue Mobilitätskonzepte

Die Digitalisierung wird das gesellschaftliche Miteinander in allen Bereichen verändern. Institutionen, Märkte und Interaktionen im Privat- und Arbeitsleben sind einem dynamischen und komplexen Wandel unterworfen. Die Auswirkungen sind nicht abschätzbar.

Zum einen werden sich durch die neuen Technologien die Produktionsprozesse in der Automobil- und Zulieferindustrie verändern, zum anderen werden die Produkte und Portfolios einem erheblichen Wandel unterzogen sein. Zukünftig wird die Nachfrage nach Mobilität unabhängig vom Mobilitätsträger an Bedeutung gewinnen. Für die traditionellen Endhersteller wird das eine spürbar veränderte Wettbewerbssituation bedeuten, da sich die bisherige Marktstruktur grundlegend verändern beziehungsweise segmentieren wird (vgl. Bayern LB 2017).

Bisher branchenfremde Akteure erhalten die Möglichkeit, ihre Technologien und Services anzubieten. Große IT-Unternehmen können zu Partnern oder zu Wettbewerbern der bisherigen Endhersteller werden. Daneben werden weitere Mobilitätsanbieter mit spezifischen Sharingangeboten, wie etwa Shuttle Services oder Robo-Taxis, den Konkurrenzdruck noch erhöhen. Aber auch die Endhersteller und Zulieferer haben bereits begonnen, eigene Daten- und Mobilitätsdienste zu etablieren. Insbesondere für die Zulieferunternehmen bieten die neuen Technologien die Möglichkeit, den Endnutzer als Kunden zu gewinnen. Allerdings birgt dies auch die Gefahr, dass ‚alte' und als unrentabel bewertete Geschäftsfelder beziehungsweise Unternehmensteile abgespalten oder stillgelegt werden.

In den Entwicklungs- und Herstellungsprozessen werden Automatisierung und Rationalisierung durch künstliche Intelligenz oder 3D-Druck weiter vorangetrieben. Auch dies wird erhebliche Auswirkungen auf Beschäftigung, Entgelte und Arbeitsbedingungen haben. Qualifikationsanforderungen und Tätigkeitsprofile werden sich stark verändern, neue Tätigkeiten und Berufe hinzukommen (vgl. Kruppe et al. 2018). Arbeitsformen wie Crowd- oder Cloudwork können weiter an Stellenwert gewinnen und die Entgrenzung von Arbeit forcieren. Gleichzeitig ergeben sich aber auch Humanisierungspotenziale zur Verringerung von Arbeitsbelastung und Gesundheitsverschleiß (vgl. Urban 2016).

Urbanisierung

Die Bevölkerungskonzentration in den Stadtregionen ist ein weltweiter Trend, der sich in den nächsten Jahrzehnten fortsetzen wird. Im Jahr 2014 lebten 54 Prozent der Weltbevölkerung in Städten – Prognosen der Vereinten Nationen zufolge werden es im Jahr 2050 schon 66 Prozent sein (vgl. United Nations 2015). In Europa, Nord- sowie Lateinamerika werden mehr als 80 Prozent der Bevölkerung in Stadtregionen leben. Auch in Asien wird die Verstädterung mit einer jährlichen Wachstumsrate von 1,5 Prozent rasant zunehmen: Es wird geschätzt, dass der Anteil der Stadtbevölkerung von heute 48 auf knapp 70 Prozent im Jahr 2050 ansteigen wird.

Diese Entwicklungen bringen vielfältige Herausforderungen mit sich, die bereits jetzt – beispielsweise im Rhein-Main-Gebiet – kaum noch zu bewältigen sind. Neben dem wachsenden Bedarf an Wohnraum werden Verkehr und Mobilität die großen Themen für die Ballungsräume sein. Ob es für die heutige Form des Individualverkehrs in den künftigen Metropolregionen ausreichend Raum gibt, ist offen. Das wird die Nachfrage nach alternativen Mobilitätskonzepten und -dienstleistungen sprunghaft ansteigen lassen. Speziell in den Hauptabsatzmärkten der deutschen Automobilindustrie – Asien, Europa, Nordamerika – kann dies zur Stagnation beziehungsweise dem Rückgang der Automobilnachfrage führen.

Globalisierung und Produktionsverschiebung

Eine weitere fundamentale Veränderung ist die Verlagerung von Produktionsstandorten und Teilen der Wertschöpfungskette. Ausgelöst durch unterschiedliche Motive werden neue Werke von Endherstellern und Zulieferern in anderen Staaten oder Erdteilen errichtet. In der Vergangenheit war die Einsparung von Herstellungskosten oft das Hauptmotiv für Verlagerungen. Viele Hersteller und Zulieferer haben dazu Produktionswerke in Osteuropa errichtet, von wo sie noch eine gewisse räumliche Nähe zu den Absatzschwerpunkten Europa und Nordamerika hatten (vgl. Bratzel et al. 2015).[1]

Mittlerweile haben sich die Weltmarktstrukturen deutlich verschoben. Der asiatische – insbesondere chinesische – Markt ist zum weltweit wichtigsten Automarkt geworden. Die Anzahl der dort verkauften Pkw hat sich zwischen den Jahren 2009 und 2017 von 8,4 Millionen auf über

---

1 Die großen Überseehäfen in Westeuropa ermöglichen eine gute Anbindung an den nordamerikanischen Markt.

24 Millionen Fahrzeuge fast verdreifacht (vgl. Handelsblatt 2018). Auch der US-amerikanische Markt ist mit über 17 Millionen Fahrzeugen im Jahr 2017 nach wie vor ein wichtiger Absatzmarkt. Entsprechende Veränderungen sind in den globalen Produktionsstrukturen zu beobachten. Gemäß dem Prinzip »build where you sell« werden die Fahrzeuge vermehrt in den Ländern produziert, in denen besonders hohe Absatzzahlen erwartet werden. Vielfach gibt es in vielen Absatzmärkten auch Regularien, die einen Mindestanteil an lokaler Fertigung vorschreiben.

Auch die Absicherung vor Wechselkursschwankungen macht die Produktion im Absatzmarkt attraktiv. Für die Zulieferunternehmen folgt daraus das Prinzip: »follow your customer«. Ganze Zulieferparks und große Teile der Wertschöpfungskette werden in den Absatzmarkt verlagert. Mit den aktuellen Verwerfungen in der internationalen Handelspolitik, den Strafzöllen und der Etablierung protektionistischer Prinzipien ist zu befürchten, dass sich der Verlagerungsdruck und die -dynamiken weiter erhöhen.

Für die Wertschöpfungskette in Deutschland und die Zulieferbetriebe in Hessen kann das einen signifikanten Nachfrageverlust mit entsprechenden Konsequenzen für die Beschäftigung nach sich ziehen, da etwa drei von vier der in Deutschland gebauten Fahrzeuge exportiert werden.

Zwischenfazit

Derzeit sind die Folgen der Umbrüche nur schemenhaft abschätzbar. Neben den bereits skizzierten Triebkräften beeinflussen weitere Faktoren diesen Prozess. Die demografische Entwicklung und die veränderte Einstellung zu Besitz und Konsum sind ebenfalls Auslöser, die Veränderungsdynamiken anstoßen.

Auf jeden Fall wird es zu erheblichen Auswirkungen auf die Beschäftigung kommen. Dies betrifft sowohl die Anzahl der Arbeitsplätze als auch die Arbeit an sich. Allein in der Herstellung konventioneller Antriebstechnik kann deutschlandweit bis zum Jahr 2030 jeder zweite der rund 210.000 Arbeitsplätze durch Elektrifizierung des Antriebsstrangs betroffen sein (vgl. Bauer et al. 2018). Im Saldo können rund 75.000 Arbeitsplätze in der Antriebstechnik verloren gehen. Wie stark die hessische Automobil- und Zuliefererindustrie davon betroffen ist, ist mit vorliegenden Untersuchungen nicht seriös abschätzbar und muss in einer gesonderten Analyse noch ermittelt werden.

Weitgehendes Einverständnis besteht darüber, dass in Teilen des Produktionsprozesses ein Beschäftigungsrückgang zu befürchten ist. Die Marktdurchdringung von rein batterieelektrischen Fahrzeugen, die zunehmende Automatisierung durch den Einsatz künstlicher Intelligenz, die Standortverlagerung in Richtung wachsender Absatzmärkte sowie die Bevölkerungskonzentration in Stadtregionen sind zentrale Faktoren, die die Nachfrage unter anderem nach Fertigungsanlagen, Bauteilen, Komponenten und letztendlich der kompletten Fahrzeuge reduzieren werden. Aufgrund der mehrjährigen Entwicklungsphasen neuer Fahrzeugmodelle sind zunächst vorgelagerte Branchen der Automobilwertschöpfungskette mit Auslastungsproblemen konfrontiert, da insbesondere Entwicklungen in den Bereichen Antriebsstrang, Motor und Getriebe zurückgehalten oder gestrichen werden. Entsprechend können beschäftigungspolitische Verwerfungen schon in naher Zukunft bevorstehen, auch wenn die aktuelle konjunkturelle Lage etwas anderes nahelegt. Völlig offen ist, ob dann und in welchem Umfang Ersatzarbeitsplätze inner- oder außerhalb der hessischen Automobilwirtschaft entstehen.

Neben der Auslastung werden sich auch die Tätigkeitsprofile und Qualifikationsanforderungen sehr deutlich ändern. Eine Herausforderung ist die qualitative Veränderung der Tätigkeitsprofile. Die beschriebenen Veränderungen durch Digitalisierung und Industrie 4.0 sowie immer schnellere Entwicklungssprünge stellen immer neuartigere sowie höhere Anforderungen an Qualifikationsniveaus, Problembewältigungskompetenz und Stressresistenz. Entlang der Wertschöpfungskette wird ein deutlicher Rückgang von Fertigungsberufen bei gleichzeitigem Anstieg technischer und Dienstleistungsberufe prognostiziert. So werden die fortschreitenden Entwicklungen in Richtung vernetzter und autonomer Mobilität die Nachfrage beispielsweise nach IT-Spezialisten und Softwareentwicklern erhöhen.

Handlungsfelder

Die wichtige Erfahrung vergangener Strukturkrisen ist, dass gewerkschaftliche und politische Handlungsspielräume sehr eingeschränkt sind, wenn das Handeln erst in der Krise beginnt – wirkliche Gestaltung ist dann kaum möglich. Aus Sicht der Beschäftigten können die Herausforderungen nur erfolgversprechend gestaltet werden, wenn die umwelt-, industrie- und beschäftigungspolitischen Ziele sowohl rechtzeitig als auch gleichgewichtig angegangen werden. Insbesondere bei der Auflösung von Zielkonflikten dürfen die Interessen der Beschäftigten nicht in den Hintergrund geschoben werden.

Die Zeit zur Gestaltung industrie- und strukturpolitischer Rahmenbedingungen und Instrumente ist also bereits jetzt gekommen, um Anreize zum Erhalt der Wertschöpfungskette in Hessen und Deutschland sowie zu ihrer Zukunftssicherung zu setzen. Es braucht arbeitsmarkt-, bildungs- und sozialpolitische Konzepte, die die aufgezeigten Folgen und Verwerfungen für die Beschäftigten abmildern und Sicherheit im Veränderungsprozess geben. Gleichzeitig dürfen regulatorische Rahmbindungen keine großen Strukturbrüche nach sich ziehen. Insbesondere bei der Konzipierung strengerer Vorschriften, wie dem EU-Kommissionsvorschlag zur CO_2-Regulierung ab dem Jahr 2021, müssen die Realisierbarkeit und Beschäftigungsfolgen von Beginn an berücksichtigt werden.

Des Weiteren sind die Unternehmen in der Pflicht, ihrer gesellschaftlichen und sozialen Verantwortung nachzukommen und Zukunftsstrategien für die Sicherung der Beschäftigung zu entwerfen. Derzeit vernachlässigen aber die Konzerne und Unternehmen auf Druck der Kapitalgeber und der Kapitalmärkte trotz hervorragender Ertragslage Investitionen in strategische Zukunftstechnologien oder in die Qualifikation ihrer Belegschaften.

Exemplarisch dafür steht die Unentschlossenheit der Branche, in Deutschland eine Batteriezellenentwicklung und -fertigung aufzubauen (vgl. Freitag 2018). Zweifelsohne werden sich aus der zunehmenden Marktdurchdringung alternativer Antriebstechnologien Beschäftigungspotenziale auch für die heimische Automobil- und Zulieferindustrie ergeben. Die Optimierung und Etablierung von Übergangstechnologien wie Hybrid- oder Brennstoffzellenantrieben, ist ein Weg, der Wertschöpfung und Beschäftigung in Deutschland und in Hessen sichern kann sowie einen Zeitgewinn verschafft.

Allerdings wird sich dadurch die Ausbreitung rein batterieelektrisch angetriebener Fahrzeuge nicht aufhalten lassen. Daher sind Erforschung und Investitionen in Batteriezellentechnologien der nächsten Generation eine Hauptaufgabe der Branche, um die Abhängigkeit von wenigen asiatischen Herstellern zu reduzieren und die führende Rolle auf dem Weltmarkt beizubehalten.

Ferner müssen die Suche nach und das Erkennen von neuen Geschäftsfeldern auch außerhalb der Automobilbranche in den strategischen Überlegungen der Unternehmen eine Rolle spielen. Die Märkte für Carsharingangebote oder Mobilitätsdienstleistungen werden irgendwann erschöpft sein und wegfallende hochwertige Wertschöpfungsanteile nicht ersetzen können.

Hier muss die neue Landesregierung ansetzen und einen *Trialog* zur Zukunft des Industriestandorts Hessen starten. Die Umbrüche in der Automobil- und Zulieferindustrie sind eine zentrale gesellschaftspolitische Herausforderung. Die derzeitige Landesregierung jedenfalls geht dies leider nicht gestaltend an. So verweist sie in ihrer Antwort auf eine Anfrage im Landtag zur Mobilitätsentwicklung in Hessen darauf, dass: »die Entwicklungen der Branche und ein etwaiger Stellenabbau in erster Linie von Unternehmensentscheidungen abhängen, die dem Einfluss der Landesregierung entzogen sind« (Hessischer Landtag; Drucksache 19/5773, S. 21, 2017).

Eine Landesregierung hat mit einer vorausschauenden und aktiven Industriepolitik beziehungsweise entsprechenden Anreizinstrumenten eben doch erheblichen Einfluss darauf, wie und wohin Investitionsbudgets vergeben oder alternative Unternehmensstrategien entwickelt werden. Mit verbindlichen und realistischen energie- sowie verkehrspolitischen Vorgaben kann erst Planungssicherheit für Unternehmen, Beschäftigte und Verbraucher hergestellt werden. Dazu ist es unerlässlich, Energie- und Verkehrswende zu verzahnen und gemeinsam zu denken. Die öffentliche Investitionspolitik muss zunehmend auf eine elektrischbasierte Mobilität ausgerichtet werden. Das bedeutet, dass neben alternativen Antriebs- und Mobilitätsformen auch stabile Stromversorgungsnetze, eine ausreichende Versorgung mit Tank- und Ladestationen, ein Entsorgungs- oder Wiederverwertungssystem und insbesondere eine emissionsfreie Energieerzeugung in den Mittelpunkt gestellt werden.

Weiterhin müssen frühzeitig fundierte Entwicklungen, Handlungsbedarfe und Zukunftschancen erkannt und aufgezeigt werden. Dazu bedarf es regelmäßiger Strukturberichte, die die gesamte Wertschöpfungskette – inklusive aller vorgelagerten Branchen – einschließen. Die ausschließliche Betrachtung des Bereichs Herstellung von Kraftwagen und Kraftwagenteilen in der amtlichen Statistik greift zum Zweck einer seriösen Folgenabschätzung deutlich zu kurz (Hessischer Landtag; Drucksache 19/5773, S. 18, 2017).

Durch die Stärkung von Mitbestimmung und Tarifbindung muss die Politik dazu beitragen, dass sich der Wandel nicht zu Lasten der Beschäftigten vollzieht. Dem Verlust von Arbeitsplätzen und der zunehmenden Entgrenzung von Arbeitszeit ist frühzeitig entgegenzuwirken. Die Landesregierung muss Antworten darauf suchen, wie die Beschäftigungsfähigkeit in Zeiten des Wandels erhalten bleibt, der Arbeits- und Gesundheitsschutz sowie der Arbeitnehmerdatenschutz an die digitale Arbeitswelt angepasst werden.

Dazu braucht es Konzepte wie Weiterbildung und Qualifizierung, die in den – vor allem auch kleineren – Unternehmen verankert und gefördert werden. Weiterbildungsangebote müssen dabei allen Beschäftigten unabhängig vom persönlichen Geldbeutel und Stellung im Unternehmen zugänglich sein. Ein Ansatzpunkt ist es, die europäische Investitionspolitik und den kommenden mehrjährigen europäischen Finanzrahmen stärker auf die industrie- und strukturpolitischen Transformationsprozesse auszurichten. Die europäische Investitions- und Strukturpolitik muss im Sinne der Industriebeschäftigten gestaltet und auf die Sicherung von Beschäftigung ausgerichtet werden.

Viele der hier angesprochenen Handlungsfelder können und müssen im Gleichklang mit anderen Ebenen der Politik realisiert werden, da der Landespolitik im Bereich Industrie- und Strukturpolitik Grenzen gesetzt sind. Die Umbruchsituation der Automobil- und Zulieferbranche verlangt geradezu nach enger Zusammenarbeit und gemeinsamen Anstrengungen auf bundes- und europapolitischer Ebene, aber auch nach bisher nicht diskutierten Konzepten. So kann die weniger werdende Arbeit beispielsweise durch eine kollektive Arbeitszeitverkürzung gleichmäßig auf alle Beschäftigten verteilt und die zu erwartenden Produktivitätssteigerung durch die voranschreitende Digitalisierung als voller Lohnausgleich an die Beschäftigten weitergegeben werden. Ein streitbarer, trotzdem konstruktiver Austausch- und Beratungsprozess zwischen Politik, Industrie, Gewerkschaften und anderen zivilgesellschaftlichen Organisationen ist erforderlich.

Fazit

Unabhängig davon, ob sich die Transformation in der Automobil- und Zulieferindustrie disruptiv oder kontinuierlich vollzieht, ist jedenfalls ihre politische Gestaltung notwendig. Die Entwicklungen dürfen nicht den Kräften des Marktes überlassen werden. Vergangene industrielle Veränderungsprozesse haben gezeigt, dass ganze Regionen bis hin zu weiten Teilen eines Bundeslandes infolge von De-Industrialisierung ökonomisch, sozial und gesellschaftlich veröden können. Wenn den Betroffenen keine Perspektiven anstelle von sozialen Abstiegsängsten aufgezeigt werden und ihnen die Teilhabe an Gestaltungsmöglichkeiten und Mitbestimmung von Rahmenbedingungen verwehrt bleibt, nimmt die Gefahr politischer und sozialer Instabilität zu. Das Angebot von vermeintlich einfachen Lösungen für komplexe Problemstellungen, wie wir es derzeit in den USA erleben, wird die gesellschaftliche Spaltung weiter vorantreiben. Erforderlich ist hingegen eine sozial gerechte Gestaltung des Strukturwandels im Dialog und auf Basis einer aktiven Strukturpolitik.

Literatur

Bauer, Wilhelm/Borrmann, Daniel/Hermann, Florian/Riedel, Oliver/Sachs, Carolina (2018): ELAB 2.0 – Wirkung der Fahrzeugelektrifizierung auf die Beschäftigung am Standort Deutschland, Vorabbericht, 04. Juni 2018.

Bayern LB (2017): Chancen und Herausforderungen für die Automobile Zulieferindustrie. Heft 01 Digitalisierung, Mai 2017.

Bower, Joseph L./Christensen, Clayton M. (1995): Disruptive Technologies. Catching the Wave. In: Harvard Business Review, Bd. 69 (1995), S. 19–45.

Bratzel, Stefan/Retterath, Gerd/Hauke, Niels (2015): Automobilzulieferer in Bewegung: strategische Herausforderungen für mittelständische Unternehmen in einem turbulenten Umfeld.

Bündnis 90/Die Grünen (2017): Bundestagswahlprogramm https://www.gruene.de/fileadmin/user_upload/Dokumente/BUENDNIS_90_DIE_GRUENEN_Bundestagswahlprogramm_2017.pdf.

Freitag, Michael (2018): Der Elektroschock. In: Manager Magazin 23. März 2018, Nr. 4/2018.

Kruppe, Thomas /Leber, Ute/Matthes, Britta (2017): Sicherung der Beschäftigungsfähigkeit in Zeiten des digitalen Umbruchs. IAB Stellungnahme 07/2017.

Handelsblatt (2018): Grafik des Tages, in: Handelsblatt Wochenende 9./10./11. Februar 2018, Nr. 29.

Hessisches Statistisches Landesamt (2017): Statistische Berichte, Kennziffer: E I 1 – j/16, Verarbeitendes Gewerbe in Hessen 2016, Wiesbaden.

Hessischer Landtag (2017); Drucksache 19/5773: Antwort der Landesregierung auf die Große Anfrage der Abg. Eckert, Barth, Faeser, Frankenberger, Gremmels, Grüger, Weiß (SPD) und Fraktion betreffend Konzept für Mobilitätsentwicklung in Hessen; Drucksache 19/4475.

United Nations, Department of Economic and Social Affairs, Population Division (2015). World Urbanization Prospects: The 2014 Revision, (ST/ESA/SER.A/366).

Urban, Hans-Jürgen (2016): Digitale Visionen als Leitbild? – Plädoyer für einen Digitalisierungsrealismus in der Arbeitspolitik. Sozialismus 2/2016.

Zehn Jahre hessische Nachhaltigkeitsstrategie: Mehr Schein als Sein

Liv Dizinger

Einleitung

Nach der Agenda 2030 der Vereinten Nationen zielt eine nachhaltige Entwicklung darauf, den Bedürfnissen der heutigen ebenso wie der künftigen Generation gerecht zu werden. Dazu bedarf es einer Politik, die Wirtschaft, Umweltschutz und soziale Gerechtigkeit miteinander in Einklang bringt – mit dem Ziel, die planetaren Grenzen zu achten und allen Menschen ein Leben in Würde zu ermöglichen. Um die Vision einer nachhaltigen Entwicklung zu realisieren, wurden auf der europäischen, nationalen und regionalen Ebene Anfang der 2000er Jahre Nachhaltigkeitsstrategien beschlossen. Die hessische Landesregierung hat erstmals im Jahr 2008 eine eigene Strategie veröffentlicht, in der konkrete Ziele zu den Bereichen Ökonomie, Ökologie und Soziales festgelegt wurden. Um das Erreichen der Ziele überprüfen zu können, wurden diese mit Indikatoren hinterlegt.

In den letzten Jahren haben die Vereinten Nationen und die Bundesregierung ihre Nachhaltigkeitsstrategien weiterentwickelt. In Europa ist dieser Prozess noch nicht abgeschlossen. Auf Basis der Agenda 2030 der Vereinten Nationen und der Neuauflage der deutschen Strategie hat dann auch die hessische Landesregierung ihre Ziele und Indikatoren überarbeitet.

In den folgenden Ausführungen steht die Frage im Zentrum, inwiefern gewerkschaftliche Kernanliegen in die Strategien auf den verschiedenen

Ebenen eingeflossen sind. Der Beitrag ist in drei Teile gegliedert. Im ersten Abschnitt beschäftigen wir uns mit der Agenda 2030 der Vereinten Nationen und im zweiten Abschnitt mit der Neuauflage der deutschen Nachhaltigkeitsstrategie durch die Bundesregierung. Auf dieser Grundlage schauen wir uns an, inwiefern die hessische Landesregierung die gewerkschaftlichen Forderungen aufgegriffen hat. Die Gewerkschaften hatten sich insbesondere dafür eingesetzt, dass menschenwürdige Arbeit (engl. *decent work*) und ein gerechter Übergang (engl. *just transition*) als Ziele aufgenommen und mit geeigneten Indikatoren hinterlegt werden. Der Beitrag endet mit einer Einschätzung zum 10-jährigen Jubiläum der hessischen Nachhaltigkeitsstrategie.

Die Agenda 2030 der Vereinten Nationen

Im Jahr 2015 haben die Vereinten Nationen die Agenda 2030 für eine nachhaltige Entwicklung verabschiedet. Im Zentrum stehen 17 Nachhaltigkeitsziele, die bis zum Jahr 2030 erreicht werden sollen. Die Agenda 2030 berücksichtigt alle drei Aspekte von Nachhaltigkeit: Umwelt, Soziales und Wirtschaft. Zentrales Anliegen ist es, die Welt generationengerecht zu gestalten. Oberste Priorität hat die Bekämpfung von Armut, sodass die Vereinten Nationen dieses Ziel auch ganz nach vorne gestellt haben. Die Agenda 2030 gilt zwar für alle Mitgliedstaaten der Vereinten Nationen, die Umsetzung ist jedoch freiwillig. Demnach entscheidet jedes Mitglied selbst im Rahmen einer nationalen Nachhaltigkeitsstrategie über die Maßnahmen, die zur Erreichung der vereinbarten Ziele durchgeführt werden sollen.

Der Grundstein für die erste Nachhaltigkeitsstrategie wurde mit dem Gipfel der Vereinten Nationen für Umwelt und Entwicklung in Rio de Janeiro im Jahr 1992 gelegt. Zuvor war der Brundtland-Report (»Our Common Future« von 1987) der Vereinten Nationen veröffentlicht worden, in dem Nachhaltigkeit erstmals als politisches Leitprinzip fixiert wurde. Demnach liegt eine nachhaltige Entwicklung vor, wenn diese »den Bedürfnissen der heutigen Generation entspricht, ohne die Möglichkeiten künftiger Generationen zu gefährden, ihre eigenen Bedürfnisse zu befriedigen«. In den folgenden Jahren wurden die Ergebnisse des Rio-Gipfels fortlaufend weiterentwickelt. Neben diesen flossen die Millenniumsentwicklungsziele in die Agenda 2030 ein. Der Nachhaltigkeitsgedanke kommt zwar ursprünglich aus dem umweltpolitischen Bereich, durch die Agenda 2030 hat sich jedoch in den letzten Jahren eine deutliche Verschiebung in Richtung sozialer und entwicklungspolitischer Ziele ergeben.

Abbildung 1: Ziele für nachhaltige Entwicklung

Quelle: United Nations (2015)

Die 17 Nachhaltigkeitsziele der Vereinten Nationen lauten im Einzelnen (vgl. Abbildung 1):

1. Armut in jeder Form und überall beenden.
2. Den Hunger beenden, Ernährungssicherheit und eine bessere Ernährung erreichen und eine nachhaltige Landwirtschaft fördern.
3. Ein gesundes Leben für alle Menschen jeden Alters gewährleisten und ihr Wohlergehen fördern.
4. Inklusive, gerechte und hochwertige Bildung gewährleisten und Möglichkeiten des lebenslangen Lernens für alle fördern.

5. Geschlechtergerechtigkeit und Selbstbestimmung für alle Frauen und Mädchen erreichen.
6. Verfügbarkeit und nachhaltige Bewirtschaftung von Wasser und Sanitärversorgung für alle gewährleisten.
7. Zugang zu bezahlbarer, verlässlicher, nachhaltiger und zeitgemäßer Energie für alle sichern.
8. Dauerhaftes, inklusives und nachhaltiges Wirtschaftswachstum, produktive Vollbeschäftigung und menschenwürdige Arbeit für alle fördern.
9. Eine belastbare Infrastruktur aufbauen, inklusive und nachhaltige Industrialisierung fördern und Innovationen unterstützen.
10. Ungleichheit innerhalb von und zwischen Staaten verringern.
11. Städte und Siedlungen inklusiv, sicher, widerstandsfähig und nachhaltig machen.
12. Für nachhaltige Konsum- und Produktionsmuster sorgen.
13. Umgehend Maßnahmen zur Bekämpfung des Klimawandels und seiner Auswirkungen ergreifen.
14. Ozeane, Meere und Meeresressourcen im Sinne einer nachhaltigen Entwicklung erhalten und nachhaltig nutzen.
15. Landökosysteme schützen, wiederherstellen und ihre nachhaltige Nutzung fördern, Wälder nachhaltig bewirtschaften, Wüstenbildung bekämpfen, Bodenverschlechterung stoppen und umkehren sowie den Biodiversitätsverlust stoppen.
16. Friedliche und inklusive Gesellschaften im Sinne einer nachhaltigen Entwicklung fördern, allen Menschen Zugang zur Justiz ermöglichen und effektive, rechenschaftspflichtige und inklusive Institutionen auf allen Ebenen aufbauen.
17. Umsetzungsmittel stärken und die globale Partnerschaft für nachhaltige Entwicklung wiederbeleben.

Trotz der vereinbarten Ziele besteht die Gefahr, dass die Agenda 2030 ein zahnloser Tiger bleibt. So gibt es keine Weltregierung, die etwa die Ziel-Erreichung kontrolliert und Verstöße ahndet. Welche Maßnahmen in einem Mitgliedstaat zur Ziel-Erreichung festgelegt werden, ist immer abhängig von der jeweiligen politischen Ausrichtung der Regierung und den nationalen Rahmenbedingungen. Davon abhängig ist auch, ob die Schwerpunkte eher im ökonomischen, ökologischen oder sozialen Bereich gesetzt werden. Nichtregierungsorganisationen kommt hier eine zentrale Rolle zu, weil sie sich dafür engagieren, dass soziale und ökologische Belange gegenüber ökonomischen Interessen stärker berücksichtigt werden. Dies gilt auch für Gewerkschaften.

Unter allen 17 Nachhaltigkeitszielen der Agenda 2030 nennt der internationale Gewerkschaftsbund insgesamt sechs Ziele, die er als besonders wichtig erachtet (Trade Union Development Cooperation Network 2017):

- keine Armut (Ziel 1),
- Geschlechtergleichheit (Ziel 5),
- menschenwürdige Arbeit und Wirtschaftswachstum (Ziel 8),
- weniger Ungleichheiten (Ziel 10),
- Maßnahmen zum Klimaschutz (Ziel 13) sowie
- Frieden, Gerechtigkeit und starke Institutionen (Ziel 16).

Der internationale Gewerkschaftsbund hatte sich dafür eingesetzt, dass menschenwürdige Arbeit für alle (engl. *decent work*) als Ziel in die Agenda 2030 der Vereinten Nationen aufgenommen wird. Grundlage ist die »Agenda für menschenwürdige Arbeit« der Internationalen Arbeitsorganisation aus dem Jahr 1999, in der die folgenden Schwerpunkte festgehalten worden sind: Umsetzung der ILO-Kernarbeitsnormen, Schaffung menschenwürdiger Beschäftigungsmöglichkeiten mit ausreichendem Einkommen, Stärkung der sozialen Sicherheit sowie Stärkung des sozialen Dialogs zwischen den Sozialpartnern. Zu den ILO-Kernarbeitsnormen gehören Vereinigungsfreiheit und Recht auf Kollektivverhandlungen, Beseitigung der Zwangsarbeit, Abschaffung der Kinderarbeit sowie Verbot von Diskriminierung in Beschäftigung und Beruf.

Die internationalen Klimaschutzabkommen werden von den Gewerkschaften unterstützt. Das Pariser Abkommen aus dem Jahr 2015 zielt darauf, die Erderwärmung auf deutlich unter 2 Grad Celsius (möglichst auf 1,5 Grad Celsius) zu begrenzen. Anlässlich der Klimakonferenz in Bonn im Jahr 2017 appellierte der internationale Gewerkschaftsbund an die nationalen Regierungen, ehrgeizigere Maßnahmen zur Umsetzung der Klimaschutzabkommen und zur Erschließung der Beschäftigungspotenziale auf den Weg zu bringen. Außerdem rief er dazu auf, die Finanzierung von Klimaschutzmaßnahmen sicherzustellen und besonders gefährdete Gruppen zu unterstützen. Es sei an der Zeit, »gute Arbeitsplätze auf einem lebenden Planeten« zu schaffen (Internationaler Gewerkschaftsbund u.a. 2017: 3). Die Gewerkschaften setzen sich dafür ein, dass der Übergang zu einer kohlenstoffarmen Wirtschaftsweise (Dekarbonisierung) gerecht gestaltet wird (engl. *just transition*). Die Idee des gerechten Übergangs zielt darauf, den Wandel sozial verträglich zu gestalten und neue Perspektiven für die betroffenen Beschäftigten und Regionen zu erschließen. Ebenso geht es den Gewerkschaften darum, faire Löhne und gute Arbeitsbedingungen in nachhaltigen Branchen, den Einsatz erneuerbarer Energien, die Steigerung der Energieeffizienz sowie eine klimafreundliche Mobilität voranzubringen.

Neuauflage der deutschen Nachhaltigkeitsstrategie

Die schwarz-rote Bundesregierung hat Anfang 2017 eine Neuauflage der deutschen Nachhaltigkeitsstrategie verabschiedet. Übernommen wurden die oben dargestellten 17 Nachhaltigkeitsziele der Agenda 2030. Darunter wurden 63 Unterziele festgelegt, die anhand von Indikatoren überprüft werden können. Oberstes Ziel der deutschen Nachhaltigkeitsstrategie ist es, die Zukunft »enkelgerecht« zu gestalten. Ebenso wie die Agenda 2030 der Vereinten Nationen umfasst die deutsche Nachhaltigkeitsstrategie ökologische, soziale und ökonomische Aspekte. In der Strategie wurde Nachhaltigkeit als politisches Leitprinzip verankert. Als Grundregeln der Nachhaltigkeit wurden zu Anfang festgeschrieben:

(1) »Jede Generation muss ihre Aufgaben selbst lösen und darf sie nicht den kommenden Generationen aufbürden. Zugleich muss sie Vorsorge für absehbare zukünftige Belastungen treffen.

(2) Zur Erreichung von Generationengerechtigkeit, sozialem Zusammenhalt, Lebensqualität und Wahrnehmung internationaler Verantwortung sowie zur Verwirklichung von Menschenrechten und Erhaltung friedlicher Gesellschaften sind wirtschaftliche Leistungsfähigkeit, der Schutz der natürlichen Lebensgrundlagen und soziale Verantwortung so zusammenzuführen, dass Entwicklungen dauerhaft tragfähig sind.

(3) Die gemeinsame Verantwortung für eine nachhaltige Entwicklung erfordert, die wirtschaftlichen und gesellschaftlichen Bereiche und politischen Akteure in politische Entscheidungsprozesse angemessen einzubeziehen.« (Die Bundesregierung 2017: 33)

Die Novellierung der deutschen Nachhaltigkeitsstrategie wurde unter Beteiligung politischer, wirtschaftlicher und zivilgesellschaftlicher Akteure erarbeitet. Dabei war der Gedanke leitend, dass die Umsetzung der Strategie nicht nur von der Bundesregierung, sondern von jedem beziehungsweise jeder Einzelnen abhängt. Das Statistische Bundesamt veröffentlicht alle zwei Jahre einen Bericht, in dem es über den Stand der Ziel-Erreichung Auskunft gibt. Auf der europäischen Ebene ist ebenfalls eine Novellierung geplant. Dieser Prozess ist allerdings noch nicht abgeschlossen.

Nach Ansicht des Deutschen Gewerkschaftsbundes (DGB) geht die Neuauflage der deutschen Nachhaltigkeitsstrategie in die richtige Richtung, aber nicht weit genug (DGB 2016). Die Bundesregierung verpflichtet sich zwar dazu, Armut und Ungleichheit zu reduzieren, Geschlechtergleichstellung, menschenwürdige Arbeit und Wirtschaftswachstum, Frieden, Gerechtigkeit und starke Institutionen zu fördern sowie Maßnahmen zum Klimaschutz auf den Weg zu bringen. Damit berücksichtigt die Neuauflage die Anliegen, die vom internationalen Gewerkschaftsbund als besonders wichtig erachtet wurden. Die ausgewählten Ziele und Indikatoren werden jedoch als nicht ambitioniert genug betrachtet.

Ziel 8, das aus gewerkschaftlicher Sicht von besonderem Interesse ist, lautet in der Neuauflage der deutschen Nachhaltigkeitsstrategie: »Dauerhaftes, breitenwirksames und nachhaltiges Wirtschaftswachstum, produktive Vollbeschäftigung und menschenwürdige Arbeit für alle fördern«. Zu Ziel 8 gibt es gleich mehrere Unterziele und Indikatoren.

Um *menschenwürdige Arbeit für alle zu fördern*, verpflichtet sich die Bundesregierung dazu, sich für soziale und ökologische Standards entlang der globalen Lieferketten einzusetzen. Als Ziel wird angestrebt, die Anzahl der Mitglieder des Textilbündnisses bis zum Jahr 2030 signifikant zu steigern. Das Bündnis wurde als Antwort auf die tödlichen Unfälle in Textilfabriken in Bangladesch und Pakistan durch die Bundesregierung im Jahr 2014 gegründet. Unter anderem sind mehrere Textilunternehmen Mitglieder des Bündnisses. Diese verpflichten sich, soziale und ökologische Bündnisstandards in ihren Lieferketten einzuhalten. Weil sich der Indikator aber nur auf den Textilbereich bezieht, greift dieser zu kurz. So werden andere globale Lieferketten nicht erfasst.

Die Bundesregierung hat zwar in der Neuauflage gewerkschaftliche Vorschläge aufgegriffen. So bekennt sie sich zu sozialer Verantwortung, guter Arbeit sowie zur Sozial- und Tarifpartnerschaft. Allerdings fehlen Indikatoren, um diese Ziele wirklich zu überprüfen.

Der DGB hat sich dafür ausgesprochen, den DGB-Index »Gute Arbeit« als Indikator in die Neuauflage der deutschen Nachhaltigkeitsstrategie aufzunehmen (ebd.). Hierbei handelt es sich um ein wissenschaftlich fundiertes Maß, das die Qualität der Arbeit aus Sicht der Beschäftigten misst. Unter ‚Guter Arbeit' werden nach dem DGB-Index »Arbeitsbedingungen verstanden, die von den Beschäftigten als entwicklungsförderlich und belastungsarm beschrieben werden. Dazu gehört auch ein Einkommen, das als angemessen und leistungsgerecht empfunden wird. Eine schlechte Arbeitsqualität resultiert aus Arbeitsbedingungen, die keine Entwicklungsmöglichkeiten, geringe Ressourcen, hohe Fehlbeanspruchungen und ein geringes Einkommen aufweisen« (DGB-Index »Gute Arbeit« 2018). Insgesamt fließen elf Kriterien in diesen DGB-Index »Gute Arbeit« ein. Diese sind die Gestaltungs- und Entwicklungsmöglichkeiten, die Betriebskultur, der Sinn der Arbeit, die Arbeitszeitlage, die emotionalen und körperlichen Anforderungen, die Arbeitsintensität, das Einkommen, die betrieblichen Sozialleistungen sowie die Beschäftigungssicherheit. Im Rahmen des DGB-Index werden die Beschäftigten jährlich bundesweit befragt, wie sie ihre Arbeitsbedingungen bewerten. Im Jahr 2017 lag der Indexwert für Deutschland insgesamt bei 63, was einer Arbeitsqualität im unteren Mittelfeld entspricht (vgl. Abbildung 2). Der DGB-Index wird nicht nur bundesweit erhoben, sondern auch in vielen Bundesländern, beispielsweise in Baden-Württemberg, Niedersachsen, Saarland, Sachsen und Thüringen.

Abbildung 2: DGB-Index »Gute Arbeit« 2017 – Das Ergebnis nach Kriterien der Arbeitsqualität

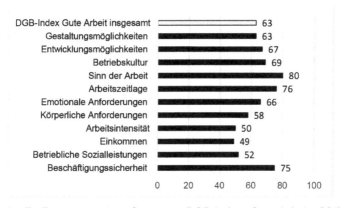

Quelle: Repräsentativumfrage zum DGB-Index »Gute Arbeit« 2017

Ein weiteres Schwerpunktthema der letzten Jahre war und ist in Deutschland – wie auch auf internationaler Ebene – die Klimapolitik. Der nationale Klimaschutzplan 2050 wurde in etwa zeitgleich zur Neuauflage der deutschen Nachhaltigkeitsstrategie veröffentlicht. In dem Plan führt die Bundesregierung konkrete Maßnahmen auf, die zur Umsetzung der internationalen Klimaschutzabkommen beitragen sollen. Bis zum Jahr 2030 soll Deutschland weitgehend treibhausgasneutral werden (Bundesministerium für Umwelt, Naturschutz, Bau und Reaktorsicherheit

2016). Von ihrem ursprünglich für das Jahr 2020 angestrebten Ziel, die Treibhausgasemissionen um 40 Prozent zu verringern, musste sich die Bundesregierung allerdings zuletzt verabschieden, weil dieses als unerreichbar gilt. Auch in Deutschland haben die geplanten Klimaschutzmaßnahmen große Auswirkungen auf die Beschäftigten. Dies gilt auch für die dafür notwendige Energie- und Verkehrswende. Sowohl im Klimaschutzplan als auch in der deutschen Nachhaltigkeitsstrategie hat die Bundesregierung zwar eine sozial verträgliche Gestaltung des Strukturwandels explizit aufgenommen. Allerdings fehlen auch hier Indikatoren, um dieses Ziel zu überprüfen.

Ebenso wie bei der Agenda 2030 besteht bei der deutschen Nachhaltigkeitsstrategie die Gefahr, dass diese ein zahnloser Tiger bleibt. Es fehlt den angestrebten Zielen die Verbindlichkeit, sofern diese nicht in gesetzliche Regelungen einfließen. Ein Problem ist auch, dass weiterhin Ziel-Konflikte zwischen den drei Bereichen Wirtschaft, Soziales und Umwelt bestehen, die die Umsetzung erheblich erschweren. Eine größere Akzeptanz für die angestrebte sozial-ökologische Transformation lässt sich nur herstellen, wenn die Interessen der Beschäftigten stärker berücksichtigt werden. Dies erfordert, dass die Novellierung weiterentwickelt wird, sodass die gewerkschaftlichen Kernanliegen – menschenwürdige Arbeit und ein gerechter Übergang – in verbindliche Regelungen einfließen und konsequent umgesetzt werden.

Neuauflage der hessischen Nachhaltigkeitsstrategie

In Hessen wurde die erste Nachhaltigkeitsstrategie im Jahr 2008 ins Leben gerufen (Hessisches Ministerium für Umwelt, Landwirtschaft, Energie und Verbraucherschutz/Hessisches Statistisches Landesamt 2009). Im Jahr 2018 wurde ein neues Set aus Zielen und Indikatoren durch die Nachhaltigkeitskonferenz, die das oberste Entscheidungsgremium der hessischen Nachhaltigkeitsstrategie bildet, beschlossen. Anders als auf der nationalen Ebene gibt es in Hessen keine ausformulierte Strategie und keine genaue Definition, was unter Nachhaltigkeit zu verstehen ist. Vielmehr bilden die Ziele und Indikatoren das strategische Dach und geben die Leitlinien für die Ausrichtung, Schwerpunktsetzung und die geplanten Aktivitäten vor. Das Statistische Landesamt veröffentlicht regelmäßig einen Fortschrittsbericht, der über den Stand der Ziel-Erreichung Auskunft gibt (Hessisches Statistisches Landesamt 2016).

Seit Beginn der schwarz-grünen Koalition im Jahr 2014 wird die Nachhaltigkeitskonferenz von Ministerpräsident Volker Bouffier (CDU) und Umweltministerin Priska Hinz (Bündnis 90/Die Grünen) geleitet. An der Konferenz nehmen zahlreiche Akteure aus Politik, Wissenschaft und Wirtschaft teil. Schon in ihrem Koalitionsvertrag hatte die schwarz-grüne Landesregierung den Schwerpunkt auf ökonomische und ökologische Themen gesetzt, während soziale Themen vernachlässigt wurden. Dies spiegelt sich auch in der Novellierung wider. Diese weist ein massives Ungleichgewicht zwischen den drei Säulen – Ökonomie, Ökologie und Soziales – auf. Von den insgesamt 17 Nachhaltigkeitszielen der Vereinten Nationen hat die Landesregierung nur zehn Ziele in die hessische Neuauflage übernommen. Dies sei im Folgenden genauer erläutert (vgl. Tabelle 1).

In der hessischen Nachhaltigkeitsstrategie gibt es sowohl Reporting- als auch Ziel-Indikatoren. Während die Reporting-Indikatoren nur der Beobachtung dienen, werden bei den Ziel-Indikatoren konkrete Werte festgelegt, mit denen die Ziel-Erreichung überprüft werden kann. In der Neuauflage der hessischen Strategie gibt es im Bereich Soziales nur noch zwei (!) Ziel-Indikatoren. So wurde beschlossen, einen Indikator zu Ziel 4 »hochwertige Bildung« aufzunehmen. Als Ziel wurde festgelegt, den Anteil der frühen Schul- und Ausbildungsabgänger auf zehn Prozent bis zum Jahr 2030 zu begrenzen. Darüber hinaus ist geplant, die Adipositasquote (Anteil der fettleibigen Personen) als Indikator zu Ziel 3 »Gesundheit und Wohlergehen« aufzunehmen. Alle anderen Ziel-Indikatoren verteilen sich auf die Bereiche Umwelt und Wirtschaft.

Zur Bekämpfung von Armut und Ungleichheit wurden keine Ziel-Indikatoren aufgenommen! Dies steht jedoch im krassen Widerspruch zur Agenda 2030 der Vereinten Nationen, die dem Ziel »keine Armut« höchste Priorität eingeräumt und es daher ganz nach vorne gestellt haben. Von den Zielen, die vom internationalen Gewerkschaftsbund als besonders wichtig erachtet werden, wurde nur zu Ziel 13 »Maßnahmen zum Klimaschutz« ein konkreter Ziel-Wert aufgenommen.

Darüber hinaus wurde die Beteiligung der zivilgesellschaftlichen Akteure an der Weiterentwicklung der Ziele und Indikatoren stark eingeschränkt. So wurde seitens der Landesregierung vorgegeben, dass sie selbst bei der Festlegung der Ziel-Indikatoren eine größere Rolle spielt. Die Beteiligung der zivilgesellschaftlichen Akteure wurde auf einen »intensiven Austausch« begrenzt.

Bei der hessischen Nachhaltigkeitsstrategie von 2008 hatte es wenigstens annähernd eine Gleichverteilung der drei Dimensionen – Soziales, Ökologie und Ökonomie – gegeben. Allerdings war schon seinerzeit die Reduzierung von Armut und Ungleichheit für die damals schwarz-gelbe Landesregierung kein Thema gewesen.

Tabelle 1: Überarbeitete Ziel-Indikatoren der hessischen Nachhaltigkeitsstrategie:

Ziele	Ziel-Indikatoren
1. Armutsgefährdung und Teilhabe	kein Ziel-Indikator vorhanden
2. Nachhaltige Landwirtschaft	– Ökologischer Landbau – Stickstoffbilanz
3. Gesundheit und Wohlergehen	– Immission von Luftschadstoffen – Adipositasquote (geplant)
4. Hochwertige Bildung	Frühe Schul- und Ausbildungsabgänger
5. Geschlechtergerechtigkeit	kein Ziel-Indikator vorhanden
6. Sauberes Wasser	Nitrat im Grundwasser
7. Bezahlbare und saubere Energie	– Erneuerbare Energien – Energieproduktivität

8.	Nachhaltiges Wachstum, produktive Beschäftigung	– Bruttoinlandsprodukt je Erwerbstätigen – Einhalten der Schuldenbremse
9.	Innovation und Infrastruktur	– Ausgaben für Forschung und Entwicklung – Breitbandversorgung nach Technologien
10.	Ungleichheit entgegenwirken	kein Ziel-Indikator vorhanden
11.	Nachhaltige Städte und Gemeinden	kein Ziel-Indikator vorhanden
12.	Verantwortungsvolle Konsum- und Produktionsmuster	Endenergieverbrauch privater Haushalte
13.	Klimaschutz	Treibhausgasemissionen
Meere schützen: Dieses Ziel wurde nicht übernommen.		
14.	Landschafts- und Artenvielfalt erhalten	– Siedlungs- und Verkehrsfläche – Artenvielfalt und Landschaftsqualität
15.	Innere Sicherheit und Inklusion	kein Ziel-Indikator vorhanden
16.	Entwicklungszusammenarbeit	kein Ziel-Indikator vorhanden

Weil gewerkschaftliche Kernanliegen in der Neuauflage der hessischen Strategie nicht berücksichtigt werden, wird diese von den Arbeitnehmervertreterinnen und -vertretern abgelehnt. Der DGB Hessen-Thüringen hatte sich dafür ausgesprochen, das Ziel »menschenwürdige Arbeit für alle fördern« – analog zur Agenda 2030 und der Neuauflage der deutschen Nachhaltigkeitsstrategie – als Ziel 8 in die hessische Strategie aufzunehmen. Um die Ziel-Erreichung zu überprüfen, hatte er als Indikator den DGB-Index »Gute Arbeit« vorgeschlagen. Die Landesregierung hat gleichwohl die Erhebung des DGB-Index »Gute Arbeit« in Hessen abgelehnt.

Als Alternative zum DGB-Index »Gute Arbeit« hatte der DGB ins Gespräch gebracht, Tarifbindung, Mitbestimmung und die Abwesenheit von prekärer Arbeit als Indikatoren in Erwägung zu ziehen, um die Ziel-Erreichung auf dieser Basis zu überprüfen. Dieser Vorschlag wurde zunächst von der Landesregierung abgelehnt – und zwar mit dem Argument, dass sie hier keinen landespolitischen Handlungsspielraum sieht. Diese Argumentation ist allerdings nicht überzeugend. So kann die Landesregierung beispielsweise die öffentliche Auftragsvergabe und die Wirtschaftsförderung an soziale Kriterien koppeln. Darüber hinaus kann das Land in seiner Funktion als Arbeitgeber selbst bestimmen, ob es tarifgebunden ist, inwieweit es Mitbestimmung ermöglicht sowie Befristungen, Mini-Jobs, Leiharbeit und Werkverträge zulässt.

Auf massiven Druck der Gewerkschaften hat die Landesregierung dann letztendlich doch noch einen Indikator zu Ziel 8 zugelassen. Dieser gibt den Anteil der Betriebe mit Betriebsrat in Hessen an. Allerdings handelt es sich hierbei um keinen Ziel-, sondern nur um einen Reporting-Indikator, und diesem kommt lediglich eine Alibi-Funktion zu. Wie wichtig es gewesen wäre, einen Ziel-Indikator in diesem Bereich aufzunehmen, zeigt sich, wenn die Entwicklung des Verbreitungsgrades von Betriebsräten in den letzten Jahren betrachtet wird. So lag im Jahr 2015 der Anteil der Betriebe mit Betriebsrat in Deutschland und Hessen bei nur neun Prozent. Seit Anfang der 2000er Jahre ist dieser Wert deutlich zurückgegangen. So hatten im Jahr 2002 in Deutschland elf und in Hessen zwölf Prozent aller Betriebe einen Betriebsrat (vgl. Abb. 3).

Abbildung 3: Verbreitung eines Betriebsrats* ab 2002.

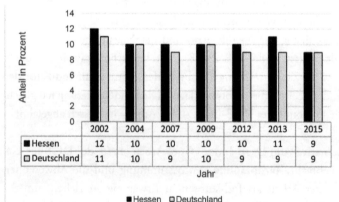

* Privatwirtschaftliche Betriebe ab 5 Beschäftigte.
Quelle: Ellguth/Kohaut 2016.
Basis: Privatwirtschaftliche Betriebe ab 5 Beschäftigte ohne Landwirtschaft und Organisationen ohne Erwerbszweck.

Ebenso wie auf der internationalen und nationalen Ebene ist auch in Hessen die Klimapolitik in den letzten Jahren ein Schwerpunktthema im Rahmen der Nachhaltigkeitsstrategie gewesen. So wurde der »Integrierte Klimaschutzplan 2025« im Rahmen der Neuauflage der Nachhaltigkeitsstrategie im Jahr 2017 erarbeitet. Dieser sieht vor, dass Hessen bis zum Jahr 2050 klimaneutral sein soll. Allerdings mussten die bislang von der Landesregierung angestrebten Zwischenziele angepasst werden, weil diese als nicht erreichbar gelten. In der Nachhaltigkeitsstrategie von 2008 war noch festgelegt worden, dass die Treibhausgasemissionen bis zum Jahr 2020 um 40 Prozent gegenüber 1990 gesenkt werden sollen. Der Klimaschutzplan sieht dagegen vor, dass dieses Ziel erst im Jahr 2025 erreicht werden muss. Ebenso wie auf der Bundesebene wird das Erreichen der Klimaschutzziele in Hessen letztendlich davon abhängen, ob die Energie- und Verkehrswende gelingt (Hessisches Ministerium für Umwelt, Klimaschutz, Landwirtschaft und Verbraucherschutz 2017).

Auch in Hessen werden die Klimaschutzmaßnahmen, die Energie- und die Verkehrswende einen tiefgreifenden Wandel für die Beschäftigten zur Folge haben. Aus gewerkschaftlicher Sicht ist es wichtig, dass dieser Strukturwandel sozial verträglich erfolgt. Gefordert ist eine gezielte Innovations-, Investitions- und Qualifizierungsoffensive, die klima-, energie- und verkehrspolitische Maßnahmen mit Beschäftigungspolitik verbindet. In der Neuauflage der hessischen Nachhaltigkeitsstrategie kommt eine sozial verträgliche Gestaltung des Strukturwandels aber gar nicht vor. Damit wird kein gewerkschaftliches Kernanliegen in der Strategie berücksichtigt.

Ausblick

Im Jahr 2018 wird die hessische Nachhaltigkeitsstrategie zehn Jahre alt. Zu diesem Jubiläum stellt sich die Sinnfrage. In der Neuauflage berücksichtigt die Landesregierung zwar ökonomische und ökologische Ziele, vernachlässigt aber soziale Ziele. Gewerkschaftliche Kernanliegen wie etwa menschenwürdige Arbeit und ein sozial ausgewogen gestalteter

Strukturwandel werden nicht berücksichtigt. Darüber hinaus ist die Strategie im Umweltbereich wenig verbindlich. Dies gilt insbesondere für den Klimaschutz. Werden die angestrebten Ziele nicht erreicht, werden diese ohne weiteres angepasst. Zum Jubiläum bleibt daher festzuhalten, dass die hessische Nachhaltigkeitsstrategie mehr Schein als Sein ist. Tatsächlich handelt es sich um eine bessere Alibi-Veranstaltung. Nachhaltiger wird Hessen durch die Strategie kaum – was unter anderem auch daran liegt, dass die Beteiligung der zivilgesellschaftlichen Akteure in letzter Zeit stark begrenzt wurde. Der DGB Hessen-Thüringen konnte die Neuauflage der hessischen Nachhaltigkeitsstrategie letztendlich nicht mittragen und ist deshalb folgerichtig aus der Strategie ausgetreten.

Um die Vision von einer besseren Welt, wie sie die Agenda 2030 anstrebt, Wirklichkeit werden zu lassen, ist es Zeit für einen alternativen Nachhaltigkeitsgipfel. Dieser sollte stärker soziale und entwicklungspolitische Themen ins Zentrum stellen und die zivilgesellschaftlichen Akteure auf Augenhöhe beteiligen. Neben menschenwürdiger Arbeit und einem gerechten Übergang sollte insbesondere soziale Gerechtigkeit zum Schwerpunktthema gemacht werden.

Literatur

Bundesministerium für Umwelt, Naturschutz, Bau und Reaktorsicherheit (2016): Klimaschutzplan 2050, Klimaschutzpolitische Grundsätze und Ziele der Bundesregierung.

Deutscher Gewerkschaftsbund (2016): Stellungnahme zur Deutschen Nachhaltigkeitsstrategie, Neuauflage 2016.

DGB-Index Gute Arbeit (2018): www.index-gute-arbeit.de, abgerufen: 20.02.2018.

Die Bundesregierung (2017): Deutsche Nachhaltigkeitsstrategie, Neuauflage 2016 (Kabinettsbeschluss: 11.01.2017).

Ellguth, Peter und Kohaut, Susanne (2016): Tarifbindung und betriebliche Interessenvertretung. Ergebnisse aus dem IAB-Betriebspanel 2015. In: WSI-Mitteilungen Jahrgang 69, Heft 4, S. 283–291.

Hessisches Ministerium für Umwelt, Landwirtschaft, Energie und Verbraucherschutz/Hessisches Statistisches Landesamt (2009): Nachhaltigkeitsstrategie Hessen, Eröffnungsbilanz der Task Force »Ziele und Indikatoren«.

Hessisches Ministerium für Umwelt, Klimaschutz, Landwirtschaft und Verbraucherschutz (2017): Integrierter Klimaschutzplan Hessen 2025.

Hessisches Statistische Landesamt (2016): Nachhaltigkeitsstrategie Hessen, Ziele und Indikatoren, Fortschrittsbericht 2016.

Internationaler Gewerkschaftsbund u.a. (2017): Kernforderungen der Gewerkschaften für die COP 23, in: IGB Frontlines Briefing, Klimagerechtigkeit COP 23, Sonderausgabe.

Trade Union Development Cooperation Network (2017): TUDCN Strategy on the 2030 Agenda for Sustainable Development.

United Nations (2015): Transforming our world: the 2030 Agenda for Sustainable Development, A/RES/70/1.

»Das alles Entscheidende ist, dass der Mensch nicht auf der Strecke bleibt.«

Andreas Güth/Ronald Laubrock

Interview mit Andreas Güth (EVG) und Ronald Laubrock (ver.di) zur Situation der Beschäftigten im Verkehrsbereich.
Das Interview führte Liv Dizinger.

Eine gut ausgebaute Verkehrsinfrastruktur ist eine zentrale Voraussetzung für die Ansiedlung von Unternehmen, die Schaffung von Arbeitsplätzen und eine klimafreundliche Mobilität. In Hessen ist jedoch seit vielen Jahren eine Unterfinanzierung festzustellen, die negative Folgen für die Unternehmen und Beschäftigten in Industrie und Dienstleistungen und insbesondere auch im Verkehrssektor hat. Die täglichen Staus, Zugausfälle und Verspätungen beeinträchtigen Wirtschaft, Beschäftigung und Klimaschutz.

Frage: Wo ist der Investitionsbedarf im Bereich des Schienenverkehrs in Hessen am größten?

Andreas Güth: Dadurch, dass über viele Jahre hinweg nicht genügend ins Schienennetz investiert worden ist, besteht gleich in mehreren Bereichen Investitionsbedarf. Zum einen haben wir das Bestandsnetz, das mit entsprechenden Investitionen modernisiert werden muss. Hierfür ist die Strecke Kassel-Fulda ein Beispiel. Des Weiteren müssen Strecken neu gebaut werden. Zu nennen ist hier beispielsweise die Strecke Fulda-Frankfurt, die bereits seit Jahren am Limit ausgelastet ist. Aber auch, was die Reaktivierung von Strecken und die Elektrifizierung anbelangt, besteht dringender Investitionsbedarf. Darüber hinaus müssen viele Bahnhöfe modernisiert werden. Letztendlich zeichnet sich die jahrelange Unterfinanzierung der Infrastruktur in allen Bereichen ab, von den Bahnhöfen bis hin zum Schienennetz und den Bahn-Brücken. Wir brauchen in Hessen einen Masterplan, damit mehr Geld in die Schiene investiert wird.

Frage: Wie sieht es mit dem Investitionsbedarf im Bereich des Öffentlichen Personennahverkehrs (ÖPNV) aus?

Ronald Laubrock: Im Bereich des ÖPNV sieht es sehr ähnlich aus. Zum einen gibt es einen sehr hohen Investitionsrückstau aus der Vergangenheit. Zusätzlich muss es jetzt darum gehen, den ÖPNV zukunftsfähig auszurichten. Der ÖPNV ist weiter auf dem Vormarsch. Dementsprechend muss die Infrastruktur aus- und umgebaut werden. Um den Investitionsstau zu reduzieren, wurden die Mittel von der Politik bereits erhöht. Die Politik hat auch erkannt, dass der ÖPNV ein wichtiges Zukunftsthema ist. Aber die vorgesehenen Mittel sind keinesfalls ausreichend. Das gilt für alle Bereiche.

Andreas Güth: Ein aktuelles Beispiel ist das Landesticket. Grundsätzlich ist zu begrüßen, dass die Landesregierung ein kostenloses Ticket für die Landesbeschäftigten und ein preisgünstiges Schülerticket eingeführt hat. Es hätte aber gleichzeitig mitgedacht werden müssen, dass die Kapazitäten an die dadurch erhöhten Fahrgastzahlen angepasst und die Taktungen geändert werden. Das lässt sich auf andere Themen übertragen. Etwa auf das Thema »ländliche Regionen«. Damit nicht immer mehr Menschen aus den ländlichen Regionen abwandern, müssen diese besser angebunden werden. In den Städten wiederum muss gleich mitgeplant werden, dass es genügend Anschlüsse für den Schienenverkehr geben muss. Das spielt aber hierzulande keine Rolle. Man muss den Verkehr in Hessen neu denken.

Frage: Geht die aktuelle Verkehrspolitik Eurer Meinung nach in die falsche Richtung?

Andreas Güth: Meiner Ansicht nach geht die aktuelle Verkehrspolitik eher in Richtung Individualverkehr. Von der »Allianz pro Schiene« gibt es einen Länderverkehrsvergleich, wonach Hessen den letzten Platz bei dem Thema Luftverschmutzung belegt. Dagegen gibt es hierzulande aber kein zukunftsfähiges politisches Konzept. Die Schiene mitzudenken und auch ökologischen Ansprüchen gerecht zu werden, halte ich für einen wichtigen Denkansatz – auch in Hessen.

Ronald Laubrock: Die Politik hat erkannt, dass Verkehrspolitik eines der Top-Themen ist. Entscheidend ist, wie diese Erkenntnis jetzt umgesetzt wird, wie schnell und in welchem Umfang Mittel bereitgestellt werden, um einerseits den Investitionsrückstau zu beseitigen und andererseits die Zukunftsfähigkeit zu sichern. Die Anstrengungen müssen erheblich intensiviert und beschleunigt werden. Gerade hinsichtlich der Zukunftsfähigkeit reicht es nicht aus, die Mittel peu à peu zu erhöhen, sondern es müssen Mittel in weit größerem Umfang bereitgestellt werden. Hier darf nicht gekleckert, sondern es muss geklotzt werden.

Frage: Wie haben sich die Arbeitsbedingungen in den letzten Jahren im Bereich des Schienenverkehrs verändert?

Andreas Güth: Da haben wir viele unterschiedliche Baustellen. Im Schienenpersonennahverkehr gilt das Ausschreibungsverfahren. Eine Verkehrsleistung wird für ca. 10, 15 Jahre ausgeschrieben. Der günstigste Anbieter erhält den Zuschlag. Verliert der bisherige Betreiber den Auftrag, kann dies erhebliche Verschlechterungen für die Beschäftigten bedeuten. Daher ist es eine zentrale Forderung der EVG, dass die Beschäftigten bei einem Betreiberwechsel zu ihren bisherigen Arbeitsbedingungen übernommen werden. Selbst der Vertrieb der Fahrausweise wird inzwischen ausgeschrieben. Das ist beispielsweise im Frankfurter Raum bei den Fahrkartenschaltern und Fahrausweisautomaten der Fall. Hier wurden allerdings nur die Stoßzeiten zur Besetzung der Fahrkartenschalter ausgeschrieben, weil diese besonders lukrativ sind. Für die Beschäftigten bedeutet dies eine massive Verschlechterung, weil sie in geteilten Schichten, einmal morgens und einmal nachmittags, arbeiten müssen. Zwischen den Schichten gibt es einen Leerlauf, für den sie nicht bezahlt werden. Die bisherigen Fahrkartenautomaten wurden durch den neuen Betreiber durch neue Geräte ersetzt. Diese funktionieren nicht nur schlecht, an ihnen kann man jetzt keine Fahrkarten mehr für Züge außerhalb des RMV lösen. Mit erleichtertem Zugang zu Mobilität hat das aus unserer Sicht nichts zu tun.

Im Güterverkehr ist der Wettbewerb ebenfalls entscheidend. Auch hier bekommt derjenige, der am günstigen fährt, den Zuschlag. Es gibt keine wirksamen Kontrollen, z.B. was die Sicherheit angeht. Und auch bei den Arbeitsbedingungen fehlen wirksame Kontrollen. So fehlen beispielsweise digitale Fahrerkarten für die Lokführer, um überlange Fahrzeiten zu vermeiden. Wirksame Kontrollen sind ein entscheidendes Thema.

Frage: Wie haben sich die Arbeitsbedingungen im Straßenpersonennahverkehr, also bei den Bussen und Bahnen, in den letzten Jahren verändert?

Ronald Laubrock: Was die Löhne und Arbeitsbedingungen im ÖPNV angeht, kann es nur eine Antwort geben: In Hessen sind diese schlecht bis sehr schlecht. Der jetzige Zustand ist aber nicht vom Himmel gefallen, sondern hat sich erst in den letzten Jahren so entwickelt. Bis in die 1990er Jahre hatten wir im ÖPNV kommunale Arbeitsbedingungen. Die Beschäftigten wurden wie Facharbeiter eingruppiert und auch dementsprechend bezahlt. Im Zuge der Liberalisierung auf der europäischen Ebene wurde mit der EU-Verordnung 1370 die Möglichkeit geschaffen, Verkehrsleistungen auszuschreiben oder direkt zu vergeben. Viele Kommunen haben sich damals aus Kostengründen für die Ausschreibung entschieden. Das ging wesentlich zu Lasten der Beschäftigten. Die Löhne sind drastisch gesunken und die Arbeitsbedingungen haben sich massiv verschlechtert.

Inzwischen werden die Beschäftigten nicht mehr als Facharbeiter, sondern nur noch als Hilfsarbeiter eingruppiert. Weil die Arbeitsbedingungen auf Dauer extrem schlecht sind, ist die Qualität drastisch gesunken und die Krankenstände sind deutlich angestiegen. Zugleich sind die Tätigkeiten immer anspruchsvoller geworden und die Verantwortung des Einzelnen ist gewachsen. Obwohl wir in Hessen in einem vergleichsweise reichen und wirtschaftlich starken Bundesland leben und arbeiten, ist die Situation des ÖPNV im Bundesländervergleich hierzulande mit am schlechtesten.

Frage: Zu Anfang der Legislaturperiode hat die Landesregierung ein Vergabe- und Tariftreuegesetz auf den Weg gebracht, das Tariftreue bei der öffentlichen Auftragsvergabe vorschreibt. Ist das Gesetz geeignet, um Lohndumping entgegenzuwirken?

Ronald Laubrock: Das Gesetz trägt dazu bei, Lohn-Dumping zu verhindern. Die Anbieter von Verkehrsleistungen müssen laut Gesetz ein Entgelt zahlen, das in einem repräsentativen Tarifvertrag festgelegt ist. Im ÖPNV gibt es zwei repräsentative Tarifverträge: den TV-N Hessen [Tarifvertrag Nahverkehr] für den kommunalen Bereich und den Tarifvertrag LHO [Landesverband Hessischer Omnibusunternehmer] für den privaten Bereich. In der Regel wird der Tarifvertrag LHO gewählt, weil das Entgelt hier insgesamt niedriger ist. Dabei fließen sämtliche entgeltrelevanten Bestandteile ein. Das Gesetz trägt dazu bei, Tarifflucht zu verhindern. Das gilt zumindest für das Entgelt. Positiv finde ich, dass es einen Tariftreuebeirat gibt, der die repräsentativen Tarifverträge und die entgeltrelevanten Bestandteile autonom unter Beteiligung der Gewerkschaften festlegt. Das ist ein positiver und demokratischer Ansatz.

Frage: Bei einem Betriebwechsel greift das Gesetz nicht. Wie müsste es überarbeitet werden, damit es auch hier wirksam wird?

Andreas Güth: Die Personalübernahme müsste im Gesetz geregelt werden. Dazu müsste beim Ausschreibungsverfahren vorgegeben werden, dass ein neuer Betreiber das Personal zu den bisherigen Konditionen übernehmen muss. Schon jetzt gibt es in weiten Teilen Hessens einen Mangel an qualifizierten Lokführern. Durch bessere Arbeitsbedingungen könnte dem Mangel entgegen gewirkt werden. Wichtig ist aber, dass die Regelung nicht nur für Lokführer, sondern auch für Zugbegleiter, das Werkstattpersonal, den Vertrieb, das Reinigungspersonal usw. gilt. Die Regelung muss für alle Beschäftigten gelten. Nicht nur für die Berufe, in denen es derzeit einen Mangel gibt.

Frage: Inwiefern können Tarifverträge und soziale Standards durch eigenwirtschaftliche Verkehre unterlaufen werden? Was muss dagegen getan werden?

Ronald Laubrock: Durch eigenwirtschaftliche Verkehre können die Vorgaben aus dem Vergabe- und Tariftreuegesetz unterwandert werden. Nach dem Personenbeförderungsgesetz haben die eigenwirtschaftlichen Verkehre Vorrang. Durch die EU-Verordnung 1370 gibt es für die Kommune grundsätzlich zwei Möglichkeiten, ihren Verkehr zu organisieren: durch Direktvergabe oder durch Ausschreibung. Jede Kommune entscheidet eigenständig im Stadtparlament oder im Kreistag, wie der Verkehr organisiert werden soll. Wenn irgendein Betreiber aber einen eigenwirtschaftlichen Antrag stellt, wird dieser vorgezogen. Eigenwirtschaftlicher Verkehr bedeutet, dass der Verkehr erbracht wird, ohne zusätzliche Leistungen aus öffentlicher Hand. Einzig und allein finanziert durch Fahrgeldeinnahmen sowie Ausgleichszahlungen für Schüler- und Schwerbehindertenverkehre. Unsere Kritik daran: Erstens wird die demokratische Entscheidung der Kommune übergangen. Zweitens werden keine sozialen Maßstäbe mehr angelegt. Im Ausschreibungsverfahren können bestimmte Tarifverträge, soziale Standards und eine spezielle technische Ausstattung vorgegeben werden. Wenn aber ein eigenwirtschaftlicher Antrag gestellt wird, sind alle diese Vorgaben hinfällig. Daher muss der Vorrang eigenwirtschaftlicher Verkehre abgeschafft werden.

Andreas Güth: Dieser hat auch verkehrspolitische Auswirkungen. Ein eigenwirtschaftlicher Verkehr lässt sich zwar in der Stadt wirtschaftlich betreiben. In der Fläche, wo es nur wenige Fahrgäste gibt, ist dieser aber defizitär. In der Vergangenheit war es in der Regel so, dass Verkehrsbündel bedient wurden. Da hat eine starke Linie die schwache Linie aufgefangen. So konnte dann auch die Fläche bedient werden. Werden eigenwirtschaftliche Verkehre bevorzugt, dünnt man im Prinzip die Fläche aus und begünstigt damit die Abwanderung aus ländlichen Regionen.

Frage: Wie sieht es mit der Konkurrenzfähigkeit der Schiene im Vergleich zum Fernbus aus?

Andreas Güth: Dies ist ein Riesenproblem. Der Fernbus zahlt keine Gebühr für die Nutzung der Straße und auch keine Stationsgebühr. Es werden nur die Personalkosten berechnet. Und die Arbeitsbedingungen sind extrem schlecht. Das ist eine bewusst politische Ungleichbehandlung der Schiene, um dort Konkurrenz aufzubauen. Der Fernbus zahlt keine Maut. Er hat keine Stationen, die er aufbauen und instand halten muss. Schon dadurch hat er einen deutlichen Kostenvorteil im Vergleich zur Schiene. Daher wäre die Maut für den Fernbus eine wichtige Sache, um das wenigstens ein bisschen gerechter zu machen.

Frage: Welche Auswirkungen hat die Digitalisierung auf die Beschäftigten im Verkehrssektor?

Ronald Laubrock: Die Digitalisierung ist ein Begriff, der heutzutage in aller Munde ist. Für die Beschäftigten werden fundamentale Veränderungen erwartet. Wenn man sich den ÖPNV anschaut, geht es beispielsweise um das Thema »On Demand«-Verkehre, also um Verkehre auf Abruf. Hierbei geht es um die Frage, wie der Verkehr in der Zukunft gestaltet wird. Für uns als Gewerkschafter ist entscheidend, welche Auswirkungen zukünftige Verkehrskonzepte auf die Beschäftigten haben. Bei dem Thema »Autonomes Fahren« beispielsweise leuchtet unmittelbar ein, dass dafür weniger Fahrpersonal notwendig ist. Keiner weiß, wie schnell diese Entwicklung kommen wird, aber wir müssen davon ausgehen, dass diese in Zukunft kommt. Das betrifft jedoch nicht nur allein das Fahrpersonal, sondern auch den technischen Bereich, also die Werkstätten. Bei einem Elektromotor werden ungefähr nur ein Zehntel der Bauteile verbaut wie bei einem herkömmlichen Motor. Das heißt: Es wird in Zukunft viel weniger und möglicherweise ganz andere Arbeitsschritte geben – mit deutlich weniger Personal. Bei den Verwaltungen gehen wir davon aus, dass diese weniger stark betroffen sein werden, aber auch dort werden im Zuge von Arbeit 4.0 Veränderungen erwartet. Wir als Gewerkschaften müssen aufpassen, dass es bei neuen Tätigkeiten, die durch die Digitalisierung entstehen, nicht zu einer Herabstufung und Degradierung der Arbeit kommt. Neben der Qualifizierung ist die Arbeitsbewertung ein entscheidendes Thema. Darüber hinaus geht es um die Frage: Welchen Einfluss hat die Digitalisierung auf Mitbestimmung und Tarifbindung? Es gibt folgenden Slogan von ver.di für die maritime Wirtschaft: *Digital muss sozial!* Diesen Slogan finde ich insgesamt äußerst passend. Für uns als Gewerkschaften geht es darum, dass die Arbeitsbedingungen bei gravierenden Veränderungen im Sinne der Beschäftigten verbessert und nicht verschlechtert werden, damit sich da nichts in die falsche Richtung bewegt.

Andreas Güth: Im Bereich der Bahn gibt es eine Vielzahl von Projekten, die derzeit angestoßen werden. Im Frankfurter Technologiezentrum wird bereits bestehende Technik erprobt. Es gibt beispielsweise Elektriker, die sich eine Brille aufsetzen mit einem kleinen Monitor. In Frankfurt sitzt dann jemand in der Zentrale, sieht über die Brille den Arbeitsschritt und gibt dem Elektriker über die Brille die genaue Arbeitsanweisung. Dahinter steckt allerdings die Gefahr, dass der Elektriker nur noch Hilfsarbeiter ist und auch entsprechend eingruppiert wird. Ein weiteres Beispiel sind in Weichen verbaute Sensoren, die aus den darüber fahrenden Zügen und Zugteilen herauslesen, ob eine Störung vorliegt. Wenn dies der Fall ist, dann wird automatisch die Bestellkette ausgelöst und gleichzeitig der Revisionstermin in der Werkstatt vereinbart. Die Möglichkeiten, die getestet werden und die wir nicht aufhalten können, sind nahezu unbegrenzt. Es gibt bereits heute bei der U-Bahn in Nürnberg Streckenabschnitte, die autonom, das heißt ohne Fahrer gefahren werden. Im größeren Maßstab wird es aber noch dauern, bis viele der erprobten Neuerungen kommen. Aber es wird eine massive Umwälzung geben. Das alles Entscheidende ist, dass der Mensch nicht auf der Strecke bleibt. Und da werden wir als Gewerkschaften mit Tarifverträgen und allen uns zur Verfügung stehenden Mitteln versuchen, dass die Menschen, die jetzt und in Zukunft dort arbeiten, nicht abgekoppelt werden. Es muss weiterhin ein auskömmliches Arbeiten mit guten Bedingungen geben. Man soll sich am Arbeitsplatz wohlfühlen. Und man darf nicht komplett von der Technik abgelöst werden.

Autorinnen und Autoren

Jens Ahäuser, Tarifkoordinator für den öffentlichen Dienst, ver.di Hessen.

Brigitte Baki, bis Ende April 2018 Leiterin der Abteilung Sozial- und Arbeitsmarktpolitik beim DGB-Bezirk Hessen-Thüringen.

Rüdiger Bröhling, Referent für Tarif und Besoldung der GEW Hessen.

Tobias Cepok, Referent für Hochschule, Forschung und Jugendbildung der GEW Hessen.

Simone Claar, Dr., wissenschaftliche Mitarbeiterin an der Universität Kassel.

Klaus Dieckhoff, Dr., Vertreter des DGB Mittelhessen im Arbeitskreis Digitalisierung des DGB-Bezirks Hessen.

Liv Dizinger, Leiterin der Abteilung Strukturpolitik beim DGB-Bezirk Hessen-Thüringen.

Kai Eicker-Wolf, Dr., Leiter der Abteilung Wirtschaftspolitik beim DGB-Bezirk Hessen-Thüringen und Referent für finanzpolitische Fragen bei der GEW Hessen.

Roman George, Dr., Referent für Bildungspolitik bei der GEW Hessen.

Andreas Grün, Landesvorsitzender der GdP Hessen.

Maik Grundmann, Gewerkschaftssekretär bei der IG Metall-Bezirksleitung Mitte und zuständig für Wirtschafts-, Industrie- und Strukturpolitik, Arbeitsmarkt sowie Beschäftigungspolitik.

Andreas Güth, Geschäftsstellenleiter der EVG in Kassel mit landespolitischen Aufgaben.

Uwe Hildebrandt, Vorsitzender des NGG-Landesbezirks Südwest.

Jenny Huschke, DGB-Regionsgeschäftsführerin in Nordhessen.

Kristin Ideler, Gewerkschaftssekretärin beim Fachbereich Gemeinden, ver.di Hessen.

Guido Jurock, Gewerkschaftssekretär im Fachbereich Besondere Dienstleistungen, ver.di Hessen.

Jörg Köhlinger, Bezirksleiter des IG Metall Bezirks Mitte.

Ronald Laubrock, Landesfachbereichsleiter beim Fachbereich Verkehr, ver.di Hessen.

Renate Licht, DGB-Regionsgeschäftsführerin in Thüringen.

Claudia Mävers, Vorsitzende der Landesvertretung der Beamtinnen/ Beamten und Angestellten in Forst und Naturschutz, IG BAU Hessen.

Helena Müller, Leiterin der Abteilung Bildung, berufliche Bildung, Gleichstellung und Frauen beim DGB-Bezirk Hessen-Thüringen.

Michael Rudolph, Vorsitzender des DGB-Bezirks Hessen-Thüringen.

Sascha Schmidt, Gewerkschaftssekretär der DGB-Region Frankfurt-Rhein-Main.

Achim Truger, Dr., Professor für Volkswirtschaftslehre an der Hochschule für Wirtschaft und Recht, Berlin und Senior Research Fellow am Institut für Makroökonomie und Konjunkturforschung in der Hans-Böckler-Stiftung, Düsseldorf.

Maike Wiedwald, Landesvorsitzende der GEW Hessen.